HEYNE BÜCHER SACHBUCH

W0220607

10

9440W

3,– €

Erich von Däniken

PROPHET DER VERGANGENHEIT

Riskante Gedanken
um die Allgegenwart der
Außerirdischen

WILHELM HEYNE VERLAG
MÜNCHEN

HEYNE SACHBUCH
Nr. 19/199

5. Auflage

Genehmigte, ungekürzte Taschenbuchausgabe
Copyright © 1979 by Econ Verlag GmbH, Düsseldorf und Wien
Printed in Germany 1992
Umschlaggestaltung: Zembsch' Werkstatt, München
Satz: Schaber, Wels
Druck und Bindung: Presse-Druck Augsburg

ISBN 3-453-05230-7

Inhalt

In memoriam

Rolf R. Bigler,
der meinen Weg
kritisch und freundschaftlich
begleitete

1
Tatobjekt Bundeslade gesucht

Mose erhält Anweisung zum Bau der Lade · Bundeslade unter Aktenzeichen »Urahn der Tage« · Theologenstreit um Masse und Inhalt · Was Lazarus Bendavid entdeckte · Besitzwechsel am laufenden Band · Manna wurde maschinell hergestellt · Nährmittelfabrik auf dem Wüstentreck · Gefährliche Strahlen aus der Bundeslade · Wurde die Lade vergessen oder versteckt? · Wie sie von Jerusalem nach Äthiopien kam · Wie Jeremia in den Fall geriet · Menetekel! · Tathergang im KEBRA NEGEST · Ein königliches Geschenk · Wie Salomo übertölpelt wurde · Fliegender Wagen, schneller als die Adler am Himmel · Ist die Bundeslade im Raume um Jerusalem oder in Äthiopien zu finden?

Agatha Christie, unerreichte Autorin von Kriminalromanen, dekuvrierte einmal in einem Interview die Strickmuster eines guten Krimis: eine Story sei nur dann befriedigend und spannend, wenn jede Spur eines Verdachts ausreichend belegt sei, an ihrem Ende einen Täter mit gutem Grund dingfest zu machen — überzeugend allerdings wäre eine Auflösung des Plots nur dann, wenn sie auch *nach* dem Ende der Geschichte noch Zweifel übrig ließe. Die Christie sprach von erfundenen Krimis. Ich möchte einen erzählen, der stattgefunden hat — und trotzdem alle Forderungen erfüllt, die die Grand Old Lady an einen erstklassigen Krimi stellte.

Ein Krimi, wie er im Buche steht

Für mich begann der Krimi im Religionsunterricht. Da erfuhren wir, daß Gott an Mose den Befehl erteilte, eine Lade zu bauen. Im 2. Buch, 25,10, lasen wir die Anweisungen, die Mose bekam, aber die konnten nicht nur mündlicher Art gewesen sein, ihm mußte sogar ein Modell der Lade vorgeführt worden sein:

> Und siehe zu, daß du alles genau nach dem Vorbilde machst, das dir auf dem Berg gezeigt werden soll. (2. Mose, 25, 40)

Diese Lade ist das Tatobjekt, um die es in unserem Krimi geht. Wir wollen sie nicht aus den Augen verlieren. Aber obwohl der Krimi so unendlich weit zurückliegt, streiten sich Experten darum — so, wie sich heutzutage abends die Familie um den mutmaßlichen Täter des TV-Krimis in den Haaren liegt.

Art und Größe des Tatobjekts

Was für ein Ding war diese Lade?

Die Theologen, die an dieser Stelle der Story die Funktion von Fahndungsbeamten einnehmen, bewerten das Objekt sehr konträr. In Pierers Universal-Lexikon[1] wird die Lade, auch Bundeslade genannt, beschrieben als eine ...

»Kiste von Akazienholz, 1,75 m lang und 1 m hoch und breit, in- und auswendig mit Gold überzogen«.

Der renommierte Theologe Professor Dr. Hugo Gressmann[2] hält den Kasten für erheblich kleiner, nämlich

»etwa 1,25 m lang und 0,75 m breit und hoch«.

Genaue, aber knappe Angaben. Da erfahren wir im Buch Sohar, dem Hauptwerk der Kabbala, entschieden mehr, deren Fahnder waren neugieriger. Trotz der detaillierten Ermittlungen scheint das Buch Sohar in die *offiziellen* Ermittlungen nicht eingeschaltet worden zu sein, vielleicht, weil es ein geheimes jüdisches Werk war, das zwischen 130—170 n. Chr. aktenkundig gemacht wurde. Immerhin widmet es der Bundeslade fast 50 (!) Seiten und gibt selbst winzige Details, die anderen Kriminalisten entgingen, wieder.

Nur auf den ersten Blick scheint es überraschend, daß im Sohar die »Bundeslade« unter dem Aktenzeichen »Urahn der Tage« geführt wird. Schon auf den zweiten Blick wird deutlich, daß die Beschreibung auf die Bundeslade gezielt ist.

Die Art der Auftragserteilung im Sohar ist identisch mit der Schilderung bei Mose. Der bekommt nämlich von Jahwe, dem Gott Israels, die Weisung, für den »Urahn der Tage« nach genauen Vorschriften einen Kasten zu bauen, um diesen Behälter mitsamt dem merkwürdigen »Urahn der Tage« auf der Wanderung durch die Wüste mitzuschleppen.

Fest steht bisher unbestritten, daß es die Lade gab, ihre Ausmaße werden lediglich unterschiedlich angegeben. Umstritten ist im theologischen Kriminalamt auch der Zweck der ominösen Kiste.

Reiner Schmitt[3] hält die Lade für ein

»Behältnis für einen heiligen Stein«.

Dem widerspricht Martin Dibelius[4] und sagt, es handle sich um einen

»wandelnden, leeren Gottesthron« oder um einen »fahrbaren Götterwagen, auf dem eine Gottheit steht oder sitzt«.

Die landläufige Vorstellung vom Transport der Bundeslade aus einer alten Bibel.

Wie soll man dem Tatobjekt näherkommen, wenn man sich nicht mal über seine Verwendung einig ist?

Jede Recherche überflüssig machen würde die Überzeugung, die der Theologe R. Vatke[5] im letzten Jahrhundert, 1835, in die Debatte warf: die Bundeslade sei leer gewesen, weil Gott in ihr gewohnt habe. — Wo nichts drin ist, kann man auch nichts rausholen, sagte Sherlock Holmes, als er eine leere Whiskyflasche auf den Kopf stellte.

Was wurde in der Lade transportiert?

Harry Torczyner[6] machte aktenkundig, die Bundeslade habe Protokolle, mindestens aber zwei auf Mose zurückzuführende Gesetzestafeln enthalten. Da muß sich Harry T. mit seinem Kollegen Martin D.[4] auseinandersetzen, der nicht nur den in die Akten eingegangenen Begriff »Bundes«-Lade in Frage stellt, sondern auch bezweifelt, daß die Gesetzestafeln Mose je in dem Behälter waren.

Wie schwer war der Behälter?

Völlig konfus wird die Untersuchung des Gewichts der geheimnisumwitterten Lade. Samuel, der Prophet, der auch Richter war und drum ein exakter Beobachter von Berufs wegen gewesen sein muß, schreibt:

> »So laßt uns nun einen Wagen machen und nehmt zwei säugende Kühe, auf die noch kein Joch gekommen ist ... Aber die Lade des Herrn nehmt und stellt sie auf den Wagen, und die Dinge aus Gold, die ihr zur Sühnegabe gebt, tut in ein Kästlein daneben.« (1. Sam., 6, 7+8)

Richter Samuel berichtet sogar von einem zweiten Wagen für den Transport:

> »Und sie setzten die Lade Gottes auf einen neuen Wagen und holten sie aus dem Hause Abinadabs, der auf einem Hügel wohnte. Ussa aber und Achjo, die Söhne Abinadabs, führten den neuen Wagen.« (2. Sam., 6, 3)

Trotz der Beförderung auf einem oder zwei Wagen und der Zugkraft von zwei ausgewachsenen Kühen kann das Lade-Gewicht kaum über 300 kg gelegen haben, denn sie wurde auch von Leviten, Priestern an den Jahweheiligtümern, befördert und umgeladen:

> »Und als die Träger mit der Lade des Herrn sechs Schritte gegangen waren, opferte man einen Stier und ein fettes Kalb.« (2. Sam., 6, 13)

Eigentlich müßte man den Bibel-Kriminologen die Leviten lesen ob ihrer Uneinigkeit, so, wie es Mose in seinem 3. Buch getan hat, in dem er den Priester-Leviten ihre Vorschriften gab.

Was haben die Israeliten nun eigentlich 40 Jahre lang mühevoll durch die Wüste transportiert? Wenn es so beschwerlich war, warum konnten sie sich von dem Objekt nicht trennen?

»Und als die Träger mit der Lade des Herrn sechs Schritt gegangen waren . . .«

Lazarus Bendavid — ein guter Kriminalist

Herr Lazarus Bendavid (1762—1832) lebte in Berlin als Philosoph und Mathematiker, war Direktor der jüdischen Freischule und überhaupt den Realitäten offen: er war auch Redakteur der angesehenen Spenerschen Zeitung[7]. Zeitgenossen berichten über Bendavid, daß er ein als »Gelehrter und Philosoph bekannter Jude« war, dem der Nachweis gelungen sei,

> »daß die Stiftshütte zu Moses Zeiten einen ziemlich vollständigen Apparat elektrischer Instrumente enthalten und überdies auch Wirkungen geäußert habe«.

Lazarus Bendavid war nicht nur ein kluger Mann, er war seiner Zeit auch weit voraus. Hatte er als orthodoxer Jude im Buch Sohar gelesen? War ihm dort der »Urahn der Tage« über den Weg gelaufen? Hatte er ihn stutzig gemacht? Gab er sich mit den ihm bekannten Recherchen nicht zufrieden? Natürlich wußte er, daß der Zutritt zur Stiftshütte nur einem festgesetzten, genau definierten Kreis von Personen gestattet war und daß selbst die Hohepriester nicht täglich die Stiftshütte betreten durften. Denn die Stiftshütte hatte es in sich: sie war gefährlich!

Lebensgefahr in der Nähe der Lade!

Bendavid:

> »Lebensgefahr muß nach den Talmudisten immer mit diesem Gange in das Allerheiligste verbunden gewesen sein; der Hohepriester trat ihn stets mit einer gewissen Ängstlichkeit an und machte sich einen guten Tag, wenn er glücklich zurückkam.«

Besitzwechsel mit Gewalt

Der Krimi verkompliziert sich. Die Bundeslade wechselte die Besitzer! Nach einem gewonnenen Krieg konfiszierten die Philister, ein hebräischer Stamm westlicher Herkunft, die Lade des Herrn. Sie hatten beobachtet, wie wichtig den Israeliten die geheimnisvolle Apparatur war und erwarteten sich Vorteile von deren Besitz. Doch die Philister hatten keine Gebrauchsanweisung bekommen, sie kannten sich mit dem Ding nicht aus. Jedenfalls sahen sie sich nur eine Weile an, wie alle Leute, die in die Nähe der Lade kamen, erkrankten oder starben. Sie begannen, das requirierte Gerät — wie einen bösen schwarzen Peter — von Ort zu Ort zu verschieben, aber überall passierte dasselbe: Gaffer, die in die Nähe der dubiosen Beute kamen, wurden von Beulen, Schuppen und Haarausfall betroffen; ob Kinder oder Erwachsene, alle überkam das große Erbrechen, und viele gingen auf gräßliche Weise ein. Richter Samuel beobachtete es:

Ereignisse erinnern an Hiroshima

»So sandten sie hin und versammelten alle Fürsten der Philister und sprachen: Schicket die Lade des Gottes Israel wieder fort, daß sie heimkehre und nicht uns und unser Volk töte! Denn es war eine tödliche Bestürzung über die ganze Stadt gekommen; die Hand Gottes lastete schwer auf ihr. Die Leute aber, die nicht starben, wurden mit Beulen geschlagen, und das Wehgeschrei der Stadt stieg empor zum Himmel.« (1. Sam., 5, 11+12)

Sieben Monate lang waren die Philister im Besitz des Teufelsdings. Dann wollten sie die Beute nur noch loswerden. Sie luden den Kasten auf einen Wagen, spannten zwei Kühe davor und peitschten die brüllenden Viecher bis an die Grenze von Beth-Semes.

Morgens, als die Leute von Beth-Semes ins Tal kamen, um Weizen zu ernten, sahen sie den Wagen mit der Lade. Sofort schlachteten sie die Kühe, und dann riefen sie die Leviten-Priester herbei, die als einzige mit der Lade umzugehen wußten. Schrecklicherweise kamen noch 70 junge Leute um, die keine Ahnung von der Gefahr der Lade hatten: sie waren zu nah an die gefährliche Fracht herangekommen, da »erschlug sie der Herr« (1. Sam., 6, 19.)

Tatobjekt wieder bei den Konstrukteuren

Nun war die Lade wieder in Besitz ihrer Konstrukteure, und sie hatten sie wieder in Gewalt. Im doppelten Sinne des Wortes. Aber: wir wissen immer noch nicht, was diese Apparatur eigentlich war.

Der Krimi geht weiter, aber eine Lösung zeigt sich an. Denn:

1978 erschien in London das Buch THE MANNA-MACHINE[8], eine Gemeinschaftsarbeit des Naturwissenschaftlers George Sassoon und des Ingenieurs Rodney Dale. Die britischen Forscher hielten sich an die so exakte Sohar-Beschreibung des »Urahn der Tage«, die sie aus heutigem technischen und biologischen Wissen interpretierten und nachkonstruierten. Sie stellten fest, daß es sich bei der Bundeslade de facto um eine technische Apparatur gehandelt hat — wie auch Bendavid annahm —, die die Israeliten auf ihrem Wüstentreck mit einem eiweißhaltigen Nahrungsmittel, dem Manna, versorgte.

Fahndungsfortschritt!

Nun sind die Ermittlungen einen Riesenschritt vorangekommen: Bundeslade = Urahn der Tage = Mannamaschine. Eine Rechnung — irrtumsfrei wie das kleine Einmaleins!

Da Technik nicht gerade ein besonderes Anliegen der Theologen ist, könnte man sie nun aus dem Kriminologenteam herausnehmen. Dies ist nun evident:

- Die Bundeslade war keineswegs das Allerheiligste, sondern Behälter für eine Maschine, die Nahrungsmittel herstellte;
- es durften nur »Auserwählte« in ihre Nähe kommen, nämlich die, die sich in ihrer Bedienung auskannten;
- Unbefugte wurden versehrt, krank oder starben, weil die Maschine hochgradig radioaktiv strahlte.

So stellt sich der »Fall Bundeslade« aus den gewonnenen Erkenntnissen dar:

Außerirdische hatten aus uns nicht bekannten Gründen ein Interesse daran, eine Gruppe von Menschen von der Umwelt abzusondern und über zwei Generationen jeglichen Kontakt mit dem »Rest der Menschheit« auszuschließen. Über ihren Mittelsmann, einen Propheten, befahlen sie den Abzug der bevorzugten Gruppe aus der Zivilisation. Mose — es kann auch ein anderer Auserwählter gewesen sein — führte die Israeliten durch die Wüste. Die Außerirdischen hielten dem wandernden Volk die Feinde anfänglich vom Leib, denn die heranrückenden Ägypter wurden buchstäblich ersäuft:

> »Die Wasser strömten zurück und bedeckten die Wagen und Reiter, die ganze Streitmacht des Pharao, die ihnen ins Meer nachgefolgt war, so daß nicht einer von ihnen am Leben blieb.« (Exodus, 2. Mos., 14, 28)

Himmlische Logistik

Das FBI, wie jede andere qualifizierte Fahndungsbehörde, würde theologische Annahmen, die zur Erklärung herangezogen werden, als gegen jede Vernunft »gebürstet« abweisen. Da wird nämlich argumentiert, die Israeliten wären bei Ebbe durch ein Schilf- oder Wattenmeer marschiert, derweil die ihnen folgenden Ägypter vom zurückflutenden Wasser der Flut überrascht worden seien.

Man mag dem auserwählten Volk manche besondere Begabung zugute halten, aber man kann den Ägyptern, die als erste das Jahr in

365 Tage einteilten, die sie aus der Beobachtung der regelmäßig einsetzenden Nilschwelle gewannen, nicht unterstellen, sie hätten über Ebbe und Flut nicht mindestens genauso Bescheid gewußt wie die Israeliten.

Nein, die Ägypter rannten nicht blindlings ins Verderben! Sie wurden von geheimnisvollen »Engeln« *absichtlich* irregeführt — durch eine Feuersäule:

Marschrichtung: Feuersäule!

»Da machte *der Engel Gottes* sich auf, der vor dem Heer Israels einherzog, und trat *hinter sie;* und die Wolkensäule vor ihnen ging weg und stellte sich hinter sie. Und jener kam *zwischen* das Heer der Ägypter und das Heer Israels zu stehen. Es geschah aber, daß die Wolke sich verfinsterte; da zogen sie während der Nacht hindurch, so daß während der ganzen Nacht keiner dem anderen nahe kam.« (2. Mose, 14, 19+20)

Bei dieser Wolke hat es sich nicht, was auch zu erörtern wäre, um eine meteorologische Zufallserscheinung gehandelt. Mose vermerkt ausdrücklich, daß die »Wolkensäule« Führungssignal für die Israeliten war:

»Der Herr aber zog vor ihnen her, am Tage in einer Wolkensäule, um ihnen den Weg zu zeigen, und des Nachts in einer Feuersäule, um ihnen zu leuchten, damit sie bei Tag und bei Nacht wandern könnten. Nie wich die Wolkensäule am Tag und nie die Feuersäule bei Nacht von der Spitze des Zuges.« (2. Mose, 13, 21+22)

Meteorologische Zufallserscheinungen pflegen sich für Momente, für Minuten, meinetwegen Stunden, zu zeigen, nicht aber über Monate und viele Jahre. Diese Erklärung hält einer Prüfung nicht stand.

Da wir nicht die Spur eines einzelnen oder einiger Israeliten verfolgen, haben wir es verhältnismäßig einfacher als Kriminalisten, die eine nur schmale Fährte aufdecken müssen. Vor uns liegt der breite Weg eines Riesentrecks, der sich langsam durch die Wüste schob. Die Feinde waren vernichtet, es war freie Bahn. Trotzdem blieb es ein ungeheures Wagnis, Tausende, Frauen, Kinder, Greise, Männer und Jugendliche, durch ein Gelände zu führen, in dem man sich weder von wildwachsenden Früchten noch von Wildbret ernähren konnte. An mangelndem Nachschub scheiterten sogar moderne Heere!

Wovon ernährte sich das wandernde Volk?

In den Heißwüsten mit ihrer lebensfeindlichen Umwelt schwanken die Temperaturen zwischen +58°C und —10°C. Die jährlichen Niederschläge erreichen im Schnitt kaum 10 cm. Die Natur ließ nichts gedeihen, mit dem der Hunger des Riesen»heeres« hätte gestillt werden können. Trotzdem wagte Anführer Mose den Marsch seines Volkes durch die endlose, glühendheiße Wüste.

Wer versorgte das Volk Israel mit Nahrung?

Die britischen Naturwissenschaftler George Sassoon und Rodney Dale rekonstruierten den »Urahn der Tage« nach den Beschreibungen des Buches Sohar. Es ergab sich eine Maschine, die aus bestrahlten Grünalgen ein eiweißhaltiges Nahrungsmittel, den Markenartikel Manna, entstehen ließ.

Die Außerirdischen halfen, und Mose wußte es. Denn »der Herr«, der ihm im »brennenden Dornbusch« erschienen war, zeigte ihm eine Apparatur, die für alle Jahre der Wanderung die Nahrungssorgen beheben würde.

Es war eine wunderbare Maschine. Während sie aus dem Tau der Nacht Wasser speicherte, mischte sie ihn mit einem mikroskopisch kleinen Typ der Grünalge *(Chlorella)* und produzierte Nahrung in jeder notwendigen Menge. Es soll zwar Beschwerden über den immer gleichen Speisezettel gegeben haben, aber Hunger mußte niemand leiden. Darauf konnte Mose verweisen, als man rebellierte.

Die Nahrungssynthese aus Tau und Grünalgen erfolgte mittels Bestrahlung. Bestrahlung benötigt Energie. Woher sollte man sie in der Öde der Wüste nehmen? Was konnte das für eine Energiequelle sein, die 40 Jahre lang nicht versiegte?

Heute können wir die Fragezeichen streichen. Es kann aus unserer Kenntnis der technischen Möglichkeiten nur ein Mini-Kernreaktor gewesen sein. Reaktoren dieser Art gibt es, sie sind längst im Einsatz. Seit dem Februar 1978 wissen wir es. Offiziell.

Mini-Reaktor in Kanada abgestürzt ...

Der russische Spionage-Satellit »Kosmos 954« stürzte in Kanada in den Weiten um den Großen Sklavensee ab. Das Strategische Bomberkommando der US-Air-Force bekam Alarm. An die in den Weltmeeren operierenden U-Boote gingen chiffrierte Meldungen und Befehle. Die Mannschaften der Raketenstationen bekamen Ausgangssperre. Die roten Telefone im NATO-Bündnis liefen heiß. An Bord trug »Kosmos 954« über 45 kg radioaktives Uran 235, eine Energiequelle, die nach Ansicht von Experten 1000 und mehr Jahre lang strahlen und Land und Menschen mit radioaktiven Giftwolken verseuchen kann. Beim Absturz von »Kosmos 954« war der Reaktor durch die Reibungshitze geschmolzen, seine tödliche Fracht frei geworden. Nach freundlichem Shakehands der Politiker wurde Entwarnung gegeben. Sie haben mit ihrem Händeschütteln die radioaktiven Strahlen nicht beseitigt, lediglich die politische Brisanz entschärft.

... Mini-Reaktor am Himalaya montiert!

Nur kurze Zeit später verlautbarte die indische Regierung, das amerikanische CIA habe schon vor Jahren durch hochqualifizierte Bergsteiger am Himalaya einen Mini-Reaktor anbringen lassen, als nie versiegende Energiequelle für Geräte, die Lauschoperationen nach China hinein nonstop vornehmen.

Mini-Reaktoren setzen Energie durch Plutonium-Zerfall frei, es wird Strahlungsenergie direkt in Elektrizität umgewandelt — ein anderes Verfahren also als das der großen Atomkraftwerke, die schweres Wasser und Kernbrennstäbe einsetzen. Der Mini-Reaktor strahlt. Er ist zwar gefährlich, wirkt aber nicht tödlich, sofern man sich nicht zu lange in seiner Nähe aufhält. Schließlich trugen ja die kühnen Bergsteiger so ein Ding auch auf den Himalaya und kamen heil zurück.

Mini-Reaktoren sind, zum Beispiel, als Energiequellen in zukünftigen Raumschiffen unerläßlich. Ein Apparat, der aus Wasser und Grünalgen durch Bestrahlung ein nahrhaftes Eiweißnahrungsmittel produziert, wird auch für interstellare Raumfahrt von größter Wichtigkeit sein. Ich bin mir sicher, daß die Entdeckungen der Briten Sassoon-Dale längst von Raumfahrtexperten unter die Lupe genommen werden. Eine Mannamaschine an Bord — die Frage des Grundnahrungsmittels der Raumfahrer ist gelöst.

Eine empfindliche Maschinerie

Die Lade, die »der Herr« dem klugen Mose auf dem heiligen Berg zeigte, durfte offensichtlich nicht im Freien stehen. Vielleicht war sie vorm Treibsand der Wüste zu schützen, vielleicht schadeten ihr die hohen Hitzegrade der Tage, vielleicht sollte auch das wandernde Volk nicht erfahren, aus welcher geheimnisvollen Fabrik seine Nahrung bezogen wurde. Jedenfalls wurde eine Lade, ein fugendichter Kasten, nach Weisung und Modell drumherumgebaut. Ergo war *nicht* die Bundeslade die Mannamaschine, sie war lediglich der Behälter, in dem sie aufbewahrt und transportiert wurde. Das Klassenziel war erreicht: der empfindliche Apparat war von schädigenden äußeren Einflüssen und zugleich vor neugierigen Blicken geschützt. Während langer Rastzeiten wurde um die »Fabrik« herum ein Zelt gebaut; wegen der Gefährlichkeit der Strahlung wurde es nie inmitten des Lagers errichtet:

> »Mose aber nahm jeweilen das Zelt und schlug es *außerhalb des Lagers* in einiger Entfernung vom Lager für ihn (den Herrn) auf, und er nannte es Zelt der Zusammenkunft.« (2. Mose, 33, 7)

Bleiben wir dem Tatobjekt auf den Fersen. Wir wissen nun schon eine ganze Menge darüber, sogar, wie es funktionierte:

Wie Sassoon-Dale, dem Buch Sohar folgend, unser Objekt rekonstruierten, ergab sich, daß der »Urahn der Tage« zuverlässig an jedem Morgen von sechs aufeinanderfolgenden Tagen das klebrige Nahrungsmittel hervorbrachte, den Markenartikel Manna. Sechs-Tage-Woche. Am siebten Tag wurde die Maschine gereinigt. Diese Überholung war Sache der Leviten, die von Aaron, dem Bruder von Mose, instruiert worden waren. Aaron war mit Mose auf den Berg gestiegen und wohl in einem Schnellkurs ausgebildet worden. Der »Herr« hatte ihn unterwiesen:

Moses vor der Bundeslade im »Zelt der Begegnung«

»Da sprach der Herr zu ihm: geh, steige hinab und komme dann wieder herauf, du und Aaron mit dir; die Priester aber und das Volk sollen nicht vordringen, um zu dem Herrn heraufzusteigen, damit er nicht eine Lücke reiße unter ihnen.« (2. Mose, 19, 24)

Zwischenbilanz der Fahndung

Welche Schlüsse sind beim derzeitigen Stand der Untersuchung zu ziehen?

- Die außerirdischen Begleiter des wandernden Volkes wollten eine Gruppe aus ihrem »Milieu« herauslösen.
- Den Außerirdischen stand keine Flotte von Zubringern zur Verfügung, sie hätten sonst den Transport ihrer Schützlinge per Raumschiffe vorgenommen.
- Die Extraterrestrier waren mit einer ziemlich kleinen Gruppe gelandet. Als ihr Raumschiff auf dem Berg niederging, bekam Mose vom Kommandanten den ausdrücklichen Befehl, einen Zaun um den Berg zimmern zu lassen, damit niemand hereinbrechen könne:

  »Da sprach der Herr zu Mose: Steige hinab und warne das Volk, daß sie nicht zu dem Herrn vordringen, ihn zu sehen; sonst müßten viele unter ihnen umkommen ... Mose aber sprach zum Herrn: Das Volk kann ja nicht auf den Berg Sinai steigen; denn du selbst hast uns gewarnt und gesagt: Ziehe eine Grenze um den Berg und erkläre ihn für heilig.« (2. Mose, 21+23)

- Die kleine Gruppe der Außerirdischen demonstrierte ihre Überlegenheit mit technischen Tricks — mit der lenkbaren Feuersäule, mit der Ertränkung des ägyptischen Heeres.
- Die Triebwerke des Raumschiffs bliesen glühend heiße Gase ab und machten einen furchtbaren Lärm:

  »Der Berg Sinai aber war ganz in Rauch gehüllt, weil der Herr im Feuer auf ihn herabgefahren war. Und der Rauch stieg von ihm auf wie von einem Schmelzofen, und der ganze Berg erbebte stark.« (2. Mose, 19, 18)

- Aus dem Raumschiff wurde eine Nahrung produzierende Maschine ausgeladen und Mose und Aaron übergeben.
- Die Apparatur wurde bei Transporten in einem Behälter, der Lade, untergebracht.

- Die Apparatur wurde auf einem ochsenbespannten Wagen mitgenommen, kann aber nicht über 300 kg schwer gewesen sein, weil sie gelegentlich auch von Männern mit Hilfe von Tragestangen verladen wurde.
- Menschen, die unvorsichtig zu nahe an den Apparat herangingen, wurden krank, mußten erbrechen, bekamen Beulen, Schuppen und Ausschlag.
- Niemand wußte, was in der Lade transportiert wurde. Bekannt war lediglich, daß »der Herr« sie mit Nahrung versorgte. Die Stiftshütte, in der die Lade stand, barg ein Geheimnis.
- Die ausgebildeten Leviten sorgten in einer Spezialkleidung für Betriebsfähigkeit der Maschine, wußten aber auch nicht, welcher Art sie war. Sie fürchteten sich davor. Mit gutem Grund, denn es gab Unfälle, bei denen auch Priester getötet wurden.

Soviel läßt sich beim derzeitigen Stand der Untersuchungen des Falles »Bundeslade« aussagen.

Wo blieb die »Bundeslade«? Gibt es sie noch?

Wie ging es weiter?

Was geschah mit der Lade und ihrem mysteriösen Inhalt?

Wo ist sie geblieben?

Gibt es sie noch?

Können wir das Tatobjekt wiederfinden? Wie?

Ein solches Monstrum an Umfang und Gewicht kann sich nicht in Luft aufgelöst haben!

Setzen wir die Spurensicherung fort.

Der Schilderung des Exodus ist zu entnehmen, daß die Maschine funktionierte, solange sie ordnungsmäßig gewartet wurde. Und: nach der Heimkehr ins gelobte Land war sie nicht mehr nötig, denn daheim floß »Milch und Honig«, endlich eine Abwechslung im eintönigen Speisezettel.

Trotzdem hatte es sich scheinbar herumgesprochen, daß die Heimkehrer bei ihrem Treck ein seltsames Ding zur Verfügung gehabt hatten, das sie mit Nahrung belieferte. Werkspionage setzte ein. Jedes Herrscherhaus wollte die nimmermüde Maschine besitzen. Wir haben Kenntnis genommen vom siegreichen Kampf der Philister über die Israeliten und die Beutenahme der Maschine, die sie der vielen Unfälle wegen in einer Nacht- und Nebelaktion zurückbrachten.

20 Jahre in einer Hütte abgestellt

Wo blieb die Lade, als sie in Beth-Semes abgesetzt worden war? Mindestens 20 Jahre lang war sie in einer Hütte abgestellt:

»Da kamen die Leute von Kirjath-Jearim, holten die Lade des Herrn hinauf und brachten sie in das Haus Abinadabs auf dem Hügel; seinen Sohn Eleasar aber weihten sie, daß er die Lade des Herrn hüte. Und von dem Tag an, da die Lade des Herrn in Kirjath-Jearim blieb, verging eine lange Zeit, verstrichen 20 Jahre; da wandte sich das ganze Haus Israel dem Herrn zu.« (1. Sam., 7, 1+2)

Eindeutig: die Maschine funktionierte nicht mehr, niemand kümmerte sich um sie, sie geriet in Vergessenheit.

Tip vom Schwiegervater

Erst Saul, der erste König von Israel, der etwa um 1000 v. Chr. lebte, erinnerte seinen Schwiegersohn, König David (1013—973 v. Chr.), wieder an die Lade, die seinerzeit soviel Aufsehen gemacht hatte. Als David sich für das rätselhafte Ding zu interessieren begann, stand es noch in der Hütte Abinadabs, so, wie man sie ihm angeliefert hatte. Das Interesse Davids war geweckt, aber er kam nicht auf die Idee, die Lade an einem würdigen Platz in dem Palast unterzubringen, den er sich gerade errichten ließ. Vielleicht machten ihn die haarigen Geschichten ängstlich, die man landauf, landab erzählte, vielleicht war ihm das Monstrum auch nicht so wichtig, daß er dafür einen eigenen Raum bereitstellen wollte. Es dauerte jedenfalls eine ganze Weile, bis er dem Tip seines königlichen Schwiegervaters folgte und sich mit 30 000 Mann auf den Weg »nach Baala in Juda machte, um von dort die Lade Gottes heraufzuholen« (2. Sam., 6, 1).

Die Lade hat's immer noch in sich!

Beim Abtransport ereignete sich wieder ein spektakulärer Unfall:

»Und sie setzten die Lade Gottes auf einen neuen Wagen und führten sie hinweg aus dem Hause Abinadabs, das auf dem Hügel stand; Ussa und Achjo, die Söhne Abinadabs, leiteten den Wagen. Ussa schritt neben der Lade Gottes her, während Achjo vor der Lade herging ... Als sie zur Tenne Nachons kamen, griff Ussa mit der Hand nach der Lade Gottes und hielt sie fest, weil die Rinder sie umwerfen wollten. Da entbrannte der Zorn des Herrn wider Ussa, und der Gott schlug ihn dort, weil er mit der Hand nach der Lade gegriffen hatte, so daß er dort neben der Lade Gottes starb.« (2. Sam., 6, 3—7)

Ein neues Indiz für die Suche des Apparates zeigt sich an: die 20 Jahre abgestellte Maschine teilte immer noch elektrische Schläge aus! Also strahlte der Mini-Reaktor immer noch Energie ab. Für die weitere Verfolgung des Objekts sehr wichtig!

Kleine Pannen wurden überstanden, die Lade samt Inhalt gelangten nach Jerusalem, und König David war darüber so glücklich, daß er einen Freudentanz aufführte: er entkleidete sich und sprang splitternackt herum. Nur Besitzerfreude? Oder hoffte er, mit seinem Herrschertanz Jahwe wohlzustimmen, damit er das Gerät wieder in Gang brachte? Wollte er Manna für sein Volk herbeizaubern?

Stolz, die Lade zu haben, konnte sich David keineswegs entschließen, sie in seinen Palast zu nehmen, er ließ sie auch in keinem Tempel aufbauen:

»Nachdem man aber die Lade des Herrn hereingebracht, stellte man sie an ihren Platz, in das Zelt, das David für sie aufgeschlagen hatte.« (2. Sam., 6, 17)

300 Jahre unberührt!

Wieder wurde es still um das mysteriöse Objekt. Erst Davids Nachfolger, König Salomo (etwa 965—926 v. Chr.), ließ die Lade im Allerheiligsten, einem besonders abgeschirmten Raum des Tempels, aufstellen. Dort blieb sie volle 300 Jahre über Kriege und Umstürze im israelitischen Reich unangetastet stehen. Während dieser Verweildauer räumten Plünderer mindestens viermal Edelsteine und Goldschätze aus dem Tempel aus — doch die Lade blieb unberührt. Sie wird jedenfalls in keiner Aufzeichnung mehr erwähnt. Plünderer nahmen auch weniger kostbare Dinge als Edelsteine mit. Hatten sie keine Ahnung von der Lade? Fürchteten sie sich vor ihrem geheimnisvollen Inhalt? Hatten die Israeliten das Ding als hochgeschätzte Erinnerung an ihren Wüstenzug eigens versteckt und gesichert? Wußte man nicht, wo sie sich befand? Ist das der Grund, weswegen über so lange Zeit die Spur verwischt ist? Jedenfalls ist der letzten Aktennotiz zu entnehmen, daß der Lade kaum noch Bedeutung beigemessen wurde:

»Bringet die heilige Lade in den Tempel, den Salomo, der Sohn Davids, der König von Israel, gebaut hat; ihr braucht sie nicht mehr auf den Schultern zu tragen.« (2. Chron., 35, 3)

Bei der Zerstörung Jerusalems verlorengegangen?
Es kam die Vermutung auf, die Lade wäre bei der Zerstörung Jerusalems (586 v. Chr.) verlorengegangen. Man muß auch diesen Hinweis verfolgen, so kompliziert die Fahndung auch sein mag. Man darf die Flinte nicht zu früh ins Getreide werfen.

2. Bestandsaufnahme
Vorerst aber eine zweite Bestandsaufnahme:
- Die Maschine produzierte kein Manna mehr.
- Es war keiner mehr da, der sie bedienen konnte.
- Trotz langer Lagerung funktionierte der Mini-Reaktor noch. Die von ihm produzierte elektrische Spannung war stark genug, Ussa bei einer Berührung der Lade auf der Stelle zu töten.
- Die Könige Saul, David und Salomo fürchteten sich vor der Lade und versteckten sie.
- Die Lade verlor im Laufe der Zeit die religiöse Bedeutung, die sie während der Wüstenwanderung gehabt hatte.
- Die Außerirdischen waren offenbar verschwunden.

Überraschende neue Spur!
Gehen wir der neuen Spur nach.

Während der Lebzeiten des Propheten Jeremia (627—585 v. Chr.) und seines Zeitgenossen Hesekiel tauchten die Außerirdischen plötzlich wieder auf. Sie verlangten von Jeremia, daß er die immer noch gefährlich strahlende Apparatur verschwinden ließe.

Jeremia, einer der großen Propheten des Alten Testaments, war ein unbequemer Zeitgenosse. In der kleinen, nördlich von Jerusalem gelegenen Stadt Anatoth aufgewachsen, gehörte er einem Priestergeschlecht an. Bei seinen Zeitgenossen machte er sich recht unbeliebt, weil er sich gegen Götzendienste wandte, zur Buße aufrief, jede Unsittlichkeit geißelte, kurz: den Leuten einen Spiegel vorhielt, in dem sie sich ungern wiedererkannten. Er war außerdem, wie alle Propheten, ein Politiker mit guter Nase. Er prophezeite den Untergang Israels und die Zerstörung des Tempels in Jerusalem.

Jojakim auf der Palme
Begreiflich, daß der König von Juda, Jojakim (608—598 v. Chr.), wenig bis gar keine Freude an Jeremias Worten hatte. Der hatte es sich nicht nehmen lassen, gleich zu Beginn der Regentschaft Jojakims im Vorhof des Tempels eine Brandrede zu halten, in der er alle seine

Schlagzeilen in die Runde der Zuhörer schleuderte. Jeremia war unbequem, und deshalb wollte man ihn mundtot machen.

Prophete rechts, Prophete links, das Weltreich in der Mitten ... ließ sich der gewiefte Jeremia etwas einfallen: anno 605 v. Chr. kam er auf die Idee, seine Reden von seinem Schüler Baruch aufschreiben und verbreiten zu lassen. Ein Jahr später, zum Fastenfest, las Baruch dem versammelten Volk im Tempel Jeremias Reden vor. Die Beamten schäumten vor Wut, sprachen von Volksaufwiegelung, von Rebellion gegen König Jojakim. Sie nahmen Baruch seine Redemanuskripte ab und gaben sie dem König, der, nicht weniger wütend, die Seiten zerriß und in den im Saal brennenden Kamin schleuderte.

Von Stund an mußten sich Jeremia und Baruch verstecken.

Die Propheten sprachen ja nicht nur zu religiösen Themen! Sie waren Vollblutpolitiker und Demagogen. Wenn sie redeten, griffen sie Themen der Tagespolitik auf. Und wie! Sie beherrschten die Kunst der Rede, und sie wußten, wo das Volk bereit war, wider den Stachel zu löcken.

König Jojakim — und nun wird die Sache hochpolitisch — galt als ägyptischer Vasall. Jeremia aber stand auf seiten der Chaldäer (Babylonier) und war damit Gegner der Ägypter. Jojakim ließ heidnische Bräuche zu, die sich in Israel mehr und mehr ausbreiteten. Jeremia wandte sich strikt gegen diese Unsitten. Leicht konnte er seine Landsleute aufwiegeln, denn die Israeliten hatten damals Tribute zu zahlen. König Jojakim erkannte seine Chance, verbündete sich mit den Ägyptern und stellte die Reparationszahlungen ein.

Chaldäerkönig Nebukadnezar II. (605—562 v. Chr.) ließ sich diesen Affront nicht bieten. Von Syrien aus entsandte er ein Heer zur Belagerung Jerusalems, das er 597 v. Chr. erobern konnte.

Hoffnung auf Hilfe vom Gegner

In dieser Notlage schickte Jojakim einen Boten zum verhaßten Jeremia. Der hatte keinen Trost für den König, vielmehr nur den Rat, sich bedingungslos den Babyloniern zu unterwerfen.

Wie gepfiffen, tauchte ein ägyptisches Heer auf und schaltete sich in den Kampf ein: plötzlich mußten sich die Babylonier nicht nur der Israeliten, sondern auch der Ägypter erwehren. Es sah vorübergehend so aus, als habe sich der clevere Jeremia mit seiner Prognose gründlich geirrt, aber nur vorübergehend, denn die Babylonier schlugen die Ägypter vernichtend, sie kehrten in die Belagerungspositionen um Jerusalem zurück.

Noch zu keiner Zeit im Verlauf der Geschichte hatten es die Regierenden gern, wenn ein Außenseiter recht behielt. Die Methoden, sie zu strafen, sind unterschiedlich, doch gestraft wurden sie allemal, durch Rufmord oder wirklichen Mord. Jeremias Gegner bei Hofe konnten Jojakim überreden, Jeremia töten zu lassen. Er ließ den Propheten und Politiker in eine tiefe Zisterne werfen, auf deren Grund dicker Schlamm Blasen trieb. Hier sollte der üble Prophet elendiglich verhungern. Tod auf Raten.

Jeremia gerettet!

Wie es sich für einen guten Krimi gehört, wird der »Held« stets in letzter Minute aus einer nicht vorhergeahnten Ecke gerettet. Gleiches Glück widerfuhr Jeremia!

Zu König Jojakims Beratern gehörte auch ein junger *äthiopischer* Beamter namens Abimelech. Der konnte dank seines enormen Einflusses auf den Herrscher erreichen, daß der hungernde und frierende Jeremia aus der Zisterne ans Tageslicht gehievt wurde[9].

Mit Jerusalem ging es schnell zu Ende: die Babylonier durchbrachen die Stadtmauer, König Jojakim wurde gefangengenommen und kam um. Sein Sohn Jojachin versuchte sich nur drei Monate im Regieren, dann ergab er sich auch den Babyloniern. 10 000 Leute gingen ins Exil ...

> »... alle Heerführer und wehrfähigen Leute und auch die Schlosser und Schmiede, nur das niedere Volk blieb zurück. Die Schätze des Tempels und des königlichen Palastes wanderten mit nach Babylon, und die goldenen Geräte Salomons wurden im Tempel selbst zerschlagen[10].«

Nun hatte Jeremia endgültig seine Freiheit wieder!

Wo aber steckt, das ist immer noch die Frage, die Bundeslade? Ja, wenn Kriminalfälle so leicht zu lösen wären! Man muß vielen Spuren nachgehen, um — vielleicht — die richtige zu finden. Wir bleiben, wenn auch mit Umwegen, dem Superding auf der Spur.

Wir machen einen Zeitsprung.

Menetekel!

Jerusalem wurde 597 v. Chr. vom Babylonierkönig Nebukadnezar erobert. Inzwischen regierte sein Sohn Belsazar, das war so um die Mitte des sechsten Jahrhunderts v. Chr. Und da ereignete sich Geheimnisvolles.

König Belsazar hatte an die 1000 Gäste zu einem üppigen Gelage eingeladen. In bacchantischer Weinlaune ließ er die goldenen und silbernen Gefäße, die sein Vater in Jerusalem erbeutet hatte, füllen und unter großem Gejohle in den Saal tragen. Grölend und randvoll des süßen Weines, fielen die Gäste über die heiligen Gegenstände her. Ein ungeheurer Spaß, der dem Belsazar da eingefallen war!

Mitten im Trubel ging es ihnen eiskalt über den Rücken. Plötzlich erschien ein Finger im rauchigen Dunkel der Halle und begann an die Wand zu schreiben.

> »Sie tranken Wein und priesen die goldenen und silbernen, ehernen, eisernen, hölzernen und steinernen Götter. Zur selben Stunde kamen Finger einer Menschenhand zum Vorschein, die schrieben dem Leuchter gegenüber auf die getünchte Wand des königlichen Palastes, und der König sah die Hand, die da schrieb. Da verfärbte sich das Antlitz des Königs, und beängstigende Gedanken befielen ihn, seine Hüftgelenke wurden kraftlos, und seine Knie schlugen aneinander. Und der König schrie, man solle die Beschwörer, die Chaldäer und die Sterndeuter hereinholen ... Die Schrift aber, die da geschrieben steht, lautet: *Meneh, Meneh, Thekel, Upharsin* (Gezählt, gewogen, zu leicht befunden). — In derselben Nacht wurde Belsazar, der chaldäische König, getötet.« (Dan., 5, 4—5—6—7—25—30)

Dem Ereignis ist lediglich zu entnehmen, daß die Heiligtümer aus dem Tempel über magische Kräfte verfügten. Von der Bundeslade ist nicht die Rede.

Was ist mit Jeremia?

Sehen wir uns Jeremia genauer an. Bei ihm stimmt was nicht.

Wie sein Schreiber Baruch berichtet[11], wurde sein Herr von irgendwelchen »Engeln des Höchsten« *vor* dem Näherrücken des babylonischen Heeres deutlich gewarnt. Diese offensichtlich mit den kommenden Ereignissen vertrauten Engel befahlen Jeremia, die heiligen Geräte, die der Herr Mose anvertraut hatte, vor den Babyloniern, die über kurz oder lang kommen würden, zu verbergen. Es ging den Engeln also keineswegs um *die* Geräte, die Belsazar hernach zum Gelage hereinführen ließ, also nicht um Gefäße, Kelche und Leuchter, sondern um jene Gerätschaften, die Mose während der Wüstenwanderung anvertraut worden waren. Zu diesen aber gehörte die Bundeslade samt ihrem Manna produzierenden Apparat!

Das große Schweigen

Jeremia, der den Ernst der Lage durchschaute, rief starke Männer herbei, auch seinen *äthiopischen* Freund Abimelech. Alle gemeinsam schafften in einer Nacht- und Nebelaktion, von der die Leute in der Stadt nichts merkten, die Geräte fort und versteckten sie in einer Höhle. Tatsache ist, daß die Bundeslade nicht in babylonische Hände fiel — aber sie bleibt nun spurlos verschwunden. Weg. In den kanonisierten, von der Kirche abgesegneten biblischen Texten wird nicht mehr von ihr gesprochen[12].

Bundeslade — nur noch in geheimen heiligen Schriften erwähnt

Hinweise gibt es nur noch in den Apokryphen, den geheimgehaltenen heiligen Büchern. Die Apokryphen sind im christlichen Sinne zwar nicht »vollwertig«, obwohl sie nach Anlage und Inhalt den »offiziellen« Texten durchaus entsprechen. Das 2. Buch der Makkabäer ist so ein apokryphes Buch, und da lesen wir:

> »So stand das auch in derselben Schrift, daß der Prophet nach göttlichem Befehl sie geheißen habe, daß sie die Hütte des Zeugnisses und *die Lade sollten mitnehmen.* Als sie nun an den Berg kamen, darauf Mose gewesen war und des Herrn Erbland gesehen hatten, fand Jeremia eine Höhle; darin versteckte er die Hütte und *die Lade* und den Altar des Rauchopfers und verschloß das Loch. Aber etliche, die auch mitgingen, wollten das Loch merken und zeichnen, sie konnten's aber nicht finden. Da das Jeremia erfuhr, strafte er sie und sprach: *Diese Stätte soll kein Mensch finden noch wissen, bis der Herr sein Volk wieder zuhauf bringen und ihnen gnädig sein wird.«* (2. Makkabäer, 2, 4—7[13])

So wird in der Mischna* gesagt, daß ein im Tempel beschäftigter Priester eines Tages außerhalb Jerusalems die Lade gesucht und einen großen, unförmigen Stein gefunden habe, von dessen Existenz er seine Kollegen in Kenntnis setzte. Ehe er jedoch die Sache aufklären konnte, starb er eines geheimnisvollen Todes:

> »Dadurch wußten die Priester, daß dort die *Bundeslade verborgen* lag.« (Mischna, Kap. 6, 2[14])

Wieder nichts mit der Bundeslade! Es wurde nicht nur damals, als die ganze Geschichte noch frischer war, nach ihren Spuren gesucht.

* Die Mischna ist ein Teil des Talmud und gilt als »Aufzählung der Gesetze«.

Anno 1910 brach eine »Expedition Parker« auf, um das Ding zu suchen. Auch sie kam ohne Erfolg zurück.

Was passierte mit der Bundeslade?

3. Lagebericht

Es ist ein Lagebericht fällig:

- Laut Mischna wird sie von Priestern im Raume Jerusalem vermutet, weil ein Priester auf rätselhafte Weise umkam. Den Tod schrieb man der Lade zu.
- Aus Überlieferungen ergeben sich Hinweise, daß zu Jeremias Zeiten Außerirdische auf der Erde tätig waren:

□ Jeremia wurde durch »Engel des Herrn« vorgewarnt. Sein Schreiber Baruch schreibt, daß »Lichter am Himmel« waren.

□ In dieselbe zeitliche Epoche fallen die Beschreibungen des Propheten Hesekiel über seine Begegnungen mit Raumschiffen[15].

□ Der Freund und Schreiber des Jeremia, Baruch, berichtet in den apokryphen Texten »Reste der Worte Baruchs«, daß der Äthiopier Abimelech ein Erlebnis mit Außerirdischen hatte.

Es bieten sich folgende Vermutungen an:

□ Die Gruppe der Außerirdischen war zahlenmäßig klein, sie greift nicht in die Kämpfe ein, hilft auf keiner Seite der drei kämpfenden Parteien. Sie vermeidet es, sich großen Menschenansammlungen zu zeigen.

□ Aus undefinierbaren Gründen ist die Gruppe nicht in der Lage, selbst die Lade mit der Mannamaschine verschwinden zu lassen. Wollte sie sich nicht in die Belange der Menschen einschalten? Fürchtete sie selbst die harte Strahlung des Geräts? — Eindeutig aber ist: die Außerirdischen wollten nicht, daß die Lade den Babyloniern in die Hände fiel! Darum baten sie Jeremia, das vielumkämpfte Ding mit einigen Getreuen zu verstecken.

□ Durch die Nacht- und Nebelaktion gab es Mitwisser! Unter ihnen war der *Äthiopier* Abimelech. — Zwischen der Vorwarnung, die Jeremia bekam, und dem Heranrücken des babylonischen Heeres lag nur wenig Zeit. Jeremia war außerstande, einen Raum für die Lade diebstahlsicher zu machen, er war gezwungen, sie in einer Naturhöhle abzustellen.

□ Beim doch erheblichen Gewicht der Lade war Jeremia mit seinen Helfershelfern auf die Benutzung von Straßen oder Wegen angewiesen. Damit auch die Trägerkolonne nicht auffiel, erfolgte der

Transport vermutlich auf einem Ochsenkarren. Dann: da die Aktion in der Nacht, nur *einer* Nacht, erledigt sein mußte, konnte sie nicht weit von Jerusalem weg versteckt werden. Von Westen, dem heutigen Jordanien, rückten die Babylonier an.

- Jeremia scheint in die Eigenarten des Apparates eingeweiht gewesen zu sein, ja, er hatte vermutlich Kenntnis von der Bedienung. Keinem seiner hilfreichen Freunde passierte etwas! Aber: später ließ sie wieder einen Priester, der in ihre Nähe kam, sterben.
- Den Extraterrestriern muß bekannt gewesen sein, welche Bedeutung die Lade hatte, sie hätten sonst den Kasten getrost in die Hände der Babylonier geraten lassen. Indessen: sie ließen sie per Befehl beiseite schaffen.

Wo verbarg Jeremia die Bundeslade?

Wo also kann Jeremia das heiße Objekt untergebracht, versteckt, vergraben haben?

In der formenreichen Landschaft um Jerusalem herum bieten sich zahlreiche »Schlupfwinkel« an. Östlich des Sees Genezareth ist das Gebiet zerklüftet und gespickt mit natürlichen Höhlen ... ideale Verstecke für die Lade! Trotzdem kann ich mir nicht denken, daß Jeremia mit der schweren Last 130 km weit zog — 130 km Luftlinie! Bei den seinerzeitigen Straßenverhältnissen und dem langsamen Ochsengefährt wären einige Tage nötig gewesen, um in den Raum am See Genezareth zu gelangen. Die allgemeine Richtung wäre sogar töricht gewesen, weil man dem Feind direkt in die Arme gelaufen wäre.

Egal. Auch wenn Jeremia das Versteck in der Nachbarschaft Jerusalems gefunden hatte, wäre es — ob Hügel oder Höhle — heute überwuchert, niemand ahnt auch nur von ungefähr das göttliche Maschinendepot. Wichtiger: es wird in den historischen Berichten nicht mehr erwähnt.

Eine ergiebige, neue Spur!

Wohin *kann* die Spur führen?

Mir ging es nicht aus dem Sinn, daß der *Äthiopier* Abimelech Augenzeuge der nächtlichen Verbringung der Lade gewesen war. Hatte vielleicht Abimelech bei seiner Heimkehr von der wunderbaren Maschine erzählt?

Ein Kriminalist gibt nicht auf — auch wenn sich nur geringe Chancen bieten, eine Spur aufzutun. Lange Zeit bemühte ich mich, an äthiopische Überlieferungen heranzukommen. Mir war bekannt, daß es das Epos KEBRA NEGEST gab, was soviel wie »Herrlichkeit der Könige« oder »Ruhm der Könige« heißt. In unseren Breiten hat kaum jemand davon gehört. Es war nicht einfach, eine deutsche Übersetzung des äthiopischen Textes in die Finger zu bekommen.

Gott sei Dank gibt es eine. Wir verdanken sie der Königlich-Bayerischen Akademie der Wissenschaften, die dem berühmten Assyriologen Carl C. A. Bezold (1859—1922) ein Stipendium gab, damit er Zeit genug hatte, das unbekannte Werk nach Handschriften, die in Berlin, London, Oxford und Paris lagen, ins Deutsche zu übertragen[16].

Das KEBRA NEGEST eine Fundgrube!

Es ist nicht mehr exakt auszumachen, wann das KEBRA NEGEST entstanden ist, aber man liegt wohl ziemlich nahe am echten Datum, wenn man es in seiner Urfassung nach etwa 850 v. Chr. datiert. Die Bezoldsche deutsche Übersetzung geht auf Texte zurück, die die beiden Äthiopier Isaak und Jemharana-Ab im Jahre 409 n. Chr. aus dem Äthiopischen ins Arabische übertrugen. Die beiden Übersetzer sagen in der Einleitung:

> »Wir haben diese Schrift übersetzt aus einem koptischen Buch ins Arabische ... im Jahre 409 des Heils im Lande Äthiopien in den Tagen des Königs Gabra-Masqal mit dem Beinamen Lalibala zurzeit von Abba-Gijorgis, dem trefflichen Bischof ... Betet für mich, euren armen Knecht Isaak, und tadelt mich nicht wegen der Unebenheiten im Sprachausdruck.«

Selbstverständlich werden wir es dem armen Isaak nachsehen, daß in seine fleißige Arbeit *nachträglich* christliche Lehren und Hinweise auf die Ankunft Jesu eingearbeitet wurden, die im ursprünglichen KEBRA NEGEST mit Sicherheit nicht enthalten waren. Unmöglich, weil es vor Christus entstanden war. Wie denn konnte sich König Salomo, der von etwa 965—926 *vor* Chr. lebte, über Jesus, seine Kreuzigung und Auferstehung auslassen?

Man tut gut daran, über die nachchristlichen Zutaten hinwegzulesen, um auf der vorchristlichen Spur der Bundeslade zu bleiben. Dann nämlich kommen wir bei der Suche nach der Bundeslade durchaus ein beträchtliches Stück weiter, denn von der Bundeslade wird gleich zu Beginn im KEBRA NEGEST geschrieben:

»Mache einen Kasten aus unverweslichem Holz; du sollst ihn mit lauterem Gold überziehen und darein tun das Wort des Bundesgesetzes, das ich mit meinen eigenen Fingern geschrieben habe ... Das Himmlische *darin* (in der Lade) ist von wunderbarer Farbe und Arbeit, ähnlich dem Jaspis, dem Glanzerz, dem Topas, dem Edelstein, dem Kristall und dem Licht, die Augen entzückend und berückend und den Sinn verwirrend, nach dem Gedanken des Herrn gemacht und *nicht von der Hand eines menschlichen Künstlers,* sondern er selbst hat sie (die Lade) zum Wohnsitz seiner Herrlichkeit erschaffen ...
In ihr war auch ein goldenes Gomor(?)*, *vollgemessen mit Manna,* das vom Himmel herabgekommen ist; und der Stab Aarons, der, nachdem er verdorrt war, wieder grün wurde, ohne daß man ihn mit Wasser benetzte; und jener zerbrach in zwei Stücke, da wurde er zu drei Stäben, während er doch einer war.« (Kebra Negest, Kap. 17)

Die plausible Beschreibung eines Apparates, von der die damaligen Bewohner Äthiopiens keine Ahnung hatten. Sie nahmen aus ihrem Vokabular Begriffe, die die Sache wenigstens ungefähr vorstellbar machten. Gleiches tat Hesekiel, als er die »Herrlichkeit des Herrn« mit Glanzerz, Saphir, Edelsteinen und Kristall beschrieb. Gleiches versuchte Henoch, als er den Chef der Außerirdischen realistisch-surrealistisch so vorstellte: »Sein Leib glich einem Saphir, sein Antlitz einem Chrysolithen ... ein mächtiges Licht, nicht zu beschreiben, und in dem Licht waren Gestalten ...« So steht es in der Abraham-Apokalypse. Wie sich die Bilder gleichen!

In der Lade eine Arbeit nicht von Menschenhand!
Wichtig in der ersten Erwähnung der Lade im KEBRA NEGEST ist die Feststellung, daß es *in* der Lade eine ungewöhnliche Arbeit gab, die *nicht* von Menschenhand geschaffen wurde.

Das KEBRA NEGEST erzählt farbig und im Detail. So weiß es, daß die äthiopische Königin Makeda von einem reisenden Händler erfuhr, daß der israelitische König Salomo ein schöner Mann war und ein prächtiges Reich regierte. So hörte Königin Makeda auch vom israelitischen Gott und von der geheimnisvollen Bundeslade, die er dem wandernden Volk übergab.

* Vielleicht *Homer,* ein althebräisches Hohlmaß von etwa 3 l?

All diese Neuigkeiten animierten die Königin, ihrem Kollegen Salomo einen nachbarlich-freundschaftlichen Besuch abzustatten. Mit Umsicht und ohne zu sparen, bereitete sie eine prunkvolle Reise vor: sie ließ — so steht es im KEBRA NEGEST — 797 Kamele satteln, zahllose Maultiere und Esel beladen und über 300 Leute in ihre Begleitung aufnehmen.

Makeda und Salomo — königliche Visite

Salomo, der die Weisheit gepachtet hatte, war den Berichten zufolge auch ein nimmersatter Playboy, ein Weiberheld, wie er im mosaischen Gesetz durchaus keinen Platz hatte: er vergnügte sich bei weitem nicht nur mit seinen heimatlichen Frauen, er holte sich auch Damen von jenseits der Grenzen. Kein Wunder deshalb, daß er der äthiopischen Königin einen Empfang bereitete, der an Prunk nichts zu wünschen übrig ließ:

> »Aber auch er ehrte sie und freute sich und gab ihr Wohnung in einem königlichen Palast nahe bei sich. Er schickte die Abend- und Morgenmahlzeit, jedesmal fünfzehn Maße Kor* von feingeriebenem und mit Öl und viel Brühe gekochtem Weizenmehl, und 30 Maße Kor zerstoßenes Weizenmehl, woraus Brot für 350 Menschen bereitet wurde, samt dem Zubehör an Porzellanplatten, und 10 Mastochsen und fünf Stiere und 50 Schafe; außerdem noch Ziegen und Hirsche und Büffel und gemästete Hähne; ferner Wein, 60 Maße Gerät, und von altem Wein 30 Maße ... und täglich gab er ihr elf augenfesselnde Gewänder.« (Kebra Negest, Kap. 25)

Diese »Kleinigkeiten«, die Salomo, der Weise, investierte, lohnten sich: er verführte die Königin nach Strich und Faden, und weil er sie schon bei ihrem Aufenthalt so verwöhnt und beschenkt hatte, konnte er sich beim Abschied nicht lumpen lassen. Große Geschenke erhalten die Freundschaft. Entnehmen wir die Geschenkliste dem KEBRA NEGEST:

Ein fantastisches Geschenk vom König

> »Er gab ihr alle wünschenswerten Herrlichkeiten und Reichtümer, augenfesselnde schöne Kleider und alle dem Lande Äthiopien erwünschten Herrlichkeiten, Kamele und Wagen an 6000, die mit kostbaren, wünschenswerten Geräten beladen waren, Gefährte, in

* Altisraelitisches Hohlmaß = 364 l.

denen man auf dem Lande fuhr, *und einen Wagen, der durch die Lüfte fuhr, den er gemäß der ihm von Gott verliehenen Weisheit angefertigt hatte.«* (Kebra Negest, Kap. 30)

Man muß diesen Text zweimal lesen. Da werden im Detail Geschenke aufgeführt, die Makeda mit nach Äthiopien nimmt: Kamele, Wagen, Geräte und Gefährte, in denen man auf dem Land fuhr ... und einen Wagen, der durch die Lüfte fuhr! Der Chronist macht einen deutlichen Unterschied zwischen den Wagentypen: einer für Fahrten auf dem Land, einer für Reisen durch die Lüfte. Salomo war eine erstaunliche Type unter den Königen! Was er so alles in seinem Fuhrpark hatte!

Es kam, wie es kommen mußte.

Neun Monate und fünf Tage nach der Heimkehr gebar die Königin einen Knaben, den sie Baina-lehkem nannte. (Nur ein vielleicht abwegiger Gedanke: phonetisch liegt der Name ›Baina-lehkem‹ sehr nahe bei ›Abimelech‹! Ist es nicht denkbar, daß Vokale und Konsonanten im Sprachgebrauch abgeschliffen wurden? Daß Baina-lehkem mit Abimelech identisch ist? In der zeitlichen Abfolge gibt diese mögliche Identität keinen Sinn ab, denn die Zeit des Salomo reicht etwa 400 Jahre weiter zurück in die Vergangenheit als die Lebzeit von Jeremia und Abimelech. Nun wäre es aber kein exzeptioneller Fall, daß die Chronisten bei der Zusammenfassung der Ereignisse die Namen durcheinanderbrachten, vielleicht, um eine Spur zu verwischen. Aber das ist, wie gesagt, nur ein Nebengedanke.)

Baina-lehkem, der gewitzte Sohn eines weisen Königs

Baina-lehkem, Sohn einer schnellen Liebe zwischen König und Königin, wurde standesgemäß in allen Künsten und der Beherrschung aller Waffen unterwiesen. 22 Jahre alt, reist auch er mit großem Troß nach Jerusalem, um endlich seinen Vater kennenzulernen:

»Er aber, der Sohn, Baina-lehkem, war schön, seine ganze Statur, sein Körper und die Haltung seines Nackens glichen Salomo, dem König, seinem Vater, seine Augen und seine Beine und seine ganze Art glich dem König Salomo.« (Kebra Negest, Kap. 32)

Über den Besuch hocherfreut, beschenkte Salomo auch seinen Sohn aufs großzügigste in wahrhaft königlicher Manier. Aber Baina-lehkem war clever!

Der Sohn wünscht vom Vater: die Bundeslade!

Ihn reizten alle Kostbarkeiten nicht, er hatte einen einzigen dringenden und heimlichen Wunsch: *er wollte die Bundeslade haben!*

Er sagte das Vater Salomo und fügte hinzu, daß er seiner Mutter gern die Lade mitbringen möchte, weil der, der in ihrem Besitze sei, vom Allmächtigen beschützt würde.

Salomo war ob dieses Wunsches schon ein bißchen erschrocken, aber eben nur erschrocken, obwohl er doch eigentlich unter die Decke hätte gehen müssen. Immerhin stellte sie noch eine unschätzbare heilige Reliquie dar, die von Mose kam und bei ihm in einem besonderen Raum des Tempels aufbewahrt wurde, nur für auserwählte Priester zugänglich. Da der König nur erschrak, darf man annehmen, daß sie, so wie sie dastand, keinen besonderen Nutzen mehr hatte oder daß er, eingedenk hübscher Schäferstündchen, der fernen Makeda Sicherheit vermitteln wollte durch Abstellung des Gerätes in ihren Palast. Dann aber hätte er der Lade doch noch einiges zugetraut.

Kein Transport der Bundeslade lief ohne besondere Vorkommnisse ab.

Salomo machte zur Bedingung des Abtransports, daß er

a) in aller Heimlichkeit zu erfolgen habe und

b) daß er ohne sein offizielles Wissen passieren müsse.

Beide Bedingungen leuchten ein: wenn Priesterschaft und Öffentlichkeit erfahren hätten, daß der König die kostbare Lade so mir nichts, dir nichts verschenkte, wäre ein Volksaufstand fällig gewesen.

Tausch: echte Bundeslade gegen Attrappe!

Baina-lehkem hatte vom Vater die Klugheit, von der Mutter die Cleverneß geerbt. Er setzte sich mit seinen Getreuen zu einer Konferenz zusammen, um Wege zu finden, wie man die väterlichen Wünsche erfüllen könnte. Man kam zum Schluß, daß hier nur ein Trick helfen könnte: Baina-lehkem war als Königssohn eine Vertrauensperson, die auch zu geheimen Gemächern Zugang hatte; er würde also in die Kammer gehen, in der die Lade stand und deren genaue Maße abnehmen; seine Leute würden dann in die Stadt gehen, um bei Tischlern Einzelteile der Lade anfertigen zu lassen, ohne daß die braven Handwerker ahnten, wozu man sie anstellte:

»Dann will ich das Werk in einzelnen Teilen, nicht zusammengefügt, forttragen, jene Hölzer erst dort zusammenfügen, sie am

Standort von Zion (der Lade)* niedersetzen und mit Gewändern Zions bekleiden, dann Zion (die Lade) nehmen, Erde aufgraben, und sie dort hinbringen, bis wir reisen und sie mit uns nehmen.« (Kebra Negest, Kap. 46)

Der Plan war ebenso raffiniert wie einfach.

Als die Tischler die in Holz und Farbe der Originallade zum Verwechseln ähnlichen Teile geliefert hatten, stieg Baina-lehkem nächtens in die Tempelkammer hinab, ließ die Türen angelehnt, so daß seine Freunde nachkommen konnten. Die würden die Mose-Bundeslade hinaustragen, mit altem Zeug bedecken und ins Lager der Äthiopier, das außerhalb Jerusalems aufgeschlagen war, tragen und vergraben. Bis zum Aufbruch Richtung Heimat. In der Kammer entstand aus nachfabrizierten Teilen eine Attrappe. Niemand würde es bemerken:

»Darauf stand er auf und weckte seine drei Brüder, sie nahmen jene Bretter und gingen in den Tempel. Sie fanden alle Türen offen, außen und innen, offene Türen bis zu der Stelle, wo sie auf Zion, die Gesetzeslade Gottes, trafen; und dann wurde diese in einem Augenblick fortgetragen ...
Nun nahmen die Viere die Lade und brachten sie in das Haus des Azarjas, dann kehrten sie in den Tempel zurück und fügten jene Bretter zusammen an dem Platze, wo die Lade gestanden hatte, bedeckten sie mit den Gewändern Zions und schlossen die Türen.« (Kebra Negest, Kap. 48)

Eine Woche später brachen die Äthiopier auf. Keiner in Jerusalem hatte bemerkt, was in der Tempelkammer mit der Lade geschehen war — doch wohl ein Indiz dafür, daß die Israeliten nicht mehr an der unbrauchbar gewordenen Mannamaschine interessiert waren.

»Sie nahmen nun Abschied und zogen fort. Vorher aber luden sie Zion (die Lade) bei Nacht auf einen Wagen, zusammen mit wertlosen Gegenständen und unreinen Kleidern nebst Geräten aller Art. Alle Wagen wurden beladen, die Ältesten erhoben sich, das Horn wurde geblasen, die Stadt widerhallte, und die Jugend erhob Geschrei.« (Kebra Negest, Kap. 50)

* Carl Bezold setzt vielfach im Text hinter »Zion« — die Lade.

Im Fluge mit der Lade nach Äthiopien

Weit genug von Jerusalem entfernt, um sich in Sicherheit zu wissen, packten die Äthiopier die Bundeslade aus und luden sie auf einen neuen Wagen um. Es ereignete sich wiederum ein Schauspiel besonderer Art, aber wir wissen, die Bundeslade ist ohne Spektakel nicht zu transportieren:

> »Von der Lade aus ging eine Wolke wie ein Schleier und umhüllte sie damit schützend gegen die Sonnenhitze. Es war niemand, der ihren Wagenpark gezogen hätte, sondern er selbst (Erzengel Michael) zog den Wagen, in dem sich *von der Erde eine Elle hoch erhoben sowohl Menschen als Pferde, Maultiere und Kamele;* und alle Leute, die auf den Tieren ritten, wurden eine Mannesspanne hoch von ihren Rücken gehoben, aber auch alle die aufgeladenen Arten ihrer *Gerätschaften wurden eine Mannesspanne hoch erhoben . . . und alles eilte auf dem Wagen dahin wie ein Schiff auf dem Meere, wenn es der Wind hebt, und wie ein Adler, wenn er auf dem Winde leicht dahinfliegt.* So eilten sie auf dem Wagen dahin, ohne nach vorn oder nach hinten, nach rechts oder links zu schwanken.« (Kebra Negest, Kap. 52)

Ein neuer Status ist fällig.

4. Lagebericht

- Unter vielen Geschenken Salomos für die äthiopische Königin war »ein Wagen, der durch die Lüfte« fuhr.
- Der Königssohn entführte heimlich die Lade aus Jerusalem — mit stillschweigendem Einverständnis von Salomo. Sie wird eine Woche außerhalb der Stadt verborgen, dann beim Aufbruch auf einen Wagen gehoben, die Lade selbst durch daraufgelegtes Gerümpel getarnt.
- Erst weit weg von Jerusalem wird die Lade auf einen *neuen* Wagen umgeladen. Ab jetzt fliegt der Wagen — eine Elle hoch über dem Boden bzw. eine Mannesspanne. Der Wagen muß eine beträchtliche Größe gehabt haben, denn auf ihm »erhoben« sich außer Menschen auch Pferde, Maultiere und Kamele. Im Bericht wird ausdrücklich von *einem* Wagen gesprochen (nachdem auf der Hinreise viele Wagen im Troß waren).
- Der Königssohn hatte seinen Plan in allem durchdacht. Er ließ den großen Flugwagen — wohl das königliche Geschenk an seine Mutter — einige Tagesreisen von Jerusalem entfernt stehen, freilich unter soldatischer Bewachung. — Wie ein zeitgenössischer

Reisender kam er nach Jerusalem, stahl die Lade, zog wieder ab und lud sie auf den Wagen, der fliegen konnte, um. Der »Wagen« konnte schnell reisen, er wurde nicht durch die miserablen Straßen behindert. Verfolger können die Karawane nicht einholen.

Wie sichs für einen Krimi gehört: eine »chase«!

Diese Annahmen finden in der Überlieferung ihre Bestätigung.

Die Tempelpriester in Jerusalem entdeckten den Diebstahl und meldeten ihn König Salomo. Sie bedrängten ihn, unverzüglich Truppen zusammenzuziehen, um die Äthiopier zu verfolgen. Salomo kann sich den Forderungen nicht entziehen und auch nicht zugeben, daß sein Sohn von ihm mindestens das Einverständnis hatte, unbemerkt die Lade mitzunehmen. Selbst Salomos schnelle Reiter konnten den Reiseweg der Äthiopier nicht ausmachen. Kein Wunder, denn die waren inzwischen nach Ägypten *geflogen,* und ihr Himmelsgefährt richtete ziemliche Verwüstungen an. Die Ägypter berichteten den israelitischen Kundschaftern:

Reise auf einem Wagen »wie die Engel« und »schneller denn die Adler am Himmel«

»Und die Bewohner des Landes Ägypten erzählten ihnen: Vor langer Zeit sind die Leute von Äthiopien hier vorbeigekommen, indem sie *auf einem Wagen fuhren wie die Engel, und sie waren schneller denn die Adler am Himmel.*

Die Bewohner der Städte und Burgen sind Zeugen dafür, daß, als jene das Land Ägypten betraten, unsere Götter und die Götter des Königs umfielen und zerbrachen, und ebenso wurden die Obelisken der Götter zerstört.« (Kebra Negest, Kap. 58+59)

Es ist alles außerordentlich merkwürdig.

Ein »fliegender Wagen«, der Obelisken umstürzt? Auf dem Roß und Reiter und Kamele Platz haben? Produkt ausschweifender orientalischer Fantasie?

Auch in den indischen Epen Mahabharata und Ramayana werden fliegende Superdinger beschrieben, eines, von Göttern zurückgelassen, hatte »die Größe eines Tempels und war fünf Stockwerke hoch«. Im Ramayana wird von Flugapparaten gesprochen, »die die Berge erzittern (ließen), wenn sie sich mit Donnern erheben, Wälder, Wiesen und die Spitzen der Gebäude verbrennen«. — Man sollte die Schreckensberichte der Ägypter getrost als Realität nehmen.

Das taten wohl auch die Kundschafter von der schnellen Truppe des Königs Salomo, die brühwarm ihre Berichte ablieferten. Majestät will nicht so schnell aufgeben, setzt sich selbst an die Spitze einer Eliteeinheit, erkundigt sich in Ägypten, wann sein Sohn Bainalehkem abgereist wäre. Dies bekommt er zu hören:

Wie vom Winde verweht

»Dies ist der dritte Tag, daß er fortzog. Und als sie ihren Wagen beladen hatten, da ging es nicht auf der Erde hin, sondern *sie schwebten im Wagen* auf dem Winde; sie waren schneller als der Adler am Himmel, und alle ihre Gerätschaften kamen mit ihnen auf dem Winde in den Wagen. Wir aber glaubten, daß *du* ihn in deiner Weisheit erfunden hättest, in einem Wagen auf dem Winde zu fahren.« Da sprach er zu ihnen: »*War Zion, die Gesetzeslade Gottes, bei ihnen?*« — Da sprachen sie zu ihm: »Wir haben sie nicht gesehen.« (Kebra Negest, Kap. 58)

Salomo begreift, daß sein eigener Sohn ihn reingelegt hat. Er sieht ein, daß er die Lade mit ihrem kostbaren Inhalt nicht mehr zurückholen kann. Aus Trauer über die »Verlade« mit der Lade kam insgeheim das große Weinen über Salomo und seine Priester. Insgeheim, weil Salomo sofort klar war, daß der Diebstahl international nicht publik werden dürfte: nicht mehr im Besitz der geheimnisvollen Lade, könnten sich feindliche Könige plötzlich stark genug fühlen, Israel zu überfallen. Daher Salomos strikter Befehl an die Priester, kein Wort über den Verlust der Lade an die Öffentlichkeit kommen zu lassen:

»Da hob Salomo wiederum an und sprach zu ihnen: ›Höret nun auf, damit sich nicht die unbeschnittenen Völker vor uns brüsten und zu uns sagen: ihr Ruhm ist vernichtet worden, und der Herr hat sie verlassen. *Entdecket hiervon nie mehr etwas den anderen Völkern!*

Jene Bretter aber, die hierher gelehnt und zusammengefügt sind, laßt uns aufstellen, *mit Gold überziehen und schmücken gleich wie unsere Herrin Zion (die Lade).* Und auch die Schrift des Gesetzes laßt uns hineinlegen!‹« (Kebra Negest, Kap. 62)

Salomo war gezwungen, den Diebstahl der Lade nachträglich zu decken und die Priester zu beauftragen, die *falsche* Lade mit *echten* Zeichen zu schmücken. Er selbst aber war am Ende. Im KEBRA

NEGEST ist zu lesen, daß er zwar noch 11 Jahre lebte, sich aber von Gott abwandte und sich einem Leben »der Fülle von Liebe zu den Weibern« hingab.

Was geschah mit der Bundeslade, nachdem sie in Besitz von Bainalehkam war?

Landung mit der Beute

Nachdem der Königssohn mit seinen Leuten die äthiopische Grenze überflogen hatte, gab er den Befehl zu Landung und führte, wie in früheren Zeiten vor ihm König David, einen Freudentanz um das Beutestück auf:

> »Dann stand der König auf und hüpfte wie ein Lamm und wie ein Böcklein, das von seiner Mutter Milch gesättigt, mit derselben Freude wie sein Großvater David *vor der Gesetzeslade* Gottes. Er stampfte mit seinem Fuße, frohlockte mit seinem Herzen und jubelte mit seinem Munde. Was soll ich erst sagen von der Fülle der Freude und Lustbarkeit im Lager des Königs von Äthiopien! Einer sagte es dem andern; sie hüpften alle wie ein junges Rind, klatschten in die Hände, verwunderten sich, breiteten ihre Hände gen Himmel aus, fielen auf ihr Antlitz zur Erde nieder und priesen Gott in ihrem Herzen.« (Kebra Negest, Kap. 53)

Mutter Makeda trat die Herrschaft über Äthiopien an den erfolgreichen Sohn ab, der sich fürderhin König Menelik nannte. Er wurde zum Gründer der neuen äthiopischen Dynastie.

Noch in der äthiopischen Verfassung vom Jahre 1955 heißt es in Artikel 2[17]:

> »Die königliche Würde soll für alle Ewigkeiten von derselben Geschlechtslinie stammen, welche ohne Unterbrechung von der Dynastie von König Menelik dem Ersten, Sohn der Königin von Äthiopien, der Königin von Saba, und des König Salomons von Jerusalem herkommt.«

Noch der 1974 verbannte Negus von Abessinien, Kaiser Haile Selassie von Äthiopien, führte seine Regentschaft auf Menelik zurück. Die äthiopischen Herrscher nannten sich mal Könige, mal Kaiser, mal König der Könige, immer davon überzeugt, dank der unüberwindlichen Kraft der Bundeslade, allen anderen Herrschern überlegen zu sein und unter dem unmittelbaren Schutz des allerhöchsten Gottes zu stehen.

Salomo in Indien?

Während meiner Spurensicherung der Bundeslade fiel mir ein Erlebnis ein, das ich 1976 in Srinagar, im Hochland von Indien, hatte. Dort führte mich der Archäologe Professor Hassnain auf einen Kegelberg, der ›Tahkti Suleiman‹ hieß. Auf der Kuppe des steilabfallenden Kegels steht ein Tempel, der ein Heiligtum der Mohammedaner ist.

Ich fragte, was ›Tahkti Suleiman‹ bedeute. Ohne zu überlegen, antwortete Professor Hassnain: »Berg des Salomon!«

Mir schien es ziemlich widersinnig, einen Berg im indischen Hochland nach dem israelitischen König Salomo zu benennen. Drum erkundigte ich mich und hörte vom Professor diese Erklärung:

»König Salomo wird von den Mohammedanern wie von den Hindus verehrt. Dies ist sein Berg, und dies ist der Tempel des Königs! Man hat ihn hier erbaut, weil der Überlieferung nach König Salomo mit seinem Flugschiff hierher flog und den Bau des Tempels selbst veranlaßt hat.«

Mir kam das damals mehr als spanisch vor, ich glaubte kein Wort, hielt mich aber mit meiner Skepsis zurück, weil Professor Hassnain ein gläubiger Mohammedaner ist.

Seit ich das KEBRA NEGEST kenne, halte ich Flüge des weisen Königs Salomo in alle Erdteile für möglich. Im Alten Testament wird Salomo stets mit dem Attribut ›weise‹ ausgezeichnet; vielleicht hätte man es mit ›technisch begabt‹ übersetzen sollen.

Leider wissen wir nicht, leider werden wir nie erfahren, was für einen Flugapparat König Salomo konstruieren ließ. Hatten die Himmelssöhne, von denen der vorsintflutliche Prophet Henoch spricht, ein Zubringerschiff zurückgelassen? Gab es eine speziell ausgebildete Priesterschaft, einen technischen Geheimbund, die das technische Monstrum zu bedienen verstand? Lauter Fragen, die unbeantwortbar sind. Sicher wissen wir nunmehr nur, daß — laut KEBRA NEGEST — Salomo der Königin von Äthiopien ein *Fluggerät* zum Geschenk machte, ein Gerät, das dann bei der heimlichen Entführung der Bundeslade wieder eine entscheidende Rolle spielte.

Landung in Waqerom

Die erste Station der Flugreise von König Menelik I. war die äthiopische Stadt Waqerom. Dann flog er in die Hauptstadt, die Makeda-Berg genannt wurde:

»Der König kam nun in großer Herrlichkeit in die Stadt seiner Mutter, und darauf erblickte sie *in der Höhe* die heilige Zion (Lade), welche *leuchtete wie die Sonne!* Sie erhob ihr Haupt, blickte gen Himmel und lobte ihren Schöpfer, klatschte in die Hände, jauchzte mit ihrem Munde und stampfte mit ihren Füßen, schmückte ihren ganzen Körper mit Freude, und ihr ganzes Innere jubelte im Geiste. Und was soll ich sagen von der Freude, die damals das Land Äthiopien hatte: Mensch und Tier, klein und groß, Weib und Mann! Sie stellte ihr Zelt und die Wohnzelte am Fuß von Makeda-Berg auf, auf einem weiten Platz bei gutem Wasser, und schlachtete Mastochsen und Stiere in der Anzahl von 32 000, und man ließ *die heilige Lade* auf der Festung von Makeda-Berg wohnen; jene gab ihr als Wächter dreihundert Schwertträger, die die Zelte Zions bewachten, samt ihren eigenen Leuten und ihren Würdenträgern.« (Kebra Negest, Kap. 85)

Erwähnen muß ich, daß in Kommentaren zum Alten Testament wiederholt die Ansicht vertreten wird, König Salomo sei nicht von der äthiopischen Königin, sondern von der Königin von Saba besucht worden. (Das Königreich Saba lag im heutigen Jemen.)

Aus den Texten wird nicht zweifelsfrei klar, ob die Königin von Saba den munteren Salomo ebenfalls besucht hat oder ob nicht die äthiopische Königin auch Herrscherin von Saba gewesen ist[18].

Die genaue Flugroute

Eindeutig hingegen ist, daß die Bundeslade ins *heutige* Äthiopien gebracht wurde. Der »Rückzug« der Äthiopier wird mit genauem Fluchtweg im KEBRA NEGEST beschrieben: von Jerusalem ging es an der Küste des Mittelmeers entlang bis zum Nil, der als ›Bach Ägyptens‹ erwähnt wird. Die Mannschaft des Königssohnes nahm den Nil als Orientierungshilfe, aber die Ägypter konnten den Äthiopiern nichts anhaben, weil die über sie hinwegflogen. Überdies war den Ägyptern bekannt, daß die Fliehenden die gefährliche Bundeslade mit sich hatten; davor fürchteten sie sich, weil aus vielen Berichten bekannt war, wie sehr diese Apparatur allen Angreifern überlegen war. Die Lade »strahlte wie die Sonne«, heißt es im KEBRA NEGEST. Da oben an Bord des Flugapparates ging Unheimliches vor sich. Wurden vernichtende Strahlen gegen den Feind gerichtet? Strahlte das Fluggerät im Glanz der Sonne? Darauf gibt es keine bündige Antwort.

Die Bundeslade wurde nicht über das Rote Meer von Oberägypten oder Äthiopien nach Jemen verbracht; die Grenzen des äthiopischen Reiches werden klar umrissen:

»So ist nun die östliche Grenze des Gebietes der Herrschaft des Königs von Äthiopien der Anfang des Gebietes von Gaza im Lande Juda ... und eine Grenze ist das Meer von Jericho, und läuft an der Küste seines Meeres hin bis nach Liba und Saba ... eine andere Grenze ist das Land der Schwarzen und Nackten und steigt an zum Gebirge von Keberenejon im Meere der Dunkelheit, welches bei Sonnenuntergang ist ...« (Kebra Negest, Kap. 92)

Die Bundeslade wanderte durchs Land. Ihren endgültigen Platz fand sie in der nordäthiopischen Stadt Axum, die einst Hauptstadt des Reiches war und deren Gründung einem Enkel Noahs zugeschrieben wird.

Bundeslade in Axum?

Die NEUE ZÜRCHER ZEITUNG berichtete am 24. Oktober 1970:

»Menelik I., Sohn Königin Makedas von Saba und König Salomons des Weisen, soll vor nunmehr bald 3000 Jahren die *heilige Bundeslade* von Jerusalem nach Axum entführt haben, *wo sie sich angeblich noch heute in der Obhut der Priester der Marien-Kathedrale befindet.* Dem Besitz dieses Heiligtums verdankt Axum seine Stellung als religiöses Zentrum des koptischen Christentums[19].«

Ist die Bundeslade samt ihrer rätselhaften Mannamaschine wirklich noch in Axum? Axum, rd. 180 km Luftlinie südlich von der äthiopischen Provinzstadt Asmara gelegen, ist ein Touristenzentrum geworden. Reisende sehen Tempel und Gräber und ein Wasserreservoir, das ›Bad der Königin von Saba‹ heißt. Man bestaunt riesige Stelen, deren größte vor ihrem Sturz stattliche 33,5 m in der Höhe maß. Unter den Stelen sollen Gräber liegen, doch das weiß niemand genau.

Ist die Lade in Rom?!

Ob die Bundeslade noch in Axum steht? Wer will das genau wissen. Äthiopien-Eritrea war nach dem zweiten italienisch-äthiopischen Krieg von 1935/36 unter Roms staatlicher Aufsicht. Hat man die Chance ausgelassen, übersehen, die Bundeslade als Trophäe heimlich

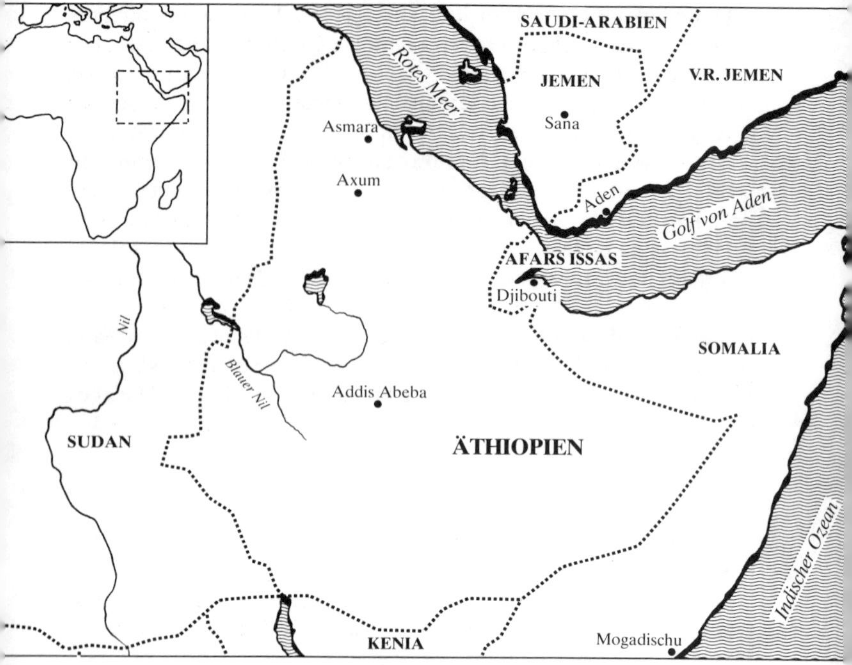

nach Rom zu entführen? Eine, zugegeben, kühne Spekulation: die Lade könnte sogar heutzutage im Vatikan aufbewahrt werden, dank eines Minnedienstes, den die Faschisten erwiesen haben. Aber: das weiß man nicht, und man wird es, falls es so ist, auch nicht erfahren. Das ist ein sehr riskanter Gedanke.

5. Lagebericht

Neuer Status:

Ist der Diebstahl der Bundeslade durch die Äthiopier eine Erklärung dafür, weswegen jahrhundertelang kein Wort mehr über das Ding in der Literatur zu finden ist? Hielten sich die Priester an Salomos Befehl, keinem Menschen etwas von dem Betrug durch Sohn Menelik zu sagen?

Besonders pikant ist der Gedanke, daß der Prophet Jeremia 400 Jahre nach den Ereignissen die *falsche* Lade versteckt hat! Das aber ist durchaus möglich. Wir wissen, daß der Königssohn eine Attrappe mit *echten* Zeichen in der Kammer deponieren ließ, ja sogar der Echtheit wegen die Gesetzestafeln in die Lade gab. Für Jeremia gab es keine Anhaltspunkte oder Hinweise für das Falsifikat, er lebte um 600 v. Chr. also fast 300 Jahre nach Salomo, der 933 v. Chr. starb. Der Prophet hätte also guten Glaubens die Attrappe vor den Babyloniern gerettet.

Mit dieser Spekulation würde ich meiner früheren Annahme widersprechen, die Außerirdischen hätten Jeremia *der Lade wegen* vor den Babyloniern gewarnt. Möglich aber ist, daß die Außerirdischen von der Verbringung nach Äthiopien keine blasse Ahnung hatten, weil in dem Zeitraum von Mose bis Jeremia und Hesekiel keinerlei Hinweise für die Anwesenheit von Außerirdischen zu finden sind. Sie waren also über die zwischenzeitlichen Vorgänge uninformiert.

Im Raum Jerusalem? In Axum?

Es bleiben zwei Möglichkeiten:

- □ Jeremia hat die echte Lade vor den Babyloniern gerettet. Dann müßte sie heute noch irgendwo in einer Höhle oder Grotte im Raum Jerusalem liegen.
- □ Die echte Lade wurde von Baina-lehkem nach Äthiopien entführt, liegt irgendwo im Lande versteckt, vielleicht in der heiligen Stadt Axum.

Bleibt noch die Randfrage zu klären, was aus dem fliegenden Fahrzeug geworden ist:

> »Der König und alle, die seinem Gebot gehorchten, sie flogen auf dem Wagen ohne Krankheit und Leiden, ohne Hunger und Durst, ohne Schweiß und Ermüdung, in dem sie an einem Tage eine Wegstrecke von drei Monaten zurücklegten.« (Kebra Negest, Kap. 94)

König Menelik setzte den »fliegenden Teppich« in Kriegen ein. Sehr klug, denn ein solches Instrument besaßen die Feinde nicht, er war ihnen allemal überlegen. Höre ich schon wispern: ja, dann zeigen Sie doch mal diese Flugmaschine her! Nach über 3000 Jahren wird von dem Ding nichts mehr übriggeblieben sein, es ist verrostet, überwuchert. Es kann auch über anderen Ländern abgestürzt sein, an

Orten, wo keine Überlieferungen zustande kamen. Ich darf vielleicht geziemend darauf hinweisen, daß es sogar heute noch vorkommt, daß Flugzeuge abstürzen, ohne wiedergefunden zu werden. Nein, dieses königliche Geschenk werden wir nicht wiederfinden. Die Chance, der Bundeslade auf die Spur zu kommen, ist immer noch entschieden größer.

Warum?

Weshalb die Bundeslade gefunden werden kann

Wir wissen aus Überlieferungen, daß die Bundeslade und in ihr die geheimnisvolle Apparatur »strahlte«, daß sie gefährlich war. Es müssen sogenannte harte Strahlen gewesen sein, denn es wurden Menschen, die nur in die Nähe kamen, tödlich getroffen — andere, die in ihren Umkreis traten, erkrankten bösartig. Solche Wirkungen kommen nicht vom reflektierenden Sonnenlicht!

Der Teil der Apparatur, der Energie erzeugte, muß recht klein gewesen sein. Ich sprach von einem Mini-Reaktor, wie er heute in Benutzung ist.

Welche Strahlensorte kann

a) so stark wie geschildert und

b) so langlebig gewesen sein, wie die Berichte über die Lade aussagen? Plutonium käme in Frage. Plutonium hat eine Halbwertzeit von 24 360 Jahren. Bedeutet: nach 24 360 Jahren ist immer noch die Hälfte der ursprünglichen Strahlkraft vorhanden. Das genau ist das Signal, ist die Zeituhr, die heute noch tickt!

Mit heutigen technischen Möglichkeiten kann man solche Strahlen feststellen. Das ist sogar ziemlich einfach, denn es müßte lediglich ein Helikopter mit empfindlichen Detektoren an Bord die denkbaren Räume überfliegen. Wenn es Plutonium war, strahlt es heute noch!

Die Lade wird aber auch dann noch strahlen, wenn ein anderes radioaktives Material für den Betrieb des Mini-Reaktors verwandt wurde. Die Chance kann gering sein. Zugegeben. Aber es ist eine, und wir geben heute mit leichter Hand Millionenbeträge für weniger chancenreiche Projekte aus. Warum investieren wir nicht mal in die Erforschung unserer Vergangenheit? Wir werden die Zukunft gewinnen. Wird man bei der Suche der Bundeslade (mit der Mannamaschine) fündig, dann wissen wir auf jeden Fall dies:

□ Es gibt außerirdische, uns überlegene Lebensformen.

□ Außerirdische waren da.

- ☐ Sie lenkten Gruppen früher Erdenbewohner in eine bestimmte Richtung.
- ☐ Die ältesten Spielregeln des Zusammenlebens intelligenter Lebewesen kamen von Außerirdischen.
- ☐ Wir lernen vorzeitliche Technik der Extraterrestrier kennen, ihre metallurgischen Verfahren, kurz: ihren Wissensstand.

Mir ist klar, daß es religiösen und politischen Widerstand gegen eine Suche in Israel, Jordanien oder/und Äthiopien geben wird. *Mir* muß man nicht sagen, wieviel Skepsis mobilisiert wird, sobald ein nur scheinbar utopischer Gedanke ins Gespräch gebracht wird. *Mir* darf man aber fairerweise nicht immer wieder *den* sichtbaren Beweis für die Anwesenheit Außerirdischer abverlangen, wenn man nicht bereit ist, auch nur den geringsten Versuch zu machen, belegten Hinweisen nachzugehen.

Die Bundeslade muß noch existieren.

Der Krimi »Bundeslade« könnte zum Happy-End geführt werden. Wenn man nur will.

MITTEILUNG

1753 verfaßte der Portugiese Joao da Silva Guimaraes seinen »Historischen Bericht über eine riesige versteckte Stadt hohen Alters, ohne Einwohner, entdeckt im Jahre 1753«. — Das Dokument liegt heute in den Staatsarchiven von Rio de Janeiro.

Guimaraes berichtet, er sei mit 18 Begleitern auf der Suche nach Gold und Diamanten am Gonfugy-Fluß, nördlich des Ortes Boa Nova, gewesen; er und seine Begleitung hätten während der Monate in Wäldern und Sümpfen völlig die Orientierung verloren und seien urplötzlich auf einem Hügel gestanden. Diesen Moment schildert er so:

»Unter uns lagen die Gebäude einer Stadt, umgeben von Wald. Wir schritten durch einen großen Torbogen, auf dem eine Schrift eingraviert war. Wir fanden breite Straßen, und überall lagen gebrochene Säulen. Auf einem viereckigen Platz stand eine schwarze Säule und darauf ein Mann, die linke Hand in die Hüfte gestützt, die rechte ausgestreckt nach

Norden weisend. Wir betraten auch eine Halle mit vielen zerstörten Bildern in Stein. Auf den Obelisken waren Schriftzeichen, die wir nicht lesen konnten. In einer eingestürzten Halle hing eine große Scheibe aus einem rosaroten Stein ...«

1925 brach der britische Oberst Percy Harrison Fawcett, Mitglied der Königlich Geographischen Gesellschaft, London, zu einer Expedition auf, um diese geheimnisvolle Stadt zu finden. — Fawcett und seine Begleiter kehrten nicht zurück.

1928 startete eine Rettungsexpedition. Erfolglos.

1930 machte sich neuerlich eine Expedition unter Führung des britischen Journalisten Albert de Winton auf den Weg. Auch Winton kehrte nicht zurück.

1932 erstattete der Schweizer Pelztierjäger Stefan Rattin dem britischen Generalkonsul in Rio de Janeiro Bericht: er habe den Oberst Fawcett als Gefangenen bei einem Indianerstamm gesehen. Aus dem Wortlaut:

»Gegen Sonnenuntergang des 16. Oktober 1931 waren ich und meine beiden Gefährten mit dem Waschen unserer Kleider in einem Zufluß des River Iguassu Ximary beschäftigt, als wir uns plötzlich von Indianern umgeben sahen ... Nach Sonnenuntergang erschien unvermittelt ein alter, mit Fellen bekleideter Mann mit langem, gelblichweißem Bart und langem Haar. Ich erkannte augenblicklich, daß es sich um einen Weißen handelte ... Er sah sehr traurig aus und konnte seinen Blick nicht von mir wenden ... Als die Indianer schliefen, kam der alte Mann zu mir herüber und fragte mich, ob ich Engländer sei ... Er fuhr fort: ›Ich bin ein englischer Oberst. Geh auf das englische Konsulat und verlange, man möge Major Paget sagen, daß ich hier gefangengehalten werde.‹«

Bryan Fawcett, der Sohn des Verschollenen, glaubte dem Schweizer Rattin die Erzählung nicht, wonach er seinen Vater gesehen habe, und weil nichts geschah, beschloß der Schweizer voller Zorn und Wut, den alten Mann auf eigene Kappe in die Zivilisation zurückzubringen. Stefan Rattin wurde nie wieder gesehen.

1952 organisierte Bryan Fawcett eine eigene Expedition, um seinen nunmehr seit 27 Jahren von der Bildfläche verschwundenen Vater zu suchen. Resultat seiner Recherche: Oberst Percy Harrison Fawcett sei mitsamt seiner Begleitung von Indianern umgebracht worden.

Und was ist mit der im portugiesischen Dokument von 1753 erwähnten und beschriebenen Stadt? Sie ist von niemandem wieder gesehen worden. Offizielle, bemühte Recherchen wurden nicht angestellt.

Man kann heute von einem Satelliten aus die Menschen auf dem Roten Platz in Moskau zählen. Man kann aus -zig Kilometer Höhe feststellen, ob Leonid Breschnew seine Datscha geheizt hat oder nicht. Man kann mit Sensoren aus lichten Höhen tief im Boden Mineralien und Öl entdecken.

Man kann vieles, aber man macht sich nicht die Mühe, versunkene Städte im Urwald aufzutun. Mindestens eine, nämlich die, die Guimaraes lokalisierte und Oberst Fawcett suchte, kann ein Ziel sein. Weshalb nur gibt keine Regierung, keine Forschungsstelle Auftrag, diese verschollene Stadt auszuloten? Es wäre eine feine Aufgabe auch für die NASA.

Oberst Fawcett sagte:

»Ob wir durch- und wieder herauskommen oder unsere Knochen drinnen verwesen lassen, eines ist gewiß: die Antwort auf das Rätsel des antiken Südamerika — *und vielleicht der vorgeschichtlichen Welt überhaupt* — mag gefunden werden, wenn die Lage jener alten Städte festgestellt und der wissenschaftlichen Erforschung zugänglich gemacht sein wird. Daß die Städte existieren, weiß ich.«

Quelle: Bryan Fawcett: Geheimnisse im brasilianischen Urwald, Zürich — Stuttgart 1953, Revista, Band 1, 1839, Seite 181 Dokument Nr. 514.

2
Der Mensch überlistet die Natur

Wie Louise Brown entstand · Aus Alchemistenküchen in moderne Labors · Woher kam Eva? · Von welcher Rasse war der erste Mensch? · Wahlverwandtschaften · Was war der Evolutionsmotor? · Die künstliche Mutation · Wie kam es zu einer neuen Art? · Weshalb sind wir so wie wir sind? · Gibt es »auserwählte Völker«? · Cloning! · Kopien des Originals · Horrorvision oder Segen der Zukunft? · Entstand der *homo sapiens* durch Cloning?

Daß Menschen Menschen machen, ist bekannt und ein bewährtes Vergnügen. Daß Roboter Menschen produzieren, wird noch kommen. Daß Götter Menschen machten, habe ich behauptet. Daß Menschen heute schon fähig sind — wie die Götter —, Menschen künstlich zu reproduzieren, will ich belegen.

Zeugung im Glashaus

Dank freundlicher Mitwirkung der 32jährigen Leslie Brown aus Oldham bei London konnte die Weltpresse die Saure-Gurken-Zeit des Sommers 1978 spielend überstehen.

Frau Brown ist unfruchtbar, der zur Gebärmutter führende Eileiter ist blockiert.

Der Gynäkologe Dr. Patrick C. Steptoe verhalf Leslie trotzdem zu ihrem Wunschkind. Er entnahm ihrem Eierstock ein Ei und koppelte es — *in vitro,* wie die Ärzte sagen, und das heißt lateinisch »im Glas« — im Reagenzglas mit einer Spermazelle ihres Mannes. Unter den wachsamen Augen des Arztes gedieh das Embryo in einer Nährlösung; im richtigen Zeitpunkt setzte er es in die Gebärmutter von Frau Brown ein. Ja, und Louise, im Sommer 1978 geboren, nur wenige Wochen im Brutkasten, gedeiht prächtig. Wie ein *in vivo* (innerhalb) erzeugtes Baby. Es unterscheidet sich von anderen Babys seines Jahrgangs nur durch die Publicity beim Erscheinen auf der Welt: kein Baby hatte je so viele Schlagzeilen, so ausführliche Kommentare seiner Entstehungsart — wann wird ein Kind schon im Glashaus gezeugt? — und so viele Fotos auf Titelblättern, und keines hat wohl derzeit schon einen Heiratsantrag in der Wiege liegen wie Klein-Louise.

Das Reagenzglasbaby vom Sommer 1978 war nur eine Sensation, weil Eltern und Arzt sich nicht scheuten, die Geschichte seiner Entstehung publik zu machen. Niemand kann, weil mit dem Signum GEHEIM versehen, den Beweis antreten, daß Brown jr. aus Oldham bei London Hunderte, vielleicht Tausende von »Geschwistern« gleicher Provenienz hat. Sie gedeihen gesund und munter im geheimen, weil Ärzte, die sie »zeugten«, regelrechte Angst vor Diffamierungen haben. Von wissenschaftlicher, vor allem kirchlicher Seite her (obwohl es an diesen beiden Fronten durchaus Stimmen gibt, die vorsichtig die *in-vitro*-Befruchtung für vereinbar mit religiösen Dogmen und ethischen Forderungen erklären).

Retortenbaby in heiratsfähigem Alter

Wie aber hat man den Forscher Daniel Petrucci aus Bologna fertiggemacht, als er um die Mitte der 50er Jahre in tadelloser akademischer Manier bekanntgab, daß es ihm gelungen war, über ein halbes Tausend menschliche Embryos im Reagenzglas zu züchten und ein Vierteljahr am Leben zu erhalten. Mindestens ein Petrucci-Kind lebt derweil in heiratsfähigem Alter, gesund an Haupt und Gliedern. Der junge Mann wird sich vermutlich — und ich hoffe es auch — das Vergnügen nicht entgehen lassen, *in vivo,* was bekanntlich »innerhalb« heißt, für seine Nachkommen zu sorgen.

Sein »Vater« Petrucci jedenfalls schwor weiteren Versuchen ab, nachdem Papst Pius XII., zwar ohne seinen Namen zu nennen, eine unmißverständliche Warnung an jene gerichtet hatte, die dabei waren, dem lieben Gott ins Handwerk zu pfuschen.

Mit der Gefahr von Manipulationen beim Werden menschlichen Lebens mußte die Kirche sich schon im 16. Jahrhundert auseinandersetzen, als der Arzt und Naturforscher Paracelsus (1443—1541) den damals unerhörten Gedanken der Aufzucht von Embryos außerhalb des Mutterleibes in die Welt setzte[20]. Paracelsus mutmaßte, daß man einen *homunculus,* einen kleinen Menschen, herstellen könnte, wenn man männlichen Samen unter Körpertemperatur in einem Gefäß mit Essenzen des menschlichen Blutes ernähre.

Die kühne Vision des Paracelsus inspirierte Goethe, im 2. Teil des FAUST einen Homunkulus nach dessen Rezepten im »Laboratorium« herstellen zu lassen. Sein Adlatus Wagner begleitet das Experiment mit Ausrufen des Entzückens ... wie:

Es wird ein Mensch gemacht!
...
Ein großer Vorsatz scheint im Anfang toll;
Doch wollen wir des Zufalles künftig lachen,
Und so ein Hirn, das trefflich denken soll,
Wird künftig auch ein Denker machen.
...
Das Glas erklingt von lieblicher Gewalt,
Es trübt und klärt sich: also muß es werden!
Ich seh' in zierlicher Gestalt
Ein artig Männlein sich gebärden.
Was wollen wir, was will die Welt nun mehr?

300 Jahre später ist von den Alchemistenküchen lediglich übriggeblieben, daß auch in den supermodernen Labors unter strengster Geheimhaltung experimentiert wird und daß man manchen Wundern den Nimbus des Wunders raubt.

Mikrokosmos Zelle

Mit dem rasanten Fortschritt der genetischen Molekularbiologie seit der Mitte unseres Jahrhunderts ist Manipulation mit dem Erbgut möglich geworden. Hier sprechen wir insbesondere von der Molekulargenetik; sie befaßt sich mit den molekularen Grundlagen der Vererbung, der Mutation, des Austauschs von Erbanlagen usw.; sie erforscht also die Geheimnisse der Zelle, aus der alle Organismen bestehen.

Um auch nur von ferne ahnen zu können, *wie* schwierig die Forschung in diesem »Mikrokosmos« ist, muß man wissen, daß beispielsweise der Mensch rund 50 Billionen = 5000 Milliarden Zellen besitzt. Die Samenzelle — um nur einige Größenangaben zu machen — hat 0,05 mm Länge — die größte, die Eizelle, hat einen Durchmesser von 0,1 mm, die Nervenzelle aber nur einen von 0,008 mm. Doch in *jeder* Zelle ist der Geheimcode, der Bauplan (DNS) programmiert, nach dem die *ganze* Pflanze, das *ganze* Tier, der *ganze* Mensch aufgebaut sind. Daß sich eine Zelle aus ihrer Vorgängerin

»gebiert«, ist ein sehr logischer Aufbau der Natur. Um es lapidar zu sagen: bleibt nur eine der 50 Billionen Zellen am Leben, läßt sich daraus der *ganze* Mensch rekonstruieren. Ins Handwerkliche übertragen, wäre das so, als würde auf jedem Baustein des Kölner Doms der Grundriß samt der Fassade imprägniert sein.

Verlogene Moral

Es wäre zu erwarten gewesen, daß dem Dr. Steptoe unisono Glückwünsche zum Erfolg der Zeugung *in vitro* ins Haus geflattert wären. Weit gefehlt! Es erging ihm zwar nicht so grausam wie seinem amerikanischen Kollegen L. B. Shettles, dem auf inständigen Wunsch eines Ehepaares aus Florida die gleich erfolgreiche *in-vitro*-Befruchtung gelang, doch vor der Implantation von der Universität verjagt wurde[21]. Aber auch Dr. Steptoe wurde »Entwürdigung des Menschen« vorgeworfen, von »Unmoral« wurde gesprochen, es geiferte aus allen Richtungen.

Orden der Pessimisten

Ich verstehe nicht, was hier unmoralisch sein soll: Ehepaaren, die sich Kinder wünschen, verhelfen Ärzte zu ihrem Glück! Aber da ist der »Orden der Pessimisten«[22], die *jeden* Fortschritt beargwöhnen, jeden wissenschaftlich-technischen Erfolg — handle es sich um friedliche Nutzung der Kernenergie, handle es sich um Schritte zur interstellaren Raumfahrt — mit Zeter und Mordio zum Unheil verdonnern, verdammen. Im meinungsfreien Westen jedenfalls hat der »Orden der Pessimisten« ein weites Feld mit freier Schußbahn, und vor jeder Forschungsstätte liegen oder stehen sie im Anschlag. In des Wortes bösester Bedeutung.

Die Zerstörer der Zukunft vom »Orden der Pessimisten« müssen selbst von finsteren Gedanken beherrscht sein; sie können sich offenbar nur vorstellen, daß Ergebnisse der Forschung ausschließlich zu negativer Anwendung kommen; sie machen Fortschritt zum Synonym für Menschheitsvernichtung und Weltuntergang. Ich schätze menschlichen Verstand und menschliche Verantwortung höher ein als die Berufspessimisten. Wie in der vieltausendjährigen Entwicklungsgeschichte der Zivilisation werden *wir* Herr dessen bleiben, was menschliche Denkfähigkeit hervorbringt. In jeder Zukunft. Die Replikation von Menschen *ohne* natürliche Befruchtung ist in greifbare Nähe gerückt und längst weiter gediehen als die Implantation von Retortenbabys in die Gebärmutter.

Was ich vor nun genau zehn Jahren äußerte — ich wundere mich, ehrlich gesagt, über meine damalige Kühnheit — ist inzwischen *in vitro* gelungen.

Wie Eva entstand

Damals las ich:

»Da Gott den Menschen schuf, machte er ihn nach dem Gleichnis Gottes; und er schuf sie ein Männlein und Fräulein, und segnete sie, und hieß ihren Namen Mensch, zur Zeit, da sie geschaffen wurden.« (1. Mose, Kap. 5, Vers. 1+2)

Und:

»Da ließ Gott der Herr einen Tiefschlaf auf den Menschen fallen, so daß er einschlief. Und er nahm eine von seinen Rippen heraus und schloß die Stelle mit Fleisch. Und Gott der Herr baute ein Weib aus der Rippe, die er vom Menschen genommen hatte, und führte sie dem Menschen zu.
Da sprach der Mensch: ›Diese ist nun endlich Gebein von meinem Gebein (!) und Fleisch von meinem Fleisch (!). Sie soll Männin heißen, denn von dem Manne ist sie genommen.‹« (1. Mose, Kap. 2, Vers 21—23)

Damals fragte ich, ob hier nicht durch eine künstliche Mutation am Genetischen Code menschlich intelligente Lebewesen programmiert worden sein könnten, und ich fügte hinzu, ob unsere reizende Urmutter Eva nicht vielleicht durch Entnahme einer männlichen Samenzelle ohne Paarung entstanden sei.

»ti« = Rippe = Lebenskraft = Zelle!

Denkbar ist es. Das sumerische Keilschriftzeichen für Rippe ist »ti«, und das bedeutet »Lebenskraft«. Müßte eine moderne Bibelübersetzung nicht lauten: »Gott nahm von Adams Lebenskraft«?! Lebenskraft schlechthin aber ist die *Zelle.* Ohne sie gibt es kein Leben. Auch nicht im Paradies.

Von dieser festzementierten Erkenntnis aus forscht heute die Molekularbiologie.

Vom Rathaus kommend ist man klüger.

Meine damaligen Fragen sondierten nicht tief genug. Ich hätte auch fragen müssen: Wieso war denn Adam mir nichts, dir nichts vorhanden? Wer war zuerst da: das Ei, der Hahn oder die Henne? Adam *kann* auch ein Retortenbaby gewesen sein, aber er kann auch als *Clon* produziert worden sein. Um diesen ersten Clon geht es mir, und darüber will ich nun gar nicht mal so furchtbar riskante Gedanken zu Papier bringen.

Von welcher Rasse ist das Reagenzglasbaby aus Oldham bei London?

Natürlich von weißer Rasse, weil seine Eltern ihr zugehören.

Welcher Rasse aber gehörten unsere Urahnen — nennen wir sie meinetwegen Adam und Eva — an? Waren sie von weißer, schwarzer oder gelber Hautfarbe? Hatten sie am Ende Hautfarben, die es heute nicht mehr gibt?

Die Evolutionstheoretiker geben an, daß der Mensch vom Affen abstammt. Doch: Wer hat jemals einen weißen Affen gesehen? Oder einen dunklen Affen mit krausem Haar, wie es die prächtigen Vertreter der schwarzen Rasse ziert?

Niemand wird bestreiten, daß uns unser Körperbau mit der Affenfamilie in Verwandtschaft bringt, daß es Ähnlichkeiten gibt zwischen Mensch und Affe, wie zum Beispiel den Gebrauch der Hände als Greifwerkzeuge oder die großen, nach vorn gerichteten Augen, die räumliches Sehen ermöglichen.

Rassenfragen

Das alles ist unbestritten — nur muß ein Element hinzugekommen sein. Ein außerirdisches meiner Ansicht nach. Eine Kreuzung zwischen Planet Erde (Tier) und Weltall (Intelligenz) ... weil der intelligente Mensch, so, wie er ist, eben nicht nur von irgendeiner Vor-Affen-Spezies herkommen kann: seine Rasse allein beweist es.

Welcher Rasse gehörten denn die ersten Menschen an?

Warum gibt es verschiedene Rassen?

Rassenkunde ist ein Teilgebiet der biologischen Anthropologie, der Menschenkunde und der Geschichte der Menschenrassen. Mit »Rasse« bezeichnet man die *Teilgruppe einer Art*, die sich durch verschiedene äußere Merkmale von Teilgruppen *derselben* Art unterscheidet. Solche unterschiedlichen Merkmale können sein: Proportionen, Gesichtsformen, Hautfarben (entstanden durch Pigmente, einem in den Zellen vorkommenden Stoff mit Eigenfarbe), Haarwuchs, Augenstellung und -farbe, Lippenformen, Blutgruppen etc.

Nach der Rassendefinition der UNESCO von 1951 unterscheiden sich die drei Großrassen — europide, mongolide und negride —

voneinander »durch den unterschiedlichen Besitz von vorwiegend erblich bedingten, gut ausgeprägten Merkmalen«.

Alle menschlichen Rassengruppen sind Teile einer *Art,* heißt, daß die drei Großrassen mit ihren Splittergruppen auf dem ganzen Erdball einer einzigen biologischen Art zugehören. *Arten* sind Populationen, deren Einzelwesen sich untereinander kreuzen können. Weil es für menschliche Rassen keine physiologischen und morphologischen Schranken gibt, können sie sich untereinander paaren. Daß das so ist, wird täglich rund um den Globus »bewiesen« ...

... es sagt aber nichts darüber aus, wie die verschiedenen Rassen entstanden sind. Der Theorien gibt es viele, doch keinen wissenschaftlich erhärteten Status: so und nicht anders war es! Ganz gewiß sind Rassen nicht in dem überschaubaren geschichtlichen Zeitraum entstanden, es gibt sie seit frühesten Zeiten.

Die alten Kulturen Sumers, Babyloniens und Ägyptens gingen mit rassischen Verschiedenheiten wie mit einem ewigkeitlichen Faktum um. Herodot, Hippokrates und Aristoteles erwähnen unterschiedliche Rassen mit großer Selbstverständlichkeit. Durch die Jahrtausende mündlicher und schriftlicher Überlieferung ziehen sich wie ein blutroter Faden Polemiken von Rassen gegeneinander, Berichte von Rassenkriegen und ekelhaften Pogromen. Irgendwann fühlte sich immer wieder irgendeine Rasse der anderen überlegen, fühlte sich der Angehörige einer Rasse vom Vertreter einer anderen Rasse nur des Andersseins wegen provoziert.

Die Verwirrung der Vertreter *einer Art* kulminierte in unserem Jahrhundert im Hitlerschen Rassenwahn. Diese Spur von Blut und Mord wird als Inferno aller menschlichen Geschichte erhalten bleiben — als Menetekel für alle kommenden Generationen. Das geschehene Furchtbare muß in der menschlichen Geschichte seine Singularität behalten. Die Kommunikation unserer Zeit unter Ländern, Kontinenten, Völkern, Rassen und Stämmen wird Gefühl und Wissen, daß wir Angehörige *einer Art* sind, zum allgemeinen Bewußtsein machen. Hoffentlich.

Genetische Merkmale

Dies deutlich und unmißverständlich gesagt, bleibt dennoch die Frage nach dem Warum der humanen Unterschiede. Die Humangenetik, moderne Sparte der Rassenforschung, bemüht sich um objektive Klassifizierungen, die es möglich machen sollen, *genetische*

Merkmale heranziehen zu können. Es werden Blutgruppen, Serumproteine, Rhesusfaktor zur Findung klassifizierender Merkmale untersucht und tabellarisch wie repräsentativ unter den Rassen verglichen.

So stellte man fest, daß 89,3% aller Indianer der Blutgruppe 0 angehören, derweil nur 0,8% der indianischen Bevölkerung mit der Blutgruppe B lebt. Anders ist das Ergebnis bei den Mongoliden: Nur 18,3% zählen zur Blutgruppe B, aber 55,7% zur Blutgruppe 0.

Solche Blutgruppenvergleiche sind sicher für die Humangenetiker hochinteressant, doch frage ich mich, zu welchem signifikanten Ergebnis sie führen können. Denn: diese jetzt ermittelte Klassifikation gilt ja nur für die Gegenwart! Wie will man denn rauskriegen, ob nicht die Blutgruppen im Laufe der Jahrtausende gewechselt haben — und: wie sie in ferner Zukunft sein werden?!

Überdies sehe ich mit dieser Methode neue Anlässe für Rassendünkel aufkommen. Sagte früher ein Yankee: »Nur ein Neger!«, ein Neger: »Nur ein Indianer!«, wird man künftig ebenso verbohrt erklären: »Nur einer von der Blutgruppe A Rhesusfaktor + (positiv)!« Und wenn es sich ergeben sollte, daß eine bestimmte genetische Kombination einer anderen überlegen ist, sind wir mitten drin in einer neuen, sauber-wissenschaftlichen Rassenpolemik.

Ob nach äußerlichen oder genetischen Merkmalen eingestuft, können auf meine Fragen aus Rassenvergleichen keine Antworten erwartet werden — weder, von welcher Rasse die ersten Menschen waren, noch, weshalb die Eigenschaften der drei Großrassen so grundverschieden sind.

Negriden, Mongoliden, Europiden

Die Negriden (besonders deutlich bei den Einwohnern von Jamaika erkennbar) haben dunkle Hautfarbe, wulstige Lippen, (überwiegend) krauses Haar, breite Nase — wenig an ihnen ist identisch mit den Europiden. Innerhalb der negriden Großrasse gibt es 18 Untergruppen mit sehr differenzierten Merkmalen. Die Mongoliden mußten bisher 20mal unterteilt werden. Der Grund ist klar und einfach: durch Mutationen — Änderungen der Erbfaktoren — im Laufe der Entwicklungsgeschichte bildeten sich Abweichungen vom Entwurf der Großrasse heraus. Aber mir geht es nicht um Vergleiche *innerhalb* der Großrassen, sondern lediglich um die Enträtselung der Frage, wie die ersten Großrassen überhaupt entstanden sind, entstehen konnten.

Alle Menschen haben die gleiche Eiweißstruktur

Ausgangsposition aller Überlegungen ist die Gemeinsamkeit des gleichen anatomischen Körperbaus aller Rassen und die mögliche Paarung aller Rassen untereinander. *Alle* haben die *gleichen* Vorfahren. *Alle* Menschen *aller* Rassen tragen die *gleiche Eiweißstruktur* in ihren Zellen. In diesem Bezug tut sich dann wieder eine verwandtschaftliche Beziehung zu unseren äffischen Vorfahren auf: auch Schimpansen haben unsere Eiweißstruktur!

Wieso das?

Seit Charles Robert Darwin (1809—1892) gilt es als akzeptabel, daß sich die Arten durch natürliche Zuchtwahl entwickelten und daß Affe und Mensch aus *einem* Urprodukt der Natur sich ab einem Zeitpunkt X der Evolution voneinander fortentwickelten. In einem Entwicklungsprozeß, der über Jahrmillionen ging. Mag sein. Wir also gediehen durch millionenfache Mutationen über Jahrmillionen hinweg zur Krone der Schöpfung. Hört sich gut an.

Aber man muß schon das Wunder zum Erfüllungsgehilfen herbeirufen, wenn man glaubhaft machen will, daß sich in der Non-stop-Serie der Mutationen zwar Hunderte wesentliche Unterschiede herausbildeten, daß aber die Eiweißstruktur von Schimpanse und Mensch unverändert die Veredelungsprozesse überdauert haben soll.

Tatsächlich sind z. B. die 146 Makromoleküle im Eiweiß des Hämoglobins (der Farbstoff roter Blutkörperchen) bis auf einen einzigen Aminosäure-Baustein bei Schimpanse und Mensch identisch. Bei so vielen Ähnlichkeiten muß man es dem schwedischen Naturforscher Carl von Linné (1707—1778) nachsehen, daß er den Schimpansen als *homo troglodytes,* als Höhlenmenschen, bezeichnete.

Die gleiche Eiweißstruktur von Mensch und Schimpanse beweist, daß der Mensch *allein* durch natürliche Mutation und Evolution *nicht* entstanden sein kann. Warum nicht?

Wahlverwandtschaften

Vergleicht man die Eiweißstrukturen von zwei Fröschen, dann ergeben sich Abweichungen, die 50mal größer sind als die zwischen Schimpanse und Mensch — dabei sieht doch ein Frosch dem andern Spiegelgleich ähnlich! Rückschluß: da Frosch und Frosch *enger* verwandt sind als Mensch und Schimpanse, müßten die Eiweißstrukturen der Frösche nahezu dieselben sein — die von Mensch und Schimpanse jedoch völlig verschieden.

Das Gegenteil ist bewiesen.

Nachdem Professor Alan C. Wilson und seine Kollegin Mary-Claire King, beide Biochemiker an der Universität von Kalifornien, diese erstaunlichen Resultate ihrer Eiweißuntersuchungen vor sich hatten, waren beide davon überzeugt, es müsse einen *»bisher unentdeckten, überdies sehr viel wirksameren Evolutionsmotor«*[23] geben als bisher bekannt.

Unbekannter Evolutionsmotor

Was könnte dieser Evolutionsmotor gewesen sein? Schon der Anthropologe Professor Loren Eiseley von der Universität Pennsylvania sagte laut und deutlich, daß den Entwicklungstheoretikern ein Faktor entgangen sein muß, der bei der Bildung menschlicher Gruppen geistige Fähigkeiten hervorgebracht hat.

Das ist auch meine Meinung, aber wie erklärt sich das Phänomen, daß Mensch und Schimpanse enger verwandt sind (sein sollen) als die glotzäugigen Frösche, deren Eiweißstrukturen so different sind? Und das, obwohl — nach Darwin und der Lehrmeinung — der Zeitraum der Evolution vom Schimpansen zum Menschen mehr Jahrmillionen und mehr Millionen von Mutationen umfassen soll als es der relativ kurze Sprung der Frösche durch die Weltgeschichte erlaubte.

Meine Antwort:

Die künstliche Mutation

Es gab eine künstliche Mutation vom Affen zum Menschen: wir haben uns *nicht* so viele Jahrmillionen lang vom Affen absentiert, wie man wahrhaben möchte — der Familienkrach fand erst vor einigen Jahrzehntausenden statt. *Deshalb* blieben die Eiweißstrukturen zwischen uns und der Schimpansenverwandtschaft gleich. Lägen zwischen dem primitiven Hominiden, einem menschenartigen Affen, und dem *homo sapiens* (der zu sein wir uns die Ehre geben) Jahrmillionen und vieltausendfache positive Mutationen, dann müßten — jeder Genetiker kann es bestätigen — die Eiweißstrukturen beider Lebewesen sehr anders geartet sein. Umkehrschluß: da sie es nicht sind, da sie sich bis auf minimste Unterschiede gleich sind, kann sich unser Urahn, der erste *homo sapiens,* sozusagen »erst kürzlich«, vor wenigen zehntausend Jahren, vom Affenstamm abgesetzt haben.

Menschen können sich mit Affen nicht kreuzen, weil der intelligente Mensch unbestrittenermaßen eine durch und durch andere Art darstellt als jede Affenspezies.

Wie kann sich — in welthistorischen Zeitmaßen gerechnet — binnen »Minuten« die menschliche Art in so unfaßbar positiver Weise entwickelt haben? Wieso verlor sie — noch Affe oder schon Mensch? — so plötzlich das Fell? Wie und wo fand das erste menschliche Wesen so plötzlich seine Sprache? Wie kam es so plötzlich darauf, sich zu »zivilisieren«, Kulturen zu schaffen? Wer brachte es so plötzlich auf die glorreiche Idee, Tiere zu jagen, deren Kumpan es eben noch gewesen war? Woher kam ihm so plötzlich der Gedanke, Feuer zu machen, um ein Süppchen darauf zu kochen?

Ja, und mit *wem* paarte sich eigentlich der erste Mensch, da er doch als eben aus dem Affenstamm mutiertes Wesen mutterseelenallein keinen geeigneten Geschlechtsgenossen hatte? Mit seinen äffischen Vorfahren konnte er es nicht treiben, denn die hatten eine andere Chromosomenzahl.

Blanker Unsinn, höre ich von anthropologischer Seite. Das alles und mehr ist nicht »so plötzlich« passiert, dafür sind Jahrmillionen einer ganz allmählichen Entwicklung anzusetzen. Diese »Plötzlichkeit« des Intelligentwerdens des *homo sapiens* sei eine Erfindung von mir, die durch nichts zu rechtfertigen sei. Das kann ja nun wohl nicht mehr zutreffen, seitdem bombensicher feststeht, daß Mensch und Schimpanse sich der gleichen, sehr komplizierten Eiweißstrukturen erfreuen.

Wo ist der eifrig gesuchte, bisher unentdeckte Evolutionsmotor (Wilson) zu suchen? Welches ist der den Entwicklungstheoretikern entgangene Faktor, der den ersten menschlichen Gruppen geistige Fähigkeiten beibrachte (Eiseley)?

All diese Fragen sind beantwortet, sobald man den Mut aufbringt, das nur scheinbar Undenkbare zu denken:

Außerirdische setzten den *homo sapiens* durch künstliche Mutation von der Affenfamilie ab und machten ihn intelligent. Nach ihrem Ebenbild. In *dieser* gezielten Manipulation ist der Evolutionsmotor zu entdecken. Er funktioniert tadellos. Wir werden es sehen.

Ich basiere meine folgenden spekulativen Gedanken auf diesem vollzogenen »Eingriff«.

Welche Rasse hatte der erste Mensch?

Von welcher Rasse also waren die ersten Menschen?

Fraglos läßt sich der menschliche Körperbau von einer Affenart ableiten. Also müßten die ersten Menschen schwarz, von negrider Rasse, gewesen sein — wie die äffischen Verwandten. Wenn dem so gewesen sein könnte, warum haben sich dann die ersten »Besitzer der Erde« nicht über den ganzen Planeten ausgebreitet? Und: Woher kommen dann die Mongoliden und Europiden, die »Gelben« und die »Weißen«?

Haben die Außerirdischen von Anfang an verschiedene Rassen disponiert? Gaben sie verschiedenen Menschengruppen verschiedene Fähigkeiten zum Überleben an klimatisch-geographisch unterschiedlichen Orten? War die Pigmentierung der dunklen Haut genetisch programmiert, damit diese Rasse sich in heißen Zonen ansiedeln konnte? Welche Vorteile hätte dann vice versa weiße Haut gehabt? Sollte sie sich in lichtärmeren Gegenden bewähren?

Es wird heute angenommen, daß die frühzeitlichen Menschen von dunkler Hautfarbe gewesen sind. Je nach Aufenthalten in diversen Weltgegenden und je nach der Menge der Ultraviolettstrahlen habe sich dann die Hautfarbe geändert und unterschiedliche Tönungen hervorgebracht. Auch wenn man das von der Ultraviolettstrahlung produzierte Vitamin D für das »Mimikry« haftbar machen möchte, scheint mir das auch nur eine windige Theorie zu sein, denn Eskimos — die in amtsbekannt sonnenarmen Eiswüsten leben — sind dunkelhäutig, und man will mir doch wohl nicht weismachen, daß sie ihre dunkle Hautfarbe aus dem Tran der Fische beziehen. Und warum sind die Mongoliden gelb? Und müßten sich Schwarze, um in sonnenarmen Gegenden existieren zu können, nicht umgehend eine helle Haut zulegen (lassen)?

Strategie der Außerirdischen für Rassenbildung

Die von mir stets angenommene weit fortgeschrittene und überlegene Intelligenz der Außerirdischen hat möglicherweise absichtlich verschiedene Grundrassen produziert. Weil ihnen aus Erkundungen unseres Blauen Planeten bekannt war, welch unterschiedlichen Umwelteinflüssen ihre Produkte ausgesetzt sein würden. Vielleicht gehörten sie auch selbst unterschiedlichen Rassen an. Indem sie Hominiden »nach ihrem Ebenbild« mutierten und intelligent machten, legten sie Spuren für ferne Generationen — Hinweise für ihre ehemalige Anwesenheit.

Da ich einer hohen Intelligenz auch eine hohe ethische Verantwortung zumesse, könnte der genetische Ansatz diverser Hautfarben (und anderer Merkmale) eminenten erzieherischen Wert gehabt haben: Seht euch an! Gleichgültig, von welcher Hautfarbe ihr seid, ihr gehört zur gleichen Art, lebt also friedlich miteinander!

Gehörten zur Besatzung des ersten prähistorischen Raumschiffs bereits außerirdische Rassen?

Haben sie sich, wie es in den großen Legenden der Menschheitsgeschichte überliefert ist, mit Erdentöchtern eingelassen und Kinder gezeugt? Sind durch diesen Geschlechtsverkehr wider den Befehl der »Götter« verschiedene Rassen nach dem »Vorbild«, dem genetischen Muster, der Außerirdischen entstanden?

Gab es, frage ich mich, zu unterschiedlichen *Zeiten* Besuche von Raumschiffen, die untereinander *keine* Kontakte hatten? Sonderte eine erste Gruppe den *homo sapiens* vom Affenstamm ab und hinterließ drum eine schwarze Rasse? Folgte Jahrtausende später eine andere Weltraumexpedition mit einer weißen oder gelben Besatzung? Mißfiel der die schwarze Rasse, änderte sie den genetischen Code per Genchirurgie und programmierte nun eine weiße oder gelbe Rasse?

Rassentheoretiker werden meine Überlegungen ad acta legen. Sie sind mit den bisher ertüftelten Erklärungen wiedermal zufrieden. Was wissen sie denn wirklich genau? — *Wie* untauglich bisheriges Wissen ist, mag ein Beispiel illustrieren:

Eine schwarze Familie wandert aus. Was dann?

Eine schwarze Familie wandert aus dem heimatlichen heißen Erdteil aus und siedelt sich in einer kühleren Gegend an. Über Generationen ändern sich die Pigmente, die dunkle Haut wird hell, vielleicht so hell, daß aus den Negriden Weiße werden. Die dunkle Haut, sagen die Rassenspezialisten, sei fürderhin als Schutz vor dem Sonnenlicht nicht mehr nötig. Okay. Jetzt aber müßte der Schwarze in seiner neuen Umgebung auch sein krauses Haar, seine wulstigen Lippen, seine hervorquellenden dunklen Augen verlieren, sonst könnte aus dem Schwarzen niemals ein Weißer werden.

Ist doch alles ganz einfach, höre ich. Der Schwarze paart sich mit einer Weißen, und dann kommt das eben so ...

Moment, Moment! Ich spreche von jener Zeit, in der es nur *eine* Rasse gegeben hat! Und am Anfang, da bin ich mit den Rassentheoretikern vollkommen einig, gab es nur eine Rasse, die schwarze, die von den Affen abgefärbt hatte.

Zero. Nichts geht mehr!

Der Wandel vom Schwarzen zum Weißen ist aber mit *einer* Mutation unmöglich, es wären endlose Ketten von Mutationen nötig. Wie kommt man zu einer neuen Art, wenn nur eine vorhanden ist? Wie also soll aus einem waschechten Schwarzen ein Weißer werden — ohne Kreuzung zweier Rassen?

Heutige »Zwischenrassen« — etwa Araber, Eskimos, Südseeinsulaner — sind durch Rassenkreuzungen entstanden. Klar.

Diese Möglichkeit aber gab es am Uranfang nicht. Da existierte, sagt die Wissenschaft, nur *eine* Rasse, und die soll sich — Wunder steh mir bei! — von selbst und aus sich heraus in eine andere Rasse verwandelt haben? Gar in mehrere Rassen?!

Damit wir uns einig sind: es ist die Wissenschaft, die sagt, daß es am Anfang nur *eine,* nämlich die *schwarze* Rasse gegeben hat. Für Kreuzungen stand weder ein Weißer noch irgendein Mischling zur Verfügung. Zero. Es gab nur Schwarze. Ich habe das genau verstanden.

Die weiße Rasse, folgere ich, kann nicht — wie es weiter heißt — über Generationen erzeugt worden sein, indem sich Schwarze und Weiße begatteten. Wir wären demnach nur präsent, wenn es ehemalige Schwarze über x Jahrtausende nur und ausschließlich mit Weißen getrieben hätten. Die Möglichkeit ist durchaus drin — nur: woher nehmen wir die Weißen?

Legende von der Entstehung der drei Grundrassen

Die Araber erzählen sich eine aufschlußreiche Legende von der Entstehung ihrer Rasse:

Eines schönen Tages nahm der liebe Gott einen Klumpen Lehm und formte daraus den ersten Menschen; er schob sein Werk in den Ofen, damit es haltbar würde. Regen ging hernieder, löschte das Feuer vorzeitig, und als der liebe Gott nach einer Weile seinen Blick in den Ofenschlitz warf, war sein Werk weiß und unappetitlich anzusehen. Um nichts umkommen zu lassen, holte er sein Werk heraus, blies ihm Leben ein und ließ den weißen Menschen trotz mangelhafter Qualität laufen. – Wieder griff Gott in den Trog mit Lehm, um den zweiten Menschen zu kneten; er entfachte Glut im Ofen, wartete, bis er sehr heiß war, dann schob er seinen zweiten Versuch ins Rohr. Er nahm am lustigen Tanz der Götter teil und vergaß sein Backwerk. Als er es schließlich herausholte, war sein zweiter Mensch schwarz und ziemlich unansehnlich geraten, aber auch ihm hauchte er seinen belebenden Odem ein und schickte ihn fort, weil er ihm nicht besonders gefiel. — Nun aber nahm sich der liebe Gott vor, sein Meisterwerk zu gestalten, einen Menschen, der schöner war als der weiße und schwarze. Den wohlgeformten Lehm schob er wiederum ins Ofenrohr, setzte sich in die wohlige Wärme und wartete, um den richtigen Augenblick zu erwischen. Als sein Mensch eine appetitlich braune Farbe angenommen hatte, holte er ihn aus dem Feuer, belebte ihn neuerlich mit seinem Odem, und weil er ihm so wohlgeraten schien, schloß er mit ihm den Bund der Freundschaft. So entstand der braune Mensch, der Araber.

Unschwer läßt diese Legende spüren, daß die Araber sich für die bevorzugte Rasse halten. Diese Überheblichkeit ist kein arabisches Spezifikum, diese Einstellung teilen — leider immer noch — auch Angehörige anderer Rassen.

Heißes Eisen: Rassenfrage

Mit nichts kann man sich so fürchterlich die Zunge verbrennen, als wenn man über das heiße Thema Rasse spricht, mit nichts so sehr die Finger versengen, als wenn man gar darüber schreibt. Es gibt unzählige Gründe dafür, warum das so ist; wahrscheinlich sind es nicht mal die Äußerlichkeiten, die es verunmöglichen, in Ruhe und Sachlichkeit das heiße Eisen abkühlen zu lassen. Was geht hinter der Stirn, »im Herzen«, des Angehörigen einer anderen Rasse vor? Die unterschiedlichen Psychen mit ihren für andere nicht nachvollziehbaren Einstellungen machen eine Verständigung so schwer. Der Europide schüttelt verständnislos den Kopf, wenn er im Fernsehen beobachtet, wie Farbige mit lautem Tamtam einen Toten zur letzten Ruhe geleiten — eine Situation, in der »man« sich ruhig, feierlich, traurig zu verhalten hat. Aus Schilderungen der großen östlichen Erzähler wissen wir, daß dort Schicksalsschläge mit stoischer Ruhe hingenommen werden, die uns aus der Haut fahren ließen. Die rassischen Merkmale sind in des Wortes wahrstem Sinn nur Äußerlichkeiten. Die wirklichen Barrieren liegen in tieferen Dimensionen. Um zu ihnen vordringen zu können, muß man sich gleichwohl vorerst mit den sozusagen meßbaren, erkennbaren, organischen Besonderheiten beschäftigen. Danach erst werden die tieferen, imaginären Auslotungen möglich, die uns von den letzten Vorurteilen (und Überheblichkeiten) befreien werden.

Spezifische Eigenschaften?

Die Rassenforscher schlängeln sich noch durch einen Slalom von Fähnchen, auf denen Fragezeichen stehen. Mich würde es interessieren, ob es Rassen mit spezifischen Eigenschaften gibt, die sie eo ipso zu speziellen Leistungen befähigen. Neger sind durch die Bank musikalisch, sie haben »Rhythmus im Blut«. Warum? Ist es nur die Haut, die die tibetanischen Sherpas unempfindlicher gegen die Höhenstrahlung macht als Weiße? Warum erträgt ein Schwarzer glutheiße Sonne besser als ein Mongole? Weshalb wachsen den echten männlichen Südseeinsulanern keine Haare auf der Brust? Warum ergrauen den Nachfahren der Maya, die im heutigen Zentralamerika leben, auch im hohen Alter die Haare nicht? Weshalb haben Schwarze nie blaue Augen? Gibt es Rassen, die eindeutig mit höherer Intelligenz versorgt sind als andere?

Die Liste solcher Fragen ließe sich mühelos auf den Umfang eines großstädtischen Telefonbuchs bringen.

Mit ist es völlig klar, daß ich mit einer Zündschnur hantiere, wenn ich frage, ob die Grundrassen von allem Anfang an von Außerirdischen für konkrete Aufgaben »eingeteilt«, mit besonderen Fähigkeiten programmiert wurden.

Weshalb sind wir so, wie wir sind?

Ich bin kein Rassist. Ich räume keiner irdischen Rasse Vorteile oder Nachteile ein. Doch mein Wissensdurst läßt mich das Tabu übersehen, daß man Rassenfragen nicht stellt. Weil es inopportun und gefährlich ist. Meiner Meinung nach sollten schwarze, gelbe und weiße Rassenforscher in einem Schmelztiegel gemeinsamer Arbeit der Frage auf den Grund gehen: Weshalb sind wir so, wie wir sind?!

Diese Grundfrage akzeptiert, kann und darf man der brisanten Erkundigung nicht ausweichen: Gibt es eine bevorzugte Rasse?

Nimmt man die Bibel als Brevier abendländischer Weisheit, folgt man also den Darstellungen des Alten Testaments, dann betrachten sich die Juden als das »auserwählte Volk«. Muß man nicht fragen: Von wem wozu auserwählt? War es für eine besondere Aufgabe prädisponiert? Liegt in diesem jahrtausendealten Anspruch, das auserwählte Volk zu sein, eine der Ursachen für die schrecklichen, immer wiederkehrenden Verfolgungen des jüdischen Volkes? Mißachten andere Völker dieses Postulat? Meinen andere Rassen, sich dagegen wehren zu müssen? Weshalb? Die Juden haben *ihnen nichts getan.*

Fast jedes Jahr ein jüdischer Nobelpreisträger

Wenn ich mir die Geschichte der Naturwissenschaften des 19. und 20. Jahrhunderts ansehe, stelle ich fest, daß über die Hälfte aller naturwissenschaftlichen Leistungen und Entdeckungen von Angehörigen des jüdischen *Volkes* erbracht wurde. Unter Astronomen, Biochemikern, Mathematikern, Botanikern, Physikern, Medizinern, Zoologen und Biologen hielten stets Juden die führende Position[24]. Von 1901 bis 1975 gab es 66 (!) jüdische Nobelpreisträger.

Ist also das »auserwählte Volk« doch eine »auserwählte Rasse«? Mit Sicherheit nicht, denn die Juden sind gar keine »Rasse«. In ihrer dominierenden Mehrheit gehören sie biologisch — wie ihre arabischen Nachbarn — zur Teilgruppe der Orientaliden der europiden Rasse! Drum spricht man auch nicht von der jüdischen Rasse, sondern vom jüdischen *Volk*. Die hervorragenden Leistungen jüdischer Wissenschaftler sind demnach unter Rasseaspekten nicht zu motivieren.

Trotzdem:

Ob es in die zeitgemäße Landschaft paßt, ob es empfindlichen Ohren unangenehm ist, behaupte ich, daß Außerirdische eine konkrete Rasse bevorzugt haben. Mythologien überliefern, wie bestimmte »Götter« ihre eigene »Rasse« lenkten und vor fremden, feindlichen Einflüssen schützten, ihre Angehörigen auf unserem Planeten in führende Positionen brachten. Welche Rasse nun bestimmter göttlicher Vorzüge teilhaftig wurde, läßt sich aus den alten Quellen nicht erlesen. Aber: wiederum finden sich im Alten Testament Hinweise dafür, daß Bevorzugte sich nicht mit anderen gemein machen durften.

Quarantäne für eine neue Generation

Während Mose in einem 40 Jahre währenden Treck die Israeliten aus Ägypten durch die Wüste heimführte ins gelobte Land, untersagte er ihnen auf Befehl seines Gottes jeglichen Kontakt mit Angehörigen anderer Rasse. Und Gott wachte darüber und war mit den Israeliten; er führte und begleitete sie mit einem Zeichen: vor ihnen her zog eine Wolkensäule, die tagsüber weiß leuchtete und in den Nächten wie Feuer strahlte. Derart schützte sie der eifersüchtige Gott vor Feinden und Fremden, und er nährte sie mit Manna, dem Wunderbrot.

Am Ende der Wanderung, nach 40 Jahren, zogen die Israeliten ins gelobte Land, ihre Heimat, ein. Aber: der Einzug wurde nur der *neuen* Generation erlaubt. Den Eltern, selbst Mose, wurde der Einzug ins Land, in dem »Milch und Honig fließt«, strengstens untersagt.

Was war geschehen?

Mit theologischen und historisierenden Deutungen scheint mir der Absurdität dieser Anordnung nicht beizukommen zu sein.

Ist es in den zehn Jahren, seit denen ich meine Denkofferten mache, ein alter Hut oder ein schmuckes neues Kleidungsstück geworden, wenn ich die Quarantäne für die Auserwählten so deute, daß »Götter« oder »Außerirdische« — was aufs selbe rauskommt — während der 40jährigen Wanderschaft (die zwangsläufig eine Absentierung von allen anderen Menschen mit sich brachte) eine neue Generation mit neuen genetischen Eigenschaften herausbildete, eine Generation, die über Eigenschaften verfügte, die die Menschen der Umwelt nicht besaßen? Ist von dieser »gesetzlichen« Isolation des neuen genetischen Materials her am Ende die heute noch gültige Regel abzuleiten, nach der sich Juden nur mit Juden paaren sollen? Hat sich durch Einhaltung dieser mosaischen Maxime zwar keine jüdische »Rasse«, doch aber eine spezielle »Art« von Menschen erhalten, die sich gegenüber der restlichen Menschheit durch besondere Vorteile wie Nachteile auszeichnet?

Gerade in unserer Zeit, in der Rassenvorurteile abgebaut werden, können solche Erörterungen unpassend erscheinen, weil über ihnen ein Hauch von Rassismus schweben kann. Der Verantwortung bin ich mir bewußt, die in der Frage nach etwa bevorzugten Rassen steckt, doch denke ich, daß das Verschweigen von Problemen deren Lösung nie bewirken kann.

Rassenspezifikation durch Humangenetik

Die Forschung der modernen Humangenetik erbringt u. a. Rassenspezifikationen, sie bewegt sich also auf dem gleichen heißen Blechdach. Sie wird fraglos eines Tages ermitteln (wenn nicht schon längst erforscht, ohne daß wir's wissen!), welche genetischen Kombinationen einer Rasse oder Art zum Vorteil gereichen, welche getilgt werden sollten. Um es plastisch zu sagen: wenn ein Defekt in unserer DNS plötzlich nur Menschen mit drei Fingern und einem Ohr zur Welt kommen ließe, dann wären alle sehr froh, wenn der Fehler schnell beseitigt würde. Was im Pflanzenreich geschieht, wenn etwa durch Züchtung — also eine andere Programmierung der Zellen — widerstandsfähigeres Getreide auf kurzen Halmen gezüchtet wird, was im Tierreich gang und gäbe ist, etwa Kühe mit hohem Milchertrag zu »entwickeln«, sind das Eingriffe in die natürlichen »Druckmuster« der Zellen. Werden Manipulationen auch an der Erbmasse des Menschen in absehbarer Zukunft möglich? Die Chancen dazu tun sich vor uns in beängstigender, ja, gespenstischer Weise auf.

Wie liest sich denn dieser nüchterne Text?

Tiere aus dem Reagenzglas

> »John Gurdon, Biologe an der englischen Universität Cambridge, entnahm einem weiblichen Albinofrosch Embryozellen. Aus ihnen brachte er die Zellkerne mit den Erbanlagen in die Eizelle eines anderen weiblichen Frosches, aus der zuvor der Zellkern entfernt worden war. Aus diesen Eizellen entwickelten sich Kaulquappen. Aus denen wiederum Albino-Frösche: sie sind mit ihrer Froschmutter nicht verwandt.«[25]

Das bei dem Experiment angewandte Verfahren bekam die Bezeichnung *Cloning,* abgeleitet vom griechischen *Clon* = Zweig. Günther Speicher macht es auf eine einfache Weise vorstellbar:

> »Der Zweig einer Pflanze, der, in die Erde eingepflanzt, zu einer neuen Pflanze wird, ist ein identischer Abklatsch der Mutterpflanze.«[25]

Wir müssen immer gegenwärtig haben, daß *jeder* Organismus aus Zellen besteht, deren *jede* alle Informationen enthält, die zum Wiederaufbau des ganzen Organismus aus einer einzigen Zelle nötig sind.

Genaue Kopien des Originals

Daraus schlossen Mikrobiologen und Mikrochirurgen, daß es möglich sein müsse, aus einer Zelle das Ganze — ohne jegliche Befruchtung! — wiederaufzubauen, sofern es gelänge, einer Zelle den Kern zu entnehmen, um ihn dann unversehrt in ein vom Kern befreites Ei einzusetzen. Gelänge das, vermuteten die Wissenschaftler, könnte man jeden tierischen, pflanzlichen und menschlichen Organismus exakt nach dem Muster des Kerngebers einer Zelle vervielfältigen. Das neue Produkt wäre vom Original nicht mehr zu unterscheiden. Das Spiel, das die Natur ab und zu mit eineiigen Zwillingen treibt, die sich »zum Verwechseln ähnlich« sind, wie »ein Ei dem andern« gleichen, könnte künstlich in einer beliebigen Zahl von Exemplaren wiederholt werden.

Exakt nach dieser Methode produzierte Professor Gurdon seine Kolonie von Fröschen, und jeder Frosch glich dem anderen so haargenau, wie für unseren oberflächlichen Blick ohnehin ein Frosch wie der andere aussieht.

In diesem Fall aber war jeder der vielen Frösche eine »echte« Kopie des Originals. Fehlerfrei.

Die ersten geclonten Mäuse leben!

Mäuse *sind* Säugetiere, und die ersten geclonten Mäuse leben! Reagenzglasmäuse. Das Mäuseei, *in vitro* befruchtet, wurde kurz darauf gestört: mit haardünner Kanüle wurde der Eizelle der männliche Zellkern entnommen. Dadurch hatte das Mäuseembryo nicht mehr die Erbinformationen beider Elternteile, sonder nur noch die der Mutter, deren genaue Kopie es werden sollte. Diese Methode macht's also möglich, nur Weibchen zu clonen. Welch ein Glück! Und wie ist es mit der Clon-Produktion von Männchen? Ganz einfach! Hören Sie sich Professor Illmensee von der Universität Genf an:

> »Wenn man das gesamte Erbgut einer befruchteten Eizelle gegen den Kern einer Körperzelle austauscht, kann man natürlich auch Kopien von männlichen Individuen herstellen.«[26]

Der englische Physiologe Alan S. Parker war fast ein Prophet, als er, lange bevor die Möglichkeit des Clonens experimentell vielfach bewiesen war, die Isolierung eines menschlichen Zellkerns und dessen Austragung in einem x-beliebigen Uterus für möglich hielt und sogar noch einen Schritt weiterging, indem er forderte, der Speicherfähigkeit männlichen Samens intensivere Forschungen angedeihen zu lassen. Er dachte wohl an die Replikation hochwertigen Materials. — Parker befand sich in allerbester Gesellschaft, denn auch Professor Marshall W. Nierenberg, der entscheidend an der Entdeckung des Genetischen Codes mitarbeitete, meinte, daß alle Schwierigkeiten eines Tages überwunden werden könnten, die einzige Frage sei: wann; er vermutete, daß Zellen innerhalb der nächsten 25 Jahre mit genetischen Informationen zu programmieren seien. Diesen Optimismus teilte Professor Joshua Lederberg, Genetiker an der Stanford-Universität, Kalifornien. Er ist überzeugt, daß die menschliche Erbmasse noch in diesem Jahrtausend manipulierbar sein wird.

Es sieht so aus, als wären die Fristen der Kenner der Materie — vorsichtshalber! — zu weiträumig angesetzt. Es wird alles schneller auf uns zukommen.

Überlistet der Mensch die Natur?

Fangen wir an, Schicksal zu spielen?

Können wir gar nicht anders, sind wir gezwungen, so zu handeln, wie wir es tun?

Stecken wir in einem Panzer von Denkprozessen, denen wir ausgeliefert sind, denen wir folgen *müssen,* weil sie in uns programmiert sind? Weil die, die uns schufen, uns »nach ihrem Ebenbild« intelligent machten?

Weil sie sich bewußt waren, daß wir eines fernen Tages *wiederholen* würden, was sie selbst *an uns* ausübten?

Haben es die Götter nicht in der Genesis vorausgesagt?

»Dies ist erst der Anfang ihres Tuns. Nunmehr wird ihnen nichts unmöglich sein, was immer sie sich vornehmen.« (1. Mos. 11, 6)

Nunmehr wird ihnen nichts unmöglich sein ...

Wird es eines Tages möglich werden, Menschen zu clonen, die Ebenbilder eines Typs in beliebiger Anzahl »herzustellen«?! An Säugetieren erfolgreiche Experimente werden mit zeitlicher Distanz (fast) immer auch am Menschen erprobt. Ob der erste geclonte Mensch nach dem von dem Wissenschaftsjournalisten David Rorvik[21] minuziös geschilderten, mit allen Details dokumentierten Verfahren bereits unerkannt in den USA lebt — wie Rorvik behauptet —, ist eine Frage zweiten Ranges. Über dem kenntnisreich geschilderten Einzelfall steht die Grunderkenntnis, daß das Clonen von Menschen in durchaus absehbarer Zeit möglich sein wird.

Hinter jeder Forschung stehen Zweck und Ziel als Antrieb. Wozu also kann die Horrorvision eines aus einer Zelle — ob dem Blut, der Haut oder einem Organ entnommen — vervielfältigten Menschen sinnvoll und nützlich sein?

Werden wir, sobald die Methode praktikabel ist, serienweise sortierte Arten von Politikern, Soldaten, Wissenschaftlern, Weltraumpiloten, Arbeitern, Priestern, Wahrsagern und Komikern produzieren? Werden die Abgründe vor uns liegen, an die uns George Orwell und Aldous Huxley führten? Werden wir neue »Rassenkategorien« schaffen, die sich dann wiederum ihrer Besonderheiten wegen bekämpfen? Werden wir vergänglichen modischen Schönheitsidealen erliegen und per Cloning weibliche und männliche Mannequins vom Fließband trippeln lassen? Werden wir für bestimmte Forschungszwecke besonders geeignete Menschentypen en masse kreieren? Wird die Frau vom geliebten Mann, der Mann von der geliebten Frau ein paar Zellen horten, um nach einem überraschend vorzeitigen Tod das Original wiedererstehen zu lassen? Werden von »Zellbanken« winzige Zellreste von Geistesheroen, von Genies aller Gebiete, abrufbereit sein, damit nach ihrem Ebenbild ein neues, aber identisches Menschenexemplar in die Fußstapfen des Verblichenen treten kann?

Eine Menschheitschance vertan?
Mir schiene sich eine große Menschheitschance aufzutun, wenn das Wissen der Jahrhundertgenies nicht mit deren Tod verlorenginge. Wie wäre der Lauf der Welt vorgezeichnet und bestimmt worden, wenn Einstein quasi unsterblich geworden wäre? Durch das Cloningverfahren. Der große Denker verfügte, daß sein Leichnam verbrannt, sein Gehirn der Forschung zur Verfügung gestellt würde[27]. Es ist beschämend, zu erfahren, daß dieses Vermächtnis an die Wissenschaft in einem Weckglas, in Formaldehyd getaucht, im Büro eines biologischen Versuchslabors in Wichita, Kansas (USA), in einem Pappkarton steht. Teile des Gehirns gingen zwar an Spezialisten, Kleinhirn und Sektoren der Großhirnrinde wurden jedoch nicht seziert. Formaldehyd hat eine sehr stark keimtötende Wirkung, es ist nicht anzunehmen, daß eine Zelle die 35 Jahre seit Einsteins Tod überlebte.

Niemand kann erahnen, ob der große Gelehrte mehr plante als nur eine akademische Untersuchung. Dachte er seherisch an Chancen, die 1955 noch niemand ermessen konnte? Hat die Wissenschaft für den Tag X eine fantastische Möglichkeit zerstört?

Entstand der *homo sapiens* im Cloningverfahren?
Mein spekulativer, aber durch heute schon bekannte zellbiologische und mikrochirurgische Erkenntnisse motivierbarer Gedanke ist, daß Außerirdische mit bereits perfekt beherrschtem Cloning den *homo sapiens* geschaffen haben. Beherrschten sie mit überragendem technischen Sachverstand interstellare Raumfahrt, ist ihnen wohl zuzutrauen, daß sie auch in genetischen Manipulationen Meister waren. Sie »pflanzten« die DNS (Desoxyribonukleinsäure) ihrer Rasse und übermittelten sie ohne Beschädigung. Von da an liefen die »göttlichen« Programme im Aufbau der Menschen ab. Diesem urzeitlichen Wissen jagen wir nach, wir tragen es in uns, müssen es »nur« wiederfinden.

Wir werden in kommenden Jahrzehnten in den interstellaren Raum aufbrechen. Der Schritt wird getan werden *müssen,* weil die Rohstoffvorräte auf unserem Planeten allmählich zur Neige gehen. Diese Notwendigkeit wird der stärkere Antrieb sein als die Neugier, um unbekannte Populationen oder gar Zivilisationen im All zu entdecken. Egal, welches Motiv uns auch antreiben wird: wir werden in den Kosmos vordringen müssen, um unseres eigenen Überlebens wegen.

Kolonisationsprobleme im Universum

Falls in den Weiten des Weltraums ein erdähnlicher Planet angetroffen wird, der nicht von Lebewesen bevölkert ist, ist es nur logisch, ihn besiedeln zu wollen. Aus dem Bukett der Argumente gegen Weltraumfahrt und solche Möglichkeiten wurde bisher ein Stachel gezogen, der tatsächlich stach: man könne doch wohl kaum Abertausende Männer und Frauen mit gigantischen Raumfähren ans Ziel transportieren, die Kosten würden gigantisch, der Nutzen fragwürdig sein, zudem gäbe es kaum einen in jeder Weise erdähnlichen Planeten, unsere Kolonisten würden drum jämmerlich eingehen; uns unzuträgliche Edelgaszusammensetzungen und damit auch andere Bakterien würden unserer »Rasse« Schaden zufügen; wie sollten sich unter solchen Bedingungen unsere Vertreter je akklimatisieren? Vielleicht auch gäbe es auf dem hypothetisch angepeilten Planeten Temperaturunterschiede von minus 80 bis plus 80 Grad, wie sollten Menschen dem ohne massive Schutzanzüge standhalten (die sie zudem bei jeder körperlichen Arbeit behindern würden)?

Geclonte Weltraumrasse

Die unter diesen und mehr Aspekten hinter gutverschlossenen Türen geführten Diskussionen bekamen einen dicken Schlußpunkt, Cloning! Ist der Planet unbewohnt, wird eine auf die Bedingungen der neuen Umwelt eingestellte »Rasse« programmiert — gibt es nichtintelligentes Leben, wird in die Eizelle der höchstentwickelten Art menschliches Erbgut eingesetzt. Geschichte wiederholt sich: wir werden tun, was die Außerirdischen mit den Primaten auf unserem Blauen Planeten getan haben!

Gibt es für meine verwegenen Gedanken auf der Erde analoge und relevante Tatbestände, Hinweise, Anhaltspunkte?

- In vielen Mythologien und Überlieferungen alter Religionen wird versichert, daß die »Götter« den Menschen nach ihrem Ebenbild schufen und daß sie mehrere Versuche brauchten, ehe ihnen ihr Werk gelang.[28]
- Verschiedene Völker behaupten, teils bis in die Moderne, daß die Regenten ihrer Herrscherhäuser direkte Abkommen von »Göttern« seien ... wie die ägyptischen Pharaonen, die altsumerischen Könige, die äthiopischen und persischen Königshäuser, das japanische Kaiserhaus etc.
- Die Toradscha, ein Südseestamm der Sulu-See, beschwören bis auf den heutigen Tag, sie seien vom Himmel gekommen — und: daß

ihre Vorfahren, die Puangs, ursprünglich weißes Blut in den Adern gehabt hätten, bis es durch Mischehen mit Irdischen rot geworden sei[29].

- Auf Schilfinseln im Titicacasee lebte bis 1962 der Stamm der Uros: die Uros hatten schwarzes Blut. Sie paarten sich mit keinem Angehörigen benachbarter indianischer Stämme, weil sie ihrer Überzeugung nach aus dem Weltall kamen und diese exklusive Herkunft unter sich bewahren wollten. Sie lebten zurückgezogen und einsam, immer auf der Flucht, um Kontakten mit anderen Stämmen auszuweichen.
  Ursprünglich hatten die Uros an den Ufern des Titicacasees gelebt. Erst als vor über 1400 Jahren die kriegerischen indianischen Aimara und später die Horden des spanischen Eroberers Francisco Pizarro (1478—1541) über die bolivianische Hochebene herfielen, bauten sich die Uros Inseln aus Schilf, auf denen sie fortan lebten. Anderen Stämmen gegenüber zeigten sie sich überheblich, gingen aber jedem Konflikt aus dem Wege. Es waren ihre besonderen Fähigkeiten, die sie zu einer gewissen Arroganz verleiteten: sie sagten von sich, daß sie im Wasser nicht untergehen und eisige Kälte nicht fühlen würden und daß ihnen böse Stürme nichts anhaben könnten; feuchte, kalte Nebel, an denen andere Indianer erkrankten, machten ihnen nichts aus, wie ihnen auch das »Feuer des Himmels« (Blitze) nichts anhaben konnte. Die Uros unterhielten sich in einer auf unserer Erde unbekannten Sprache. Hartnäckig wahrten sie den Glauben, daß sie keine Menschen seien.
  1960 gab es noch acht echte Uros auf den Schilfinseln im Titicacasee. 1962 starb der letzte von ihnen.

Welcher Rasse haben diese eingebildeten Eremiten angehört? Vom Beginn ihrer Existenz an haben sie sich nicht mit Irdischen »verunreinigt«, sie können also eine Rasse bewahrt haben, die von ihrer Schöpfung an bis zu ihrem Ende unverändert geblieben ist. Wer schuf diese Uros, und zu welchem Zweck schuf er sie? War ihnen eine besondere Aufgabe zugedacht, haben sie sie verpaßt?

Rassenmischung erwünscht?

Falls die Grundrassen des Menschengeschlechts irgendwie mit »meinen« Außerirdischen zu tun haben, muß man den Gedanken erörtern, ob die »Götter« eine Mischung der Rassen wünschten oder ob sie eine strikte Separierung beabsichtigten.

Befragt man die Legenden, Mythen und frühen religiösen Überlieferungen, dann waren die eifersüchtigen Götter gegen einen Rassenpool. Um nicht zu zitieren, was ich dazu längst gesagt und geschrieben habe, erinnere ich nur an die quarantänehafte Absetzung der neuen, während des 40jährigen Trecks durch die Wüste entstandenen Generation von der älteren, an die strenge Isolation der Puangs und Uros; Herrschergeschlechter der altägyptischen Pharaonen trieben regelrecht Inzucht, um »unter sich« zu bleiben.

46 Chromosomen und Autosomen = Intelligenz?

Wir wissen: alle Rassen der gleichen Art können sich untereinander kreuzen. Wenn die »Außerirdischen« diese Rassenmischung zu keiner Zeit gewünscht hätten, wäre der Einbau genetischer Schranken möglich gewesen — durch Installation von Geschlechtsorganen, die für den kreuzweisen Gebrauch ungeeignet waren ... oder durch unterschiedliche Chromosomenzahlen. Es sei denn, die simultane menschliche Chromosomenzahl ist der Geheimcode für Intelligenz! Hat deshalb seit der prähistorischen Mutation *jedes* intelligente Lebewesen 46 Chromosomen und Autosomen?

Mit den Mitteln des Clonings wird es möglich, Intelligenz (oder andere gewünschte Rassencharakteristika) wie vom Reißbrett serienweise nach dem Ebenbild der Musterzelle zu vermehren.

Es ist eine gefährliche, weil reizvolle Entwicklung in Gang gekommen. So können Chirurgen darauf verweisen, daß unter geclonten Menschen Organtransplantationen problemlos vorgenommen werden können, weil Immunreaktionen entfallen. Man kann aber auch sagen, daß ein Clan von Clons die perfekte Inzucht darstellte — doch das ist eine irrige Betrachtung, die voraussetzt, daß nur ein Typ oder wenige Typen von Menschen geclont würden. Sobald mehrere Typen geclont sind, können diese sich wieder untereinander paaren ... »normale« Verbindungen gehen weiter.

Es wäre allzu blauäugig gedacht, zu unterstellen, daß das Verfahren allein in positivem Sinne benutzt werden wird. Außer, daß im absurden Fall ja auch Mörder und Diktatoren geclont werden können, ist nicht auszuschließen, daß eine Produktion auch mißlingt, daß Monstren entstehen, unbeschreiblich diffizil ist das »Rohmaterial« in der Anwendung. Was soll aus mißlungenen Exemplaren werden? Sie sind auch menschliche Wesen. Ethisches und religiöses Empfinden gebieten, ausgereiftes Leben zu erhalten. Jeder Fortschritt hat seine unabdingbaren Verpflichtungen.

Chancen und Gefahren liegen dicht beieinander. Nach welcher Seite neigt sich die Waage? Soll ein Stopp, ein striktes Verbot die Forschung im molekularbiologischen und genchirurgischen Bereich beenden? Abgesehen davon, daß wir meiner Ansicht nach unter einem Zwang nach Erkenntnis handeln, müßte ein Forschungsverbot in jedem Land und in jedem Winkel der Erde eingehalten werden.

Für Genforschung sind vergleichsweise kleine Stübchen nötig, keine Hallen mit Hunderttausenden Rüstungswerkern. Wer will das kontrollieren? Wer weiß, ob allerorts das Verbot eingehalten wird? Überdies: *noch nie* hat sich Forschung von Zielen abhalten lassen, die »reif« waren, entdeckt zu werden.

Ganz gewiß werden neben biologischen und ethischen Problemen auch juristische zu lösen sein. Wer ist der Erblasser einer Clon-Reihe? Wer sind seine Erben? Wo liegen Grenzen der direkten Abstammung, da *alle* aus einem Zellstamm kommen?

Eine biologische Zeitbombe tickt.

Es muß weitergeforscht werden!

Trotzdem plädiere ich dafür, die Cloning-Forschungen weiterzuführen, das Verfahren zur Reife zu bringen, daß in Tresoren die Regeln für die Manipulationen unter strenger Bewachung aufbewahrt werden. In den dafür geeigneten Substanzen und unter lebenserhaltenden Temperaturen sollten einwandfreie weibliche und männliche Zellkerne mit den für die Austragung notwendigen Surrogaten gehortet werden. Für den Katastrophenfall. Das kann eine kosmische Katastrophe sein, die ein nahe vorbeiziehender Meteor mit der Abstrahlung giftiger Gase in die Atmosphäre auslöst. Das kann auch ein große Teile der Erde vernichtender Atomschlag sein, dessen radioaktive Strahlungen das menschliche Erbmaterial auf Dauer schädigen. Dann könnten per Cloning die menschlichen Rassen wieder aufgeforstet werden — wie am jüngsten Tag.

Steht aber die Menschheit erst einmal vor solchen Katastrophen, kann Cloning nicht erst ad hoc erfunden und erprobt werden. Dann sollte das Verfahren sofort und bereits bewährt anwendbar sein.

Durch Cloning werden keineswegs Einheitstypen eines einzigen großen Wurfs hervorgebracht. Es bleiben — zwar nach einem Vorbild geschaffen — doch Individuen wie die in bewährter und beliebter Tradition *in vivo* gezeugten Mitmenschen. Sie gleichen sich äußerlich, sie haben auch Anlagen der Zellkern-Matrize, aber sie werden selbständig denken und handeln, werden wie wir durch Erziehung und Umwelt geprägt werden. Es gibt ja keinen Stillstand. Die Clon-Menschen nehmen neue Erbinformationen auf und geben sie an neue Generationen weiter. Sie werden mutieren, und nach einem Dutzend Generationen werden sich die Clone längst nicht mehr wie ein Ei dem andern gleichen.

Für Katastrophen gar, aber auch für die Eroberung des Weltalls, ist Cloning eine Existenzfrage. Dabei scheint mir der Gedanke des Physiologen Lord Rothschild richtig zu sein, der die internationale Einrichtung einer »Kommission für genetische Kontrolle« vorschlägt, damit Forschung und Anwendung im Griff bleiben. Es wäre aufs innigste zu wünschen, wenn eine solche Kommission von größerer Effektivität wäre, als es internationale Gremien bisher sind.

Das Wort LEBEN rückwärts gelesen heißt NEBEL. Wir sollten den mystischen Nebelschleier behutsam öffnen, damit wir die Realität unserer Existenz begreifen.

MITTEILUNG

Der intelligente Roboter ist unterwegs!

Er wird selbständig denken und einen Intelligenzquotienten haben, der den des Menschen um ein Vielfaches übertrifft. Er wird mit Sensoren ausgerüstet sein, die besser ›sehen‹ als das menschliche Auge, denn sie werden noch im infraroten und ultravioletten Bereich sehen. Er wird intensiver ›fühlen‹, weil seine Sensoren raffinierter arbeiten als das menschliche Tastgefühl; seine Fühler — Ultraschall, Radar, Röntgenstrahlen — ›fühlen‹ durch Wände hindurch.

Der amerikanische Wissenschaftler Marvin Minsky vom ›Institute of Technology‹ in Boston, Massachusetts, sagt:

> »Die Maschine wird in der Lage sein, einen Witz zu erzählen und einen Boxkampf zu gewinnen. Wenn dieser Zustand erreicht ist, wird sich die Maschine mit fantastischer Geschwindigkeit weiterbilden. In wenigen Monaten wird sie den Intelligenzgrad eines Genies erreichen, und ein paar Monate später wird ihre Macht unkalkulierbar sein.«

Dr. Georg Lawrence, wissenschaftlicher Leiter am ›Stanford Research Institute‹, Kalifornien, hat bereits serienweise menschliche Gehirne in direktem Kontakt mit Computern gekoppelt: bloße Gedankenkraft reichte aus, dem Computer Befehle zu erteilen. Auftraggeber dieser utopisch anmutenden Versuchsserie ist das Pentagon!

Der Forschungszweig, der sich in den USA zum Ziel gesetzt hat, einen intelligenten Roboter zu schaffen, hat die Bezeichnung AI (Artificial Intelligence). Endziel wird ein Roboter sein, der selbständig zivile, militärische und forscherische Aufgaben im Weltall und in der Tiefsee durchführen kann.

Gab es intelligente Roboter schon im Altertum? Der Sumerologe N. S. Kramer übersetzte eine Keilschrifttafel:

»Diejenigen, welche die Göttin Inanna begleiteten, waren Wesen, die keine Speise kennen, die kein Wasser kennen; sie essen kein hingestreutes Mehl, trinken kein geopfertes Wasser ...«

Im sumerischen Gilgamesch-Epos beschreibt Enkidu den Wächter des Göttergeheges:

»Ehe ich nicht diesen Mann umgebracht habe, wenn es ein Mann ist, ehe ich nicht diesen Gott getötet habe, wenn es ein Gott ist, will ich meine Schritte nicht zur Stadt lenken ... Oh, Herr, der du nicht dieses Ding gesehen hast ... bist nicht von Entsetzen befallen, ich, der ich diesen Mann gesehen habe, bin von Entsetzen befallen. Seine Zähne sind wie Drachenzähne, sein Antlitz ist wie ein Löwenantlitz ...«

Quellen: UNITED PRESS INTERNATIONAL — N. S. Kramer: Geschichte beginnt mit Sumer, München 1959 — James Pritschard: Ancient near Eastern Texts, Princeton 1950.

3
Malta — ein Paradies für ungelöste Rätsel

»Geleise« im steinernen Boden · Was sie sein sollen, was sie sein können · Verwirrendes Streckennetz · Wege für Lastentransporte? · Kugellager erfunden? · Kalendergeschichten — Entstanden vor 10000 Jahren · Malta, Ziel der Außerirdischen? · Sensation: Hypogäum · In der Unterwelt · Gebärfreudige Muttergöttinen · Jahrtausendealte Hi-Fi-Anlage · Steinzeitarchitekt bei der Arbeit · Odyssee mit Odysseus · Riesen am Werk? · Unter den Menhiren in der Bretagne · Vor der letzten Eiszeit entstanden · Goldfieber · Gebäude aus Axiomen · Geheimnis der Quarze

Im Jet-Zeitalter liegt die Inselgruppe Malta, 95 km südlich von Sizilien, sozusagen vor meiner Haustür.

Zum zweitenmal wollte ich mir ansehen, worüber jeder Malta-Tourist früher oder später stolpert, diese eigenartigen »Geleise« im steinernen Boden nämlich, mit denen alle maltesischen Inseln überzogen sind. Im »Lexikon der Archäologie« von 1975[30] las ich unter dem Stichwort Malta:

> »Gegen 3200 v. Chr. kamen weitere Einwanderer aus Sizilien auf die Insel. In der Zeit von etwa 2800—1900 v. Chr. errichteten sie eine erstaunliche Anzahl von Megalith-Tempeln. Die etwa 30 davon noch erhaltenen Beispiele zeigen einen hochentwickelten Grundriß und Aufbau ... Dieser Bevölkerung folgten möglicherweise aus West-Griechenland stammende kriegerische Einwanderer ... In diese Zeit gehören auch die seltsamen ›Wagen*geleise*‹.«

Mir ist nach genauem Studium dieser Merkwürdigkeit auch kein besseres Wort eingefallen.

Malta, die gößte der Inseln mit der Hauptstadt Valletta, ist gut 25 km lang und 12 km breit. Die Inselchen Gozo und Comino haben ihre spezifischen Reize, doch Malta schlägt die kleinen Konkurrenten nicht nur durch die Größe, sondern vor allem durch seine ungelösten Rätsel: Geleise und Megalith-Tempel.

Sonne, Meer und Gezeiten haben Landschaft und Menschen dieser Inselgruppe im Mittelmeer geprägt. Beim Anflug auf La Valletta meint man, in eine sandsteinfarbene kubistische Welt hineinzulanden: die Quadratur der Gebäude mit ihren Flachdächern an den rechtwinkligen Linien der Straßen fügt sich in die wie mit einem Lineal abgeteilten Felder mit ihren reizvoll-pastelligen Farbtönen.

Die Spuren der »wunderbaren« Geleise verlaufen parallel – eben wie »Geleise«!

Während der Fahrt in einem altersschwachen Ford, Baujahr 1954, ins Malta-Hilton lobte der Taxichauffeur überschwenglich die sozialistische Regierung. »Wir werden die Engländer und alle, die uns nicht dienen, hinauswerfen!« Ob es mich interessierte oder nicht, mußte ich auch noch zur Kenntnis nehmen, daß Dr. Dom Mintoff ein »Supermann« sei, der den unaufhaltsamen Fortschritt der Inselbevölkerung garantiere.

Davon merkte ich wenig. Seit meinem ersten Besuch vor 11 Jahren hat das Ferienparadies mit seinen noblen Hotels, Prachtstraßen, verlockenden Geschäften und gepflegten Stränden viel von seinem Glanz verloren. Im Dezember 1974 wurde die Inselgruppe zur selbständigen Republik und schreitet nun unter Führung des Supermannes schnurstracks in den grauen sozialistischen Alltag. Ich habe nur noch wenig von dem entdecken können, was einstmals in Reiseführern und Romanen diesem Paradies als geradezu einmalig nachgerühmt wurde. Nach wenigen Tagen wußte ich, daß ich zum Zweck des Ferienmachens bestimmt nicht herkommen würde. Immerhin haben es sich die maltesischen Fischer nicht nehmen lassen, weiterhin ihre Boote in allen Farben des Regenbogens anzumalen. Für einen Moment kam mir Hongkong in Erinnerung; in Malta fehlen freilich die chinesischen Dschunken.

Natürlich sind die »Geleise« den Insulanern ebenso bekannt und geläufig wie die Malteser-Ritter, die Malta im ausgehenden 16. Jahrhundert zu einem europäischen Kulturzentrum machten. Aber die Einheimischen nennen die Geleise geringschätzig »*cart ruts*«, halten sie für eine unwichtige Angelegenheit ... wie offenbar auch die maltesische Regierung, die nichts zum Schutze dieser Einmaligkeit tut; Überbauungen nehmen keine Rücksicht auf die »cartruts«, die ungeschützt Wind und Wetter ausgesetzt sind.

Irgendwann werden jedem Besucher heute noch Geleise oder Geleis-Paare in den Blick kommen, und indem er drüberwegschreitet, mag er flüchtig denken, es handle sich um stillgelegte Streckenführungen ehemaliger Eisenbahnlinien, aus denen die Schienen entfernt wurden, um das auf der Insel kostbare Eisen für andere Zwecke einzuschmelzen; vielleicht hält der Beobachter die Markierungen im Boden auch für Fahrrillen, die Karrenwagen in den Boden schabten. Ich weiß nicht, was alles so gedacht werden mag, ich weiß nur, daß keine der Vermutungen zutreffen kann.

Die Malta-Geleise sind ein einziges prähistorisches Rätsel. Es gibt heute noch einige Hundert davon auf Malta und Gozo, doch vor

Jahrtausenden waren Malta und Gozo damit übersät. Wenn man sie so sieht, diese in den Boden gedrückten, geformten Furchen, die *meistens* parallel nebeneinander laufen, wie sich's gehört, dann ist der spontan sich aufdrängende Gedanke an Geleise naheliegend. Bei genauerer Untersuchung der Bodenrätsel erweist sich aber dann rasch, daß es keine Geleise im üblichen Sinne des Wortes gewesen sein können.

Die Spuren der beiden parallel laufenden Rillen sind nämlich nicht nur von Geleise zu Geleise verschieden, sie ändern sich sogar im Verlaufe eines einzelnen Stranges. Das ist nicht zu übersehen im Raume von Dingle, südwestlich der alten Hauptstadt Mdina, wo sich die Geleise schier wie auf einem großen Rangierbahnhof — um im Bilde zu bleiben — massieren.

Es sind wirklich — auch die Archäologen staunen — »seltsame Geleise«: sie führen durch Täler, klettern Berge hinauf, oft verlaufen mehrere nebeneinander, dann vereinigen sie sich überraschend zu einer zweigleisigen Strecke wie an den Stellwerken der Eisenbahn, um plötzlich und unberechenbar kühne Kurven zu nehmen, oder, man denke!, um schnurstracks in die Tiefen des Mittelmeeres zu führen. Wieder andere enden jäh an einem steil abfallenden Riff. An diesen Stellen muß der Felsen mit den weiterführenden Geleisen ins Wasser gestürzt sein.

Streckenbau in allen Maßen

Es gibt eine Fülle der unterschiedlichsten Spuren; sie haben Weiten zwischen 65 und 123 cm; die Rillen gehen manchmal sogar bis in eine Tiefe von über 70 cm! Bei Mensija etwa führt ein Geleis in einer Kurve über einen Hügelauslauf und reicht 72 cm tief in den Kalksteinboden.

Was die Vermutung von Karrenspuren angeht: wäre hier je ein Karren gerollt, hätte er der tiefen Einsenkung wegen keine Kurve nehmen können, entweder wäre die Radachse im tiefen Einschnitt verschwunden oder die Achse hätte mindestens 72 cm hoch sein, das Rad also einen Durchmesser von fast 1,5 m haben müssen. Ein solches Riesenrad wäre aber erst recht nicht mehr durch die Kurven zu bugsieren gewesen, es wäre steckengeblieben oder zu Bruch gegangen. Die Einzelradaufhängung moderner Autos war seinerzeit ja wohl unbekannt, ganz abgesehen davon, daß die 1,5 m hohen Räder wie die von Mammutbaggern in den relativ engen Spurbreiten auch nicht hätten manövrieren können.

Die wie Geleise in den Stein gefrästen Rillen nehmen oft unberechenbare Kurven

Die Spur reicht bis 72 cm tief ins Gestein, sie hat Weiten von 65 bis 123 cm

Sandkastenspiel mit einem Karren

Wie unsinnig der Gedanke an Karrenfahrten in den Malta-Geleisen ist, zeigt sich bei einem Sandkastenspiel: Tiefe des Geleises ... 72 cm, Breite am tiefsten Punkt ... 6 cm. Die Krümmung des Kreisbogens würde einem geschlossenen Kreis von 84 m(!) Durchmesser entsprechen. Man setze *ein* Wagenrad hinein, dessen Achse über 72 cm hoch liegen muß, und bewege es im Kreisbogen, ohne daß an den Rändern Sand abbröckelt! Es ist unmöglich, das Rad unter diesen Bedingungen gleiten zu lassen. Wie undenkbar wird dieses Spielchen, wenn die Kerbe nicht aus Sand, sondern hartem Sein besteht! Da jeder einachsige Karren allemal über zwei Räder verfügt, die »natürlich« haargenau parallel nebeneinander in den Rillen rollen müssen, kann man diesen Gedanken wohl endgültig in einem tiefen Archäologenloch begraben.

Denkt man aber an einen *zwei*achsigen Wagen, dann wird das Spiel noch unmöglicher. Die Hinterachse mit den Hinterrädern müßte aus zwingenden technischen Gründen eine *engere* Spur, mit einem kleineren Radius, als die Räder der Vorderachse ziehen müssen. Drum holen Lastwagen in engen Kurven ja in weitem Bogen aus. Da eine zweite engere Spur in Kurven fehlt, kann man auch den Zweiachser aus dem vorzeitlichen Fuhrpark herausnehmen.

Bei San Pawl Tat-Targa vereinigen sich gleich vier Geleisepaare zu *einem* Geleise, obwohl sie einander mit *unterschiedlichen* Spurweiten begegnen. Hokuspokus. Nicht weit davon entfernt, kreuzt ein Geleise ein anderes, aber sie haben differierende Tiefen. Bei Mensija haben die »Streckengänger« nachlässig gearbeitet: das Geleise ist völlig ausgeleiert, geht bis zu 60 cm in die Tiefe, hat an der tiefsten Stelle eine Rillenbreite von nur 11 cm, aber an der höchsten von 20 cm.

Geleise in großer Tiefe unterm Wasser

An manchen Küstenabschnitten, so in der St. Georg's Bay und südlich von Dingli führen die Geleise zielstrebig ins blaue Wasser des Mittelmeers. Es ist noch nicht lange her, da nahm man an, die Geleise würden wenige Meter weit von der Küste unterm Wasser enden und drum zu einer Zeit entstanden sein, als das Mittelmeer einen tieferen Wasserstand hatte. Irrtum! Tiefseetaucher revidierten die bisherige Meinung und führten der Forschung den jüngsten Erkenntnisstand zu: Die Geleise laufen auch in großen Tiefen unter dem Wasserspiegel weiter auf dem Gesteinsrücken ins Meer hinein! Großes Erstaunen — aber: so ist es!

Haben Astgabeln derart tiefe Rillen schleifen können?

Daß die Anlage eines so gewaltigen Streckennetzes von Geleisen einem Zweck gedient haben muß, meinen auch die Archäologen. Sie suchten danach. Als 1970 bei Tas Silg zuerst Reste eines römischen Tempels gefunden und ausgegraben wurden, stießen die Spaten darunter noch auf Mauern eines älteren griechischen Tempels. Man wähnte sich am Ziel, doch der Boden hielt neuerlich eine Überraschung bereit: eine weitere Etage tiefer ruhten mächtige Monolithen! Als man auch diese freilegte, zeigte sich die halbkreisförmige Fassade eines megalithischen Tempels.

Entstanden die Geleise bei Materialtransporten?

Da nun viel von Monolithen und megalithischen Bauten zu sprechen ist, sei in Kürze deren Charakteristik gegeben. Als Monolithen werden einzelne, kunstvoll bearbeitete Steinblöcke bezeichnet wie etwa die ägyptischen Obelisken oder die aufrecht stehenden Menhire (kelt. »lange Steine«) bei Carnac in Frankreich. — Megalithische Bauten (griech. »Gräber aus großen Steinen«) wurden aus großen Blöcken oder Platten errichtet oder in den Boden versenkt; auch Kuppelgräber werden ihnen zugerechnet.

Monolithen sollten denn auch zur Erklärung der Geleise herhalten. — Die Ruinen bei Hagar Qim wurden aus 5 m hohen und 1,05 m dicken Monolithen zusammengesetzt. Hier zeigt eine andere Steinplatte die gigantischen Maße von 7 m Länge — 3,12 m Breite und 64 cm Dicke — ein monströses Bauelement!

Im Rückschluß erklärten die Archäologen: die Geleise entstanden beim Materialtransport der Monolithen zu den Baustellen dieser Anlagen — von Karrenrädern in den Boden eingefräste Fahrrillen!

Schon aufgrund nur oberflächlicher technischer Allgemeinbildung ist unschwer zu durchschauen, daß dieser Rückschluß ein Rohrkrepierer ist. Denn:

- □ Die Geleise zeigen unterschiedliche Spurbreiten. Karren können sich bei Richtungsänderung der neuen Spur nicht anpassen.
- □ Spurbreiten ändern sich aber auch im Verlauf eines einzigen Stranges. Sollen die damaligen Bauleute im Ernst über Gummiachsen verfügt haben?
- □ Querschnitte der Geleise zeigen, daß diese nicht rechteckig in den Boden greifen, vielmehr zur Tiefe hin spitz zulaufen. Hätten Karrenräder die Rillen verursacht, müßte der Querschnitt am Sockel waagerecht sein. Entgegnet wer, die Räder hätten spitze, keilartige Beläge gehabt, dann ist zu erwidern, daß große Lasten

wie die von Monolithen schon gar nicht hätten befördert werden können: mit jeder »Rasur« wären die Fahrrinnen nur noch tiefer in den Boden eingekerbt worden. Wie groß hätten schließlich die Raddurchmesser sein müssen, damit die Achsen übers Erdreich hinausreichten? — Solche Erklärungen sind nicht mehr als Ausreden oder dumme Scherze.

Wie also passierte es?

Lesarten mit Denkfehlern

Nehmen wir eine weitere Lesart vor.

Ließen die Erbauer der megalithischen Anlagen die Lasten auf Schlitten mit Kufen von Tieren über Berg und Tal schleifen? Falls die vorzeitlichen Einwohner von Malta sich irgendwo irgendwann dieser für die Landschaft ungemäßen Transportmittel bedienten, sind die Geleise trotzdem nicht durch diese Gefährte entstanden, weil für Schlittenkufen dasselbe wie für Räder in verstärktem Maße gilt: Schlittenkufen sind noch starrer an der Achse befestigt als Räder, sie wären erst recht im Gewirr der Spurbreiten und abrupten Kurven hängengeblieben!

Weitere Lesart:

Die Ureinwohner haben sich für ihre schweren und sperrigen Materialtransporte (die heutzutage mit Sattelschleppern bewältigt werden müßten!) eine Art von Astgabel konstruiert, deren beide Spitzen über den Boden kratzten, während der Führungsstamm einem Tier umgehängt wurde, ja, und auf diese Gabelung zurrte man die Monolithen fest.

Es darf gelacht werden!

Die Astgabel war starr, sie änderte ihre Kratzspurenbreite nicht; dabei seien die Fragen der Konsistenz des Holzes, das derartige Lasten trug, ebenso unerörtert wie die Tierart, die diese Gewichte aushielt. Man hätte wohl Dinosauriern Astgabeln aus Hartstahl anbinden müssen! Stahl gab's nicht, also muß es Holz von Stahlqualität gewesen sein. Doch: weder Tragfähigkeit noch Zuschnitt der Gabeläste vermögen die schmalen, spitz zulaufenden Geleiserillen zu enträtseln.

Gegen die Annahme der von Tieren gezogenen Karren, Schlitten oder Astgabeln spricht noch eine andere Tatsache: wenn Tiere Jahr um Jahr, jahrzehntelang, dieselbe Strecke laufen und etwas hinter sich herschleppen, dann müßten die Tiere auch ihre eigenen Spuren im Boden zurücklassen. Also müßten Trampelpfade der Viecher, die schwere Lasten zogen, im Kalksteinfelsen nachweisbar sein wie die Geleise selbst. In keiner der Malta-Geleise gibt es Spuren von Tierhufen.

Kugellager erfunden?

Die Leute haben für die Transporte Kugeln benutzt! Tatsächlich fand man auf Malta Hunderte von Kugeln. Aus weichem Kalkstein, in unterschiedlichen Formaten. Die größten Kugeln haben einen Durchmesser von 60 cm, die kleinsten von 7 cm. Haben die Urmalteser Fahrzeuge erfunden, die sich mittels Steinkugellager fortbewegten? Genial! Ließen sie Kugeln in den Geleisen rollen, auf die

Sind »Kugellager« des Rätsels Lösung?

sie Monolithen packten? Damit wäre alles klar. Warum die Spurbreiten unterschiedlich sind. Wieso die Rillen so kesse Kurven nehmen. Weshalb sich Geleise mühelos überschneiden konnten. Kugeln folgen beharrlich der vorgezeichneten Bodenspur — egal, wie breit sie ist.

Sind Kugeln des Rätsels Lösung?

Leider sind sie es nicht. Alle maltesischen Inseln bestehen aus Sand- oder Kalksteinen und Tonen, weichem Steinmaterial also. Und die Kugeln *sind* aus Kalkstein! Nur eine Tonne Gewicht würde sie platt wie Pfannkuchen quetschen oder wie einen Schneeball zerbröseln. Außerdem: Kugeln, gleich welchen Formats, können keine spitzen Rillen produzieren, sie würden stets eine gewölbte Kehlung zurücklassen; die Ausbuchtungen der Geleise würde in die Breite, nicht in die Tiefe gehen. Würden sich aber Kugeln bis zu 70 cm tief ins Gestein wühlen, müßten es wiederum Riesenkugeln von etwa 1,5 m Durchmesser sein — außer, daß sie mit einem Riesengewicht befrachtet waren. Überdies hätten sie die Reibung in alle Dimensionen überwinden müssen. Was für eine übermächtige Zugkraft, welcher ungeheure Schub wären nötig gewesen! Die Diskussion über diese Lesart ist müßig, weil bislang keine Kugeln von einem größeren Durchmesser als 60 cm gefunden wurden!

Bisher wurden auf Malta keinerlei bildliche oder reliefartige Darstellungen von Karren oder Wagen entdeckt. Doch wenn diese Art von Transportmitteln den Tempelbauern gedient hätte, wäre sie sicher abgebildet worden — es gibt ja andere, sehr alte Wandzeichnungen und -gemälde auf der Insel!

Kein Zusammenhang zwischen Geleisen und Tempelbau

Geleise und Tempelbauten haben ursächlich nicht zusammengehört: die »Schienen« müßten dann auf die Bauten zuführen bzw. dort enden. Das aber tun sie nicht! In einem dichtmaschigen Netz führen sie kreuz und quer über die Tempel hinaus, an ihnen vorbei und sind auch dort markiert, wo kein Tempel oder andere Bauten ihre Ruinen übers Erdreich erheben.

Die Geleise sind weder kartographiert noch vermessen. Das wäre auch ein mühsames Unterfangen: manchenorts sind sie überwuchert und nicht mehr an der Oberfläche zu sehen, um dann aber plötzlich wiederaufzutauchen; über ihnen wurden Gebäude errichtet, oder sie wurden vom Geröll der Jahrtausende, die drüberweggingen, verschüttet.

Meine Empfehlung: Interdisziplinäre Forschung

Niemand weiß, wozu dieses Labyrinth von Geleisen diente, wer es schuf. Es wird soviel von interdisziplinärer Forschung geredet: Archäologen bitten Physiker, Chemiker oder Metallurgen um Mitarbeit, um Rätsel wie dieses eins ist zu lösen. Auf Malta ist von einer solchen fast kriminaltechnischen Gemeinschaftsarbeit nicht die Rede.

Es liegt auf der Hand, daß Analysen der Geleise weiße Felder auf der Landkarte des Nichtwissens ausfüllen könnten: Hinterließen Steinkugeln, Holzgabeln oder Karrenräder Reste ihrer zwangsläufigen Reibung im Gestein? Haben die wie auch immer konstruierten Transportmittel zu Olims Zeiten Kleinstlebewesen in die Kalkstein- oder Tonporen gepreßt? Sind fossile Reste von Blütenpollen zu finden, die Rückschlüsse auf die Entstehungszeit der Geleise zulassen?

Es gibt heute alle technischen Hilfen, die tief unter die Oberfläche des Meeres verlaufenden Rillen unter die akademische Lupe zu nehmen. Warum tut man es nicht?

Kann und darf uns ein so faszinierendes Rätsel frühmenschlicher Vergangenheit so uninteressiert lassen? Wir Abendländer sind doch sonst so schrecklich gescheit und wissensdurstig. Warum nicht in einem Fall wie diesem?

Kalendergeschichten ...

Es wäre zum Erschrecken erstaunlich, wenn im Prospekt der vielen Lesarten das Märchen vom Kalender fehlen würde ... wie bei den ägyptischen Pyramiden, wie bei den »hängenden Steinen« von Stonehenge bei Wilshire in England, wie bei den »Landebahnen« auf der Ebene von Nazca in Peru. Die Annahme, auch die Geleise von Malta wären Teile eines überdimensionalen Kalendersystems gewesen, ist die dümmste »vernünftige« Antwort auf eine rundherum offene Frage.

Wo überall in der Welt diese archäologischen Abreißkalender zum Verkauf stehen, handelt es sich um fantastische große Bauten und Anlagen, die für schlicht über den Boden stapfende Menschlein »uneinsichtig« waren. Weil die — in dieser Annahme! — dümmlichen Steinzeitmenschen ermitteln wollten, wann der Frühling kommt, wann der Herbst beginnt, legten sie sich diese gigantischen Kalender an?! Nirgendwo steht geschrieben, ob prähistorische Völker überhaupt in größerem Umfang Ackerbau betrieben. *Hätten* sie mit ihren kleinen Populationen in wesentlichem Umfang Ackerbau betrieben, dann hätten sie weder genug Menschen noch Zeit gehabt, nebenbei mit schweißtreibendem Fleiß und übermenschlicher Kraftaufwendung zentrale Kalenderstationen zu erstellen, wie man sie ihnen postum andichtet.

Da meine Kritiker mir gern wider besseres Wissen ankreiden, ich würde unsere frühen Vorfahren für beschränkt und keiner eigenen Leistung für fähig halten, nütze ich diese Gelegenheit genüßlich aus, um zu Buche zu geben, daß ich *alle* Spielarten des *homo sapiens,* seitdem er auf der Mutter Erde existiert, für viel zu gescheit halte, als daß sie die diversen Sorten angeblicher Steinkalender nötig hatten, um den Wechsel der Jahreszeiten derart umständlich und pompös festzustellen. Ob der Winter verging, der Frühling heraufkam, die Sonne den Sommer erwärmte oder der Herbst Kälte signalisierte, das wußten schon unsere frühen Vorfahren ganz gewiß aus der Beobachtung der Natur.

... Kultmärchen

Daß ich's nicht vergesse: wie andernorts, spekuliert man natürlich auch in Malta, daß die Geleise »einem« Kult zuzuordnen wären. *Was* für ein Kult das gewesen sein soll, verheimlicht man uns. Welchen Göttern man mit dem Geleisenetz eine optische Erbauung »nach oben« schicken wollte, erfahren wir auch nicht. Wenn dieses Kultangebot wenigstens etwas Gewicht haben sollte, möchte ich schon sehr gern wissen, was diese kultischen Geleisepaare an welche darüberwegschwebenden Götter »morsen« sollten!

Ich zitierte bereits aus dem »Lexikon der Archäologie«, daß die Megalith-Tempel um 2800—1900 v. Chr. erbaut worden sein sollen, und daß man in diese Zeit, also zum Auslauf der Jungsteinzeit und dem Beginn der frühen Bronzezeit, auch die Entstehung der Geleise datiert.

Das ist alles sehr windig.

Widersprüche

Ausgrabungen und Höhlenforschungen ergaben, daß Malta um 6000 v. Chr. längst besiedelt war. 5000 Jahre alt sind Statuetten von Muttergöttinnen. 300 v. Chr. kamen die Sizilianer, um 1400 die Phönizier.

Nirgends fand ich Behauptungen, die Geleise wären der Jungsteinzeit zuzurechnen, wohl aber die Kathedermeinung, sie seien während der Bronzezeit entstanden. Aber auch diese relativ »junge« Datierung kann nicht stimmen: waren denn die Leute dieser Zeit intelligente Fische? Oder bastelten sie sich gar Taucheranzüge aus Bronze — ausgestattet mit Schnorcheln und hölzernen Luftpumpen und mit Klarsichtscheiben, die ihnen die Schürfarbeit am Meeresgrund ermöglichten?

Hart gefragt, tritt man die Flucht ins Ungewisse an. Nein, sagen manche Archäologen, das Schienennetz gibt es schon seit mehr als zehntausend Jahren, als die heute unter Wasser liegenden Küstenränder noch Festland waren! Hört sich gut an — aber mit welchen Werkzeugen wurden die kilometerlangen tiefen und breiten Rillen geschlagen, gefräst oder gebohrt?

Feuerstein — importiert?

Natürlich mit Feuerstein, sagt man, und das hört sich auch gut an, denn dieses Kieselgestein — härter als Kalkstein — war bereits das Material, aus dem in der Altsteinzeit Geräte gefertigt wurden. Doch: Geologen haben auf ganz Malta und seinen Inseltrabanten keinen Feuerstein entdeckt! Will man glaubhaft machen, Feuerstein wäre in der Steinzeit (!), aus der internationaler Handel bisher nicht vermeldet wurde, in so ungeheuren Mengen importiert worden, wie sie für das Schienennetz nötig gewesen wären?!

Sagt man: alles falsch, in Wirklichkeit haben die griechischen oder phönizischen Einwanderer das Schienennetz geplant und gebaut. Warum nicht? Nur: auf diese Idee kommt man ja nicht aus dem Stand! Solche Kenntnisse, mit dem Anliegen, sie in der neuen Heimat zu verwirklichen, bringen Einwanderer nach allen bekannten Ermittlungen stets aus ihren Heimatländern mit, wo sie sie schon praktiziert hatten. Weder in Sizilien noch in Griechenland gibt es die geringsten Spuren der maltesischen Geleise.

Wie grotesk die Widersprüche sind! Heißt es: die Megalith-Tempel standen längst, als die *späteren* Einwanderer eintrafen. Es ist um aus der Haut zu fahren! Wenn die Tempel schon standen, als die Geleise gefurcht wurden, dann können sie doch keine Materialtransportwege für die Tempelbauer gewesen sein. Überdies: die Annahme der Geleise-Entstehung um 5000 v. Chr. läßt außer acht, daß der Spiegel des Mittelmeers mit nur unbedeutenden Schwankungen seit mindestens 10 000 Jahren seinen jetzigen Wasserstand hat. Also kommen die letzten Einwanderer »aus Westgriechenland« als Geleisebauer überhaupt nicht in Betracht.

Die Malta-Geleise halte ich für einen exemplarischen Fall archäologischen Fehlverhaltens. Es gibt eine Fülle von Erklärungen, doch wenn man nur ein bißchen an der Oberfläche der schönen Fassade kratzt, ist der Lack weg, und die ganze Fadenscheinigkeit gähnt einen an. Trotzdem gerät jedwede Meinung in irgendein Fachbuch, wird dort als der Weisheit letzter Schluß weitergereicht und, je nachdem, welches Lehrbuch ein Studiosus in die Hand kriegt, ist die dort veröffentlichte Ansicht *die* Lösung. So bilden sich »Schulen«, die mit Hartnäckigkeit *ihre* Meinung weiterreichen, weil sie eine andere nicht kennen oder dulden. Hauptsache, eine Frage kann als erledigt abgehakt werden. Ob Rätsel dann wirklich und endgültig gelöst sind, das ist nicht so wichtig.

Feststeht, daß auf Malta sich in prähistorischer Zeit Einmaliges ereignete, etwas, was sich nirgendwo auf der Welt wiederholte. Für igendwen und irgendwas muß die Insel ein Zentrum gewesen sein. — Man könnte vermuten, in den tiefen Rillen wären Metallegierungen abgeflossen. Doch diese Überlegung scheidet aus, weil die Geleise in Zeiten entstanden sein müssen, als noch kein Metall verarbeitet wurde: die nacheiszeitliche Veränderung des Mittelmeerwasserspiegels steht dafür!

Wirkten, auch das ist einen Gedanken wert, in vorgeschichtlicher Zeit uns unbekannte Säuren auf den Boden ein, ätzten sie die seltsamen Bahnen in den Boden? Geradlinigkeit, Parallelität der Spuren und wie gezirkelte Kurven sprechen ebenso gegen diese Annahme wie die Tatsache, daß Säuren keine Formen schaffen, sondern den Boden unregelmäßig zersetzen.

Wasserleitungen?

In diesem Zusammenhang ist auch der Gedanke abzuservieren, die Geleise könnten quasi offene Wasserleitungen gewesen sein. Dagegen läßt sich nicht argumentieren: Wasser läuft immer talwärts zum tiefsten Punkt. Die Geleise aber führen offen über Berg und Tal. Wasser könnte nur dann bergwärts geführt werden, wenn die »Quelle« des Wasserdrucks auf dem höchsten Punkt liegt *und* wenn das Wasser in einer Röhre geführt wird. Röhren oder Röhrenüberbleibsel wurden jedoch nirgends gefunden. Wer damals — wenn schon! — klug genug war, ein Wasserleitungssystem zu schaffen, der hätte wohl auch die kürzeste Verbindung zwischen zwei Punkten gewählt, hätte die Strecke nicht in bizarren Windungen oder gar im Zickzackkurs fortgeführt.

Konnten Säuren derart regelmäßige Rillen ins Gestein fressen?

Humus statt Bargeld

Ein Drainagesystem solchen Ausmaßes hätte zudem Bewässerungszwecken dienen müssen, aber die Inseln waren zu allen Zeiten karg und felsig. Es gedieh nichts. Humus mußte importiert werden! Noch vor 40 Jahren hatten Kapitäne, die in Malta die Tanks ihrer Schiffe mit Wasser füllten, mit Humuserde statt mit Bargeld zu zahlen!

Gibt es noch andere Deutungen, die zu prüfen sind?

Wurde in den Geleisen vielleicht ein Naturprodukt gezüchtet, das heute unbekannt ist? Wurden in ihren Vertiefungen Seidenraupen gehegt? Gab es irgendeine für die Ernährung nützliche prähistorische Algenkultur? Diese Fragen kann man streichen. An wen hätte die aus dem weitläufigen Rillennetz gewonnene Massenproduktion geliefert werden sollen? Für die Insulaner unbrauchbar und, wie schon gesagt: von einer vorgeschichtlichen Handelsflotte ist nichts bekannt. So clevere Züchter hätten ihre Plantagen auch handlicher angelegt — nebeneinander, dicht bei dicht, nicht über Berg und Tal gezogen.

Könnten die Geleise in ihren oft absonderlichen Linienführungen eine ganz ausgefallene Schrift markiert haben!? Diese ganz reizvolle Spekulation scheitert in der Realität wiederum an den unter Wasser liegenden »Schriftzügen«. Wer sollte sie *dort* lesen?

Wäre die absurde »Schrift« tatsächlich in den Kalksteinboden »geschrieben« worden, *bevor* der Wasserspiegel des Mittelmeers seinen heutigen Pegel erreicht hatte, dann hätten die »Leser« fliegen können müssen! Sonst wäre die auf einer Schreibfläche von über 100 km Länge notierte Schrift nicht lesbar gewesen.

Nehmen wir auch eine utopisch anmutende Idee unter die Lupe: Könnte in die Geleise eine Metallverbindung gegossen worden sein, die in ihrer inselweiten Ausdehnung als gigantische »Antenne« diente? Wer käme denn vor über 10 000 Jahren, als Metalle eine unbekannte Materie waren, als Konstrukteur in Frage? Nicht einmal die megalithischen Tempelbauer!

Habe ich Wesentliches übersehen? Ist mir das Wichtigste entgangen? Ich glaube nicht.

Malta — das Ziel der Außerirdischen?

Die megalithischen Tempel sind steinerne Zeugen dafür, daß die frühesten Bewohner Maltas eifrige Verehrer ihrer Götter waren und daß sie keine Mühe scheuten, ihre tiefe Bewunderung für die Himmlischen Gestalt werden zu lassen. — In meinem Verständnis, man weiß es, wären »Götter« keine fiktiven Gestalten, keine Ausgeburten grenzenlos-merkwürdiger Fantasie. Sie waren irgendwann Wirklichkeit, leibhaftige, sehr aktive Wesen.

Stellt sich mir die Frage, deren Antwortangebot genauso viel oder genauso wenig spekulativ ist wie alle anderen bisherigen Deutungen, ob nämlich »meine« Götter in vorgeschichtlicher Zeit Malta als Ziel bevorzugt haben, ob sie dort etwas leisteten, das die Malteser veranlaßte, den Außerirdischen mit ungeheuren Kraftanstrengungen auf der Insel Steinzeichen zur Erinnerung oder als Huldigung in den Boden zu schlagen.

Drainagesystem? Läuft Wasser bergauf – ohne Röhren? Woher Wasser nehmen ohne Quellen? Ohne Druckbehälter?

Auf der Ochsentour?

Der Generaldirektor des Hilton-Hotels auf Malta, Herr de Piro, ist Maltese und auf der Insel Gozo aufgewachsen. Er vertritt die originelle und eigenwillige Idee, die Geleise wären tatsächlich von Menschenhand ins Gestein gemeißelt worden. »Wozu denn diese Anstrengung?« fragte ich.

»Sie wissen doch, wenn man einem domestizierten Tier, einem Esel, einem Pferd, einem Ochsen, eine Spur vorzeichnet, so wird das Tier zum Gewohnheitstier, es wird diese ganz bestimmte Strecke ablaufen, so, wie es seinen Stall von alleine findet. Vielleicht hat man den Tieren ein Gerät umgehängt, das die Spur tastete, und dann liefen sie jahrein, jahraus immer dieselbe Strecke. Das hinterläßt über Jahrhunderte schon Spuren!«

Die Idee hat etwas Bestechendes, doch vor Ort konnte sie mich nicht mehr überzeugen.

Zwischen den Städtchen Gharghur und Naxxar liegt der langgezogene Kalksteinrücken von San Pawl Tat-Targa. Wind und Wetter, Hitze und Kälte preisgegeben, ist der ganze Hügelhang mit Geleisen überzogen. Von oben her verläuft eine Parallelspur über den Hügelrücken, macht eine jähe Kurve nach unten und verliert sich dann irgendwo zwischen den Häusern am Strand. Nicht weniger als sechs andere Geleisepaare kreuzen die Kurve. Die Kreuzungspunkte verlaufen aber nun wirklich nicht so, daß hier ein Tier alleine und selbständig weitergekommen wäre! Entweder enden die Kreuzungen abrupt im rechten Winkel, oder sie haben eine andere Spurtiefe als die Kurvengeleise, dann wieder haben sie Tiefen bis zu 81 cm. Da hätte sich jedes Tier die Haxen gebrochen. Schließlich enden Schienenstränge durch sachtes Verjüngen im Nichts. Spätestens an solchen Stellen, an denen die Spur ebenerdig mit dem Kalksteinboden verläuft, hätte das ziehende, zerrende, schleppende oder tragende Tier wie der berühmte Ochs vorm Scheunentor dagestanden. Und: wo sind die Trampelpfade? Die Rillen selbst können nicht von Tieren ausgewetzt worden sein; dazu sind sie zu tief und zu spitz, und wenn schon die Geleise die Oberfläche des Bodens annehmen und sich sozusagen in Luft auflösen ... die Tiere müßten ja irgendwo geblieben sein. Wurden sie an der Endstation mit dem Helikopter abgeholt?

Neue Datierungen — im Wind der Geschichte

Bestechend, reizvoll und auf Anhieb sogar mit einem Quentchen Logik gewürzt, scheint der Gedanke, daß die Geleise in Zusammen-

Trampelpfade, die Tiere hinterließen?

hang mit dem Bau der Megalith-Tempel stehen könnten. Das waren schon Baustellen von den Ausmaßen olympischer Bauten, diese 30 Megalith-Tempel, die auf der winzigen Insel aus gewaltigen Steinquadern und Menhiren aufgetürmt wurden. Malta hat nur 247 km^2 Fläche, Gozo 76 km^2. Nach der Radiokarbonmethode wurden an Holzresten, die im Megalith-Tempel von Hagar Qim gefunden wurden, neueste Datierungen vorgenommen: die Bauten werden auf 4000 v. Chr. datiert! Zu dieser Zeit waren die »alten Römer« noch nicht aktiv, deren älteste früheisenzeitliche Siedlung entstand im 1. Jahrtausend v. Chr., und auch den »alten Griechen« sind erste Landnahmen um etwa 1200—900 v. Chr. nachzuweisen. Damit ist die Ansicht überholt, die Zivilisation habe sich vom sumerischen Gebiet über Ägypten und Babylon Richtung Europa ausgebreitet. Die maltesischen Bauwunder entstanden in der Steinzeit!

Wenn ich auch der C-14-Methode nicht über den Weg traue, weil sie von einem konstanten Verhältnis an radioaktiven C-14-Isotopen in der Atmosphäre ausgeht und weil Holz- oder Knochenfunde nichts über die Zeit aussagen, zu der ein archäologisch bedeutsamer Bau errichtet wurde, bin ich doch froh, daß Hagar Qim nach 4000 v. Chr. datiert wurde. Damit ist mindestens ein »Minimalalter« gesetzt. Man kann davon ausgehen, daß der Tempel nicht jünger ist, wohl aber älter sein kann, sofern die nunmehr datierten Holzreste gar nicht von den Erbauern der Anlage zurückgelassen wurden.

Hagar Qim ist übrigens heute noch ein maltesisches Dialektwort, das im ursprünglichen Sinne soviel wie »angebetete Steine« besagte. — Die lokale Archäologie nimmt an, daß der Tempel von Hagar Qim phönizischen Gottheiten gewidmet war. Um 4000 v. Chr.? Seltsam. Für diese Frühzeit gibt es keine Existenzhinweise für die Leute aus dem »Pupurreich der Antike«.[31]

Ständen die »Geleise« in Verbindung mit den Tempelbauten, müßten die seltsamen Linien logischerweise zu den Tempeln führen. Aber gerade das tun sie nicht. Die 30 Tempel sind kreuz und quer über die Insel verstreut, und ebenso kreuz und quer führen die »Geleise« daran vorbei. Da gibt es die Großanlage von Tarxien nahe dem Ort Paola. Hagar Qim liegt nur wenige hundert Meter von der bei Mnajdra an der Südküste der Insel entfernt. Mitten zwischen den Dörfchen ragt der Tempel von Skorba aus dem Boden, während der prähistorische Monumentalbau von Malta, der Tempel Ggantija, auf der nördlichen Nachbarinsel Gozo zu suchen ist. Preisfrage: Was war zuerst da — die megalithischen Tempel oder die »Geleise«? Sie ist kaum zu beantworten wie die: Was war zuerst da — das Ei oder die Henne?

Da liegen sie vor uns, die riesigen Monolithen. Die Jahrtausende sind über sie weggegangen. Haben sie verwittern lassen, sie gespalten. Hat man die »Geleise« im Blick, denkt man daran, wieviel Regen sie überspülte, wie viele hunderttausendmal Kälte und sengende Hitze sie erstarren und glühen ließen. Lagen sie anfänglich tiefer im Boden? Hat er sie nach oben gedrückt? Eines nur ist ganz sicher: sie waren da, ehe das Mittelmeer seinen heutigen Wasserstand einpegelte. Sind deshalb auch die Tempel vor der Eiszeit zu datieren? Man weiß es nicht, doch die Vermutung liegt nahe. Bevor ich dazu meine riskanten Kombinationen vortrage, muß ich über eine andere Einmaligkeit berichten, die Malta außer Geleisen und Tempeln zu bieten hat.

Der Monolith-Tempel von Hagar Quim – aber: Geleise führen weder dorthin noch zu anderen mächtigen steinernen Heiligtümern

Die zweite Sensation

Südöstlich von Valletta, in Saflieni, ganz nahe der 12 000-Einwohner-Stadt Paola, verblüfft das *Hal-Saflieni Hypogäum.* Hypogäum kommt aus dem Griechischen und bedeutet »unterirdischer Raum« (*hypo* = unter, *gaia* = Erde). In der Fachliteratur steht der Begriff Hypogäum für unterirdische gewölbte Grabräume und Kultstätten.

Das Haus, durch das man zu den unterirdischen Anlagen findet, unterscheidet sich von den anderen in der Straßenzeile durch ein wuchtiges Tor aus vier rechteckigen Säulen, auf denen schwere steinerne Balken ruhen. An der Wand eine Marmortafel: HAL-SAFLIENI PREHISTORIC HYPOGEUM.

Über die verheißene Sehenswürdigkeit hatte ich fast Bombastisches gelesen. Als ich nach langem Fußmarsch durch die vor Hitze flimmernden Straßen vor dem pompösen Kalksteinportal stand, fragte ich mich, ob ich mit meinen beiden schweren Kamerakoffern, die wie Bleigewichte in meine Schultern schnitten, hineingehen sollte. Seit Tagen sengte eine unbarmherzige Sonne die staubige, ausgedörrte Insel. Das war schon eine Atmosphäre, die selbst meine unentwegte Unternehmungslust erheblich zu mindern vermochte. Hemd und Hose klebten am Körper. Dachte ich mir schließlich: geh rein! Eine Viertelstunde in der Kühle des Hauses wird dir guttun. Ich blieb den ganzen Tag und hatte schnell vergessen, daß ich eben noch ziemlich unlustig gewesen war.

Eingang in die »Unterwelt«

Das Entrée liegt ebenerdig; darunter führen drei Stockwerke tief unter die Erde. Aus dämmrigem Licht trat ein zwei Meter stattlicher Maltese auf mich zu und nahm mir mit gelassener Selbstverständlichkeit meine Kamerakoffer ab. Meine verdutzten und sicher auch widerspruchsbereiten Blicke konterte er mit den knappen Worten: »No cameras!« und fügte, für den Fall, daß ich kein Englisch verstand, die strenge französische Vokabel: »Défendu!« hinzu. Meine Kameras verstaute er in einem Holzgestell, vor dem er sich imposant aufbaute. »Voilà!«

Ist mir doch bis heute nicht klargeworden, weshalb man in manchen Museen nicht fotografieren darf. Sie könnten ein Entgelt dafür verlangen, klar, aber daran kann es nicht liegen, denn beispielsweise im »Musée de l'homme« in Paris war ich bereit, jede gewünschte Summe hinzublättern. Manchmal kitzelt mich der Verdacht, daß die Loge der zünftigen Archäologen es nicht gern sieht, wenn Objekte anders als aus dem von ihnen gesegneten Blickwinkel abgelichtet werden. Daran dachte ich flüchtig, weil mir hier das Fotografierverbot überhaupt nicht einleuchtete. Durch die Erfahrung gewitzt, daß gelegentlich ein kräftiges Trinkgeld für die Gralshüter die Objektive freimacht, drückte ich dem Riesen zwei maltesische Pfunde in die Hand. Die nahm er zwar, zeigte sich aber nicht bereit, mir auch nur eine meiner Kameras auszuhändigen.

Durch einen Eingang unter schweren Steinbalken gelangt man ins ›Hal-Saflieni Prehistoric Hypogeum‹

Unter Riesen geraten

Aus einer lichten Höhe senkte er seinen Kopf zu meiner 1,68-m-Statur herab und flüsterte mir mit bedeutungsschwangeren Kulleraugen zu: »Sir, this is a holy place!« — Oh, wenn dies ein heiliger Ort ist, muß ich sehr folgsam sein, man hat sonst nur Scherereien. Und in meinem Hinterkopf tickte der Gedanke: wenn es hier was zu fotografieren gibt, werde ich es auch schaffen.

Mein strenger Kameraabnehmer klatschte in seine sehenswert großen Hände; aus einem Kämmerchen trat eine wirklich imposante Gestalt, die die seines Kollegen noch um einige Zentimeter überragte. Ich war unter Riesen geraten. Der zweite war beträchtlich jünger als der erste Riese vom Dienst; er trug einen roten Seidenschal um den Hals und eine Baskenmütze auf dem Kopf. Eifrig wie jeder ordentliche Fremdenführer redete er zuerst in einem mehrsprachigen Kauderwelsch auf mich ein, aus dem ich erstens entnahm, daß Englisch seine Stärke war und zweitens, daß er zwei Attraktionen anzubieten hatte — das sogenannte Museum, das direkt neben der Treppe zum Hypogäum liegt, das mich hergelockt hatte. Wirklich: Museum ist übertrieben, es geht um vier in die Wand eingelassene Vitrinen. Ich wollte beide Angebote wahrnehmen. Nachdem ich auch dem jungen Riesen zwei Pfunde ausgehändigt und um Übermittlung seiner Kenntnisse in Englisch gebeten hatte, führte er mich vor die kleinen Schaukästen.

Ordentlich wie in einer Apotheke sind hier die Schätze aufgestellt, die 1902 zufällig gefunden wurden, als man das Haus baute, in dem wir standen und ohne dessen triste Existenz auch kaum das Hypogäum entdeckt worden wäre.

In den Schaukästen sah ich Steinwerkzeuge, Ringe und Halsbänder, kleine Statuetten, aus Muscheln gefertigten Schmuck, Amulette. Der jugendliche Riese folgte mir wie mein Schatten und versicherte ein ums andere Mal: »This are magic objects!«, Zaubergegenstände also, die im Hypogäum gefunden wurden. Mit tiefernstem Blick erklärte er, hier über die Treppen, die wir gleich gehen würden, seien die Steinzeitmenschen hinabgestiegen, um tief unten in den Gewölben — ich würde staunen! — mit ihren Göttern zu sprechen, und ohne Amulette hätte das Gespräch nicht geklappt.

Eine vertraute »Muttergöttin«

Das Objekt, über das ich gelesen hatte und das mich besonders interessierte, konnte ich gerade noch ausmachen, ehe mich mein

Riese zur Treppe zerrte: die »Muttergöttin«. Es ist eine Terrakotta-Figur von etwa 10 cm Länge, die in einigen Büchern auch unter »Schlafende Frau« erwähnt wird. Sie ruht in einer Schale, die fest auf vier Füßen steht; ihr gedrungener Leib ist in ein Kleid gehüllt, das ich am ehesten vorstellbar machen kann, wenn ich an den Panzer einer Schildkröte erinnere; ihren schweren Kopf stützt sie im angewinkelten Arm ab; die Beine sind kurz und gedrungen.

Bei schlafenden Muttergöttinen, noch dazu, wenn sie aus der Jungsteinzeit stammen, werde *ich* hellwach. Warum, weshalb zeigten steinzeitliche Künstler die besondere Neigung, »Muttergöttinen« darzustellen? Was heißt überhaupt »Muttergöttinnen«?! Sollen diese dargestellten Wesen Mütter von Göttern gewesen sein? Das ist natürlich schierer Unsinn. In der Vorstellungswelt der Steinzeitkünstler hatten Götter noch keinen Anhang, keine Familie, keine Mütter.

Im Schaukasten: die »Schlafende Frau«

Steinzeitliche Muttergöttinnen, wie das Duplikat, das ich eben betrachtete (das Original steht im Nationalmuseum in Valletta), tauchten beispielsweise in La Gravetta, Laussel und Lespugue, Frankriech — in Cukurca, Türkei — in Kostjenko, Ukraine — in Willendorf, Österreich, und in Petersfeld, Deutschland, auf.

Selbstverständlich stammt die Bezeichnung »Muttergöttin« aus unserer Zeit. Wer weiß, ob die Figuren in der Vorstellung der Steinzeitmenschen überhaupt »Göttinnen« gewesen sind. Unsere klugen Begriffsverleihungen können die Katalogisierung erleichtern — ob sie stets den *Sinn* des Dargestellten treffen, wage ich zu bezweifeln. Egal! Eine spezifische Bedeutung müssen diese Plastiken mit ihren so betont weiblichen, so eindeutig schwangeren Attributen gehabt haben. Sie wären sonst nicht aus gleichen Zeiträumen an so vielen Orten auf der Welt hergestellt worden. Wir werden sehen ...

Während mein Riese auf die Steintreppe zusteuerte, informierte er mich, daß das, was ich nun sehen würde, um die Jahrhundertwende durch Zufall aufgefunden wurde. Das war mir aus der Literatur bekannt. Neu war für mich, daß der ursprüngliche Zugang zur unterirdischen Welt — eine Steinplatte mit einem quadratischen Loch — auf einem Hügel oberhalb des Hafens gelegen hat; als dort eine Kaimauer gebaut wurde, hat man den Eingang zugemauert.

Mein Cicerone, der von der Redseligkeit seines Namenspatrons war, stapfte behutsam und mit einer gewissen Scheu (obwohl er diesen Weg sicher Tausende Male ging) die Wendeltreppe hinab; je tiefer die Stiege hinabführte, um so schweigsamer wurde er. Schließlich flüsterte er nur noch, wenn ich etwas fragte.

In der Haupthalle des Mittelgeschosses angekommen, rief ich aus: »Das ist ja fantastisch!« und fragte: »Warum bin ich hier allein?« — »Die Malteser kommen nicht her, sie fürchten das Orakel. Nur die Hotelportiers schicken Touristen, aber zur Zeit ist ja nicht Saison«, flüsterte mir der Riese ins Ohr.

Jahrtausende alte Hi-Fi-Anlage

Falls die Datierung stimmt, kamen — so wird gesagt — vor reichlich 6500 Jahren Gläubige in diesen Orakelsaal, um sich vom Priester, der nebenan im Orakelraum hockte, ihre Träume deuten zu lassen. Gelesen hatte ich von der enormen Akustik dieses Raumes, aber mir schien es kaum glaubhaft, daß hier leise gesprochene Worte lauter werden, anschwellen und durch den Saal hallen können. Als hätte der junge Riese meine Gedanken geahnt, nahm er mich bei der Hand und führte mich zu einer Nische. Dort sprach er langgezogene Laute in eine in Stein ausgehöhlte Ellipse.

»Ooooohhhaaaa« und »Uuuuuhhhhiii!«

Wie von Hi-Fi-Anlagen einer lärmösen Diskothek verstärkt, dröhnten des Riesen Rufe durch den Saal, hallten von den Wänden zurück. Selbst als der stimmgewaltige Mann in das Loch flüsterte, echote es sanft aus allen Nischen und Ecken.

Das mußte ich unbedingt auch versuchen. Ich steckte meinen Kopf in die ellipsenförmige »Muschel« und sagte ein langgezogenes: »Jaaaa!« hinein. Je höher ich meine Stimme anhob, um so bizarrer wurde die Resonanz. Senkte ich sie in die Lage eines sonoren Baritons, vibrierte und echote es aus allen Winkeln zurück. Es

Eine Steintreppe führt 11,5 m tief unter die Erde

entging mir nicht, daß diese Wirkung an einer bestimmten Stelle der Ellipse besonders deutlich wurde. Dorthin lenkte ich meine Stimme und kam zu der Vermutung, daß *hinter* der »Sprechmuschel« ein Hohlraum im Fels verborgen ist, der — wie der Resonanzboden einer Gitarre — wie ein Verstärker wirkt. Ich nehme an, man kann es freilich nicht sehen, daß sich im Fels Hohlräume verzweigen, die die Rufe weiterleiten und an anderen Stellen wieder in den Raum freigeben.

Da keine Frau präsent war, konnte ich keine Probe aufs Exempel machen: angeblich funktioniert der mirakulöse Stimmverstärker nur, wenn eine Männerstimme spricht; selbst wenn eine Frau ihre sonore Altstimme erhebt, soll die stimmverstärkende Akustik versagen. Mir ist klar, daß ich noch mal nach Malta muß — mit einer Dame, die mir etwas flüstert.

Diese Muschel, eine im Stein ausgehöhlte Ellipse, ist das Mikrophon der Anlage

Auf meinen Reisen sah ich prähistorische Anlagen, die größten Eindruck auf mich machten — Pyramiden und Königsgräber in Oberägypten, megalithische Monsterarbeiten in der Türkei, die Festung Sacsayhuaman oberhalb Cuzco, die »Wasserleitungen« von Tiahuanaco, die hünenhaften Statuen auf der Osterinsel. Um nur wenige Beispiele zu nennen.

Das Hypogäum verschlug mir den Atem. Es ist anders als alles andere.

Höhlengänge, Kammern und Wege zweigen vom großen Saal ab wie Nischen und kleine Kammern, deren zwei bemalte Decken haben, sich nach gutem Plan anfügen. Nischen und Pfeiler, auf denen die Kuppel der Halle ruht, sind in tadelloser Megalithbauweise gearbeitet: klare Linien, scharfe Kanten an den mächtigen Steinquadern. Selbst die Kuppel ist aus geschwungenen Monolithen zusammengefügt.

Von Steinzeitmenschen geschaffen?

»Und das alles haben Steinzeitmenschen geschaffen?« fragte ich meinen Riesen, dessen dunkle Kulleraugen mit Behagen mein Staunen beobachteten; er nahm die Baskenmütze von seinen schwarzen Haaren, drehte sie in den Händen und antwortete nach einer wohlgesetzten Pause:

»Sie sagen, das wäre alles mit dem Hammer ausgeschlagen worden ...«

»Sie«, damit meinte er Archäologen. Aus der Antwort des jungen Riesen waren Zweifel herauszuhören; täglich hier unten, hatte er sich wohl auch seine Gedanken gemacht, ob seine frühesten Vorfahren diese Riesenarbeit mit Hämmern hatten zuwege bringen können.

Da mir meine grelle Taschenlampe belassen worden war, konnte ich unschwer erkennen, daß das Herausschlagen der Säulen, Nischen und Kuppelteile eine monströse Meisterleistung war. Fugenlos ragen aus dem steinernen Boden die Monolithen, die die Nischen bilden, und sie sind aus dem gleichen Stein, aus dem der Boden ist. Wie »Querbalken« in einer statisch genau berechneten Konstruktion liegen darauf weitere Monolithen, auf denen dann die zur Kuppelform gekrümmten Monolithen ruhen.

Wann orakelte man hier unten? Vor drei-, vor vier-, vor fünftausend Jahren? Phönizier und Griechen standen nicht hier unten: das Heiligtum war über Jahrtausende verschüttet, den Augen der darüberhin Wandelnden verborgen. Gräber, die hier gefunden

Säulen, Nischen, gebogene Kuppelteile – aus Monolithen!

wurden, datiert man 1000 Jahre früher, nach rund 2500 v. Chr., und die phönizischen und griechischen Invasoren können mit großer Sicherheit nach 1400 bzw. 800 v. Chr. angenommen werden.

Mein langer Cicerone führte mich in eine drei Stufen tiefer gelegene Nische, in der ehemals Götterfiguren gestanden haben mögen. Er deutete auf ein Loch im Boden, das mit einer Steinplatte verschlossen war. Es gäbe hier, erfuhr ich, eine Reihe solcher Öffnungen, und in dem steinernen Schlund habe man bei Ausgrabungen menschliche und tierische Skelette gefunden, und niemand wisse, ob hier Mensch und Tier geopfert wurden. Der Gedanke daran ist auch einige tausend Jahre nach dem Geschehen noch gruslig. Es sollte aber noch unheimlicher werden.

12 m »unter der Straße«

Das Mittelgeschoß, in dem wir uns aufhielten, liegt etwa elf Meter unter der Straßenebene. Wir schritten weitere sieben Stufen hinab. Nun hielten wir uns bei zwölf Meter am tiefsten Punkt der dreigeschossigen vorgeschichtlichen Anlage auf. Noch eine letzte Stufe ... und man steht vor einem rechteckigen Verlies, in dem — so die Mutmaßungen — unerwünschte Eindringlinge »abgeschoben« wurden, man ermordete Feinde beseitigte, Menschen geopfert wurden, freiwillig zum Sterben Bereite hinabstiegen oder Grabschänder in eine tödliche Falle liefen. Die Toten, deren über 7000 Skelette man da unten fand, hüten ihr mystisches Geheimnis. In einem Reiseführer lese ich:

> »Der unterirdische Tempel und Orakelplatz der *unbekannten Urbevölkerung* besteht aus mehreren Gängen und Räumen und ist drei Stockwerke tief unter die Erde eingegraben bzw. in den Felsen geschlagen ...«

Zu dieser lakonischen Feststellung darf man wohl ergänzen, daß für die »Schlaghämmer« — wie bei den Geleisen — Unmengen an Feuerstein verwandt worden sein müssen, den es auf der Insel weder gab noch gibt.

Steinzeit heißt Steinzeit, weil die Menschen mit Steinwerkzeugen arbeiteten. Metall gab es noch nicht. Aber Feuerstein, der härter als Kalkstein ist, gab es auch nicht. Von Flößen und Schiffen, die ihn übers Meer auf die Insel hätten bringen können, ist nichts, gar nichts bekannt.

Es gab sie nicht.

Würde man widersinnigerweise sogar die Materialfrage als lösbar annehmen, bleibt das entscheidende Rätsel: Zu welchem Zweck buddelte und baute man das Hypogäum drei Etagen tief unter die Erde? Bleibt auch noch die bisher ergebnislose Recherche nach der gekonnten Architektur! Vom ersten Hammerschlag ins Gestein mußte das Ziel festgelegt sein, die Abfolge der Arbeit geplant, der Einsatz der fleißigen Steinmetze koordiniert werden.

Ein Steinzeitarchitekt bei der Arbeit

Man stelle sich, weil's so lustig ist, die Arbeit eines steinzeitlichen Architekten einmal vor: er kritzelte einige hundert Entwürfe auf Palmblätter — nach einem Modell, das die Götter ihm im Traum eingegeben hatten. Woher sonst wäre ihm die kühne Konstruktion einer unterirdischen Kuppel gekommen, für die es kein Vorbild gab?

Unser verwegener Steinzeitarchitekt plante seine Anlage drei Stockwerke tief unter der Erde. Woher bezog er das dafür notwendige statische Wissen?

Welche »Masken« gab er den Steinhauern für die notwendigen geraden und gekrümmten Monolithen? Die mußten ihr eigenes Gewicht und das der Stockwerke darüber tragen!

Als unser kühner Architekt seine erstaunlichen Pläne den Bauherren vorlegte, stand die frustrierende Frage nach dem nötigen Werkzeug im Raum. Nach derzeitigem Befund steinzeitlicher Möglichkeiten war sie unlösbar. O Schande!

Erstklassige air-condition

Der Rohbau wurde unerhört verfeinert — durch die Akustik, über die schon berichtet wurde, *und* durch eine erstklassige »air-condition«! Das Hypogäum hat sie in sich.

Ob nur einer samt beigeordnetem Riesen, wie ich, durch das dreistöckige unterirdische »Tiefhaus« pilgert oder ob Hunderte Touristen die Säle durchwandern — die Temperatur ändert sich wenig. Dabei weiß jedermann, wie schnell in geschlossenen Räumen die Luft aufheizt, wenn Menschen wie leibhaftige Radiatoren Wärme abgeben. Das System im Hypogäum von Saflieni ist so raffiniert wie das in den unterirdischen Städten von Derinkuyu in der Türkei, wo, ob Sommer oder Winter, auf allen 13 (!) Stockwerken tief im Erdreich die Temperatur konstant ist.

Was Derinkuyu angeht, hat man sich der Einfachheit halber darauf geeinigt, die raffiniert angelegten unterirdischen Städte wären in nachchristlicher Zeit entstanden (als ob nach Christus auch Wärmetechniker ausgeschwärmt wären!). Das stimmt zwar gewiß nicht, aber diese zeitliche Fixierung muß als Erklärung für das erstklassige Belüftungssystem herhalten. Diese arg schiefe Kurve läßt sich im Hypogäum nicht nehmen: seine steinzeitliche Entstehung ist unbestritten.

Drei Stockwerke tief unter der Erde: ein aus dem Fels gehauenes Gewölbe (man beachte den oberen Teil des Fotos!) mit geschwungenen Monolithen

Sind schon Konstruktion und Bauarbeiten ein Rätsel, die Akustik ein Phänomen, dann erfüllt die Steinzeit-air-condition Ansprüche, die man mit Fug und Recht als erstaunlich bezeichnen kann.

Drei Bauetappen? Bau nach einem Plan!

Es wird vermutet, das Hypogäum wäre in drei Bauetappen erstellt worden. Das nimmt man an, weil Säle und Nischen in der Architektur voneinander abweichen. Auf der oberen Ebene wurden natürliche Felsausbuchtungen lediglich erweitert und geglättet, während in der Haupthalle mit ihren Nebenräumen des Mittelgeschosses zweifelsfrei eine bis dato unerklärbare (künstliche) Megalithbauweise die Anlagen prägt.

Diese Erklärung hat eine weiche Stelle: die verschiedenen Techniken müssen *gleichzeitig* angewandt worden sein, weil das akustische wie das Belüftungssystem das *ganze* Hypogäum erfassen. Ergo muß der erste Architekt mit seinen Nachfolgern von Anfang an eine klare Vorstellung von der fertigen, kompletten Anlage gehabt haben. Nachträgliche Korrekturen oder »Installationen« in Stein aus Stein sind nicht möglich.

Für mich sind die Geleise, Tempel und das Hypogäum auf Malta Beweise dafür, daß hier »Götter« mit von der Partie waren.

Für alle, die meine Theorie verstanden haben, ist es eine lästige Feststellung, die ich trotzdem anbringen muß, weil ich abfangen möchte, was meine Kritiker so sicher wie das Amen in der Kirche neuerlich unterstellen werden. Also: ich behaupte *nicht,* hier hätten »Götter« gewirkt, hätten die Geleise angelegt, die Megalith-Tempel errichtet und das Hypogäum gebaut. Wohl aber spekuliere ich, daß »Götter« bzw. deren Nachfahren Werkzeuge kannten und Techniken beherrschten, welche die späteren Steinzeitmenschen ausnutzten. Dabei ist es freilich auch möglich, daß die frühen Insulaner in göttlichem Auftrag fleißig mitbuddelten und Schienen zogen — doch der *Zweck* des Unternehmens blieb ihnen verschlossen.

Gibt es eine Verbindung zwischen all diesen scheinbaren Widersprüchen? Lassen sich »Götter«, Menschen, Geleise und Tempel unter einen alles deckenden Hut bringen?

Odyssee mit Odysseus

Homer schilderte Abenteuer und Irrfahrten, die Odysseus, König von Ithaka, über zehn Jahre hin erlebte. Durch wilde Stürme ans Kap Malea an der Südostspitze des Peloponnes verschlagen, besuchte er mit seinen Schiffen die Insel der Kyklopen, die einäugigen Riesen; sie waren die Erbauer von megalithischen Mauern, die nach ihnen heute noch als Kyklopische Mauern bezeichnet werden.

Oftmals wird in einschlägiger Literatur vermutet, die Insel der Kyklopen wäre das heutige Sizilien gewesen. Kann sein, muß nicht sein.

Nur 95 Kilometer von Sizilien entfernt liegt Malta mit seinen vier kleinen Inseltrabanten. Wer auf Malta die megalithischen Bauten aufmerksam betrachtete, wird meinen Eindruck teilen: hier haben Riesen gebaut! Waren sie die »Erfinder« der Kyklopischen Mauern?

Riesen am Werk?

Einer der Kyklopen, der Riese Polyphemos, hielt Odysseus mit zwölf seiner Gefährten in einer Höhle gefangen, vor deren Eingang er einen gigantischen Stein schob. Polyphemos selbst konnte die Höhle nach Belieben verlassen, er hob den Stein weg — für Odysseus und seine kräftigen zwölf Männer war er zu schwer. Polyphemos war der einäugige Sohn des Gottes Poseidon. Übrigens waren auch die anderen Riesen auf der Kyklopeninsel ausnahmslos Göttersöhne!

Gibt es einen mythologischen Bezug zur einstigen Wirklichkeit? Lebten auf Malta in einer unbekannten Vorzeit Riesen?

Daß es Riesen gegeben hat, kann nicht bestritten werden. In frühen Überlieferungen wird präzise und plastisch von ihnen berichtet, wie alte Texte hartnäckig versichern, die Riesen seien Abkömmlinge der Götter gewesen, »Söhne des Himmels«.

Bei Henoch, der nach Mose (1/5, 18 ff.) in unmittelbarem Konnex zu Gott stand, liest man im 14. Kapitel:

> »Warum habt ihr wie die Erdenkinder getan und Riesensöhne gezeugt?«

Bei Mose (1/6, 4) heißt es:

> ». . . als die Gottessöhne zu den Töchtern der Menschen sich gesellten . . . waren die Riesen auf Erden. Das sind die Recken der Urzeit, die Hochberühmten.«

Im KEBRA NEGEST, der äthiopischen Überlieferung, steht in Kapitel 100 dieser Wortlaut:

> »Jene Töchter Cain's aber, mit denen sich die Engel vergangen hatten, wurden schwanger, konnten aber nicht gebären und starben. Und von denen in ihrem Leibe starben einige, und andere

kamen heraus; indem sie den Leib ihrer Mutter spalteten, kamen sie am Nabel heraus. Als sie dann älter wurden und aufwuchsen, wurden sie Riesen ...«

Schließlich wenige Zeilen aus »Book of the Eskimos«:
»In jenen Tagen waren Riesen auf der Erde ...«

In den Apokryphen des Baruch werden sogar Zahlen angegeben:
»Es brachte der Höchste die Sintflut auf die Erde und tilgte alles Fleisch und auch die 4090000 Riesen.«

Die monolithische Tempelruine bei Mnajdra – von Kyklopen erbaut?

In meinem Buch BEWEISE habe ich aus neuer Forschung fossile Funde von Riesenspuren in Fotos gezeigt, jüngste Beweise für die ehemalige Existenz von Riesen aus berufenen Quellen vorgelegt. Ich mag mich nicht wiederholen, muß aber wenigstens mit einem Schlenker das dokumentierte Vorhandensein prähistorischer Riesen erwähnen — sonst heißt es: Aber, Herr von Däniken, es hat nie Riesen gegeben! Was nicht wahr sein soll, wird gern übersehen. *Deshalb* muß ich es erwähnen.

Buchstabieren wir das bedeutungsschwangere Wörtchen: WENN!

Wenn, wenn, wenn ...

Wenn Homer nicht nur seinem dichterischen Affen Zucker gab, sondern Kerne wahrer Ereignisse in seiner Odyssee weitergab ...
Wenn Malta die Insel der Kyklopen war ...
Wenn Odysseus dort anlandete ...
Wenn Kyklopen Abkömmlinge »gefallener Engel« und damit der Außerirdischen waren ...
dann hatten Geleise, Megalith-Tempel und Hypogäum direkt etwas mit den Göttern *oder* deren Nachfahren zu tun.

Warum?

Erinnern wir uns, daß einige Geleise in die Tiefe des Mittelmeers führen und damit *vor* der letzten Eiszeit angelegt wurden, als der Wasserspiegel niedriger war, als er seit Jahrtausenden ist, dann hat es im Sinne der klassischen Archäologie *zu jener Zeit* keine *technisch* versierte Population gegeben. Wenn es in logischer Folgerung die steinzeitlichen Bewohner nicht gewesen sein können, die die heute zu bestaunenden Baudenkmäler hinterließen, wer war es dann?

Hinterließen Götter oder deren Nachfahren auf Malta ein Zeichen ihrer Anwesenheit? Richteten sie, um nicht von technischen Relikten zu sprechen, an bisher nichtentdeckten Orten Samenbanken ein, deren Eingänge unentdeckt bleiben ... bis sie, wie im Falle des Hypogäums, durch einen glücklichen *Zufall* geöffnet werden? Sind Muttergöttinnen vielleicht doch der Schlüssel zum letzten Rätsel? Warten irgendwo unter Felsen, unter megalithischen Heiligtümern wohlerhaltene Zellen der Körper der ehemaligen Beherrscher unseres Planeten darauf, gefunden zu werden? Werden eines Tages Sarkophage mit mumifizierten Riesen ans Tageslicht gehoben?

Niemand muß mir sagen, daß ich riskante Gedanken vortrage, die indes eine rechtfertigende Basis haben. Pharaonen und chinesische Herrscher, Inkas, japanische Kaiser beherrschten seit frühesten Zeiten die Kunst der Mumifizierung. Weshalb sollen, spekuliere ich, Riesen, »Gottessöhne« und erste Abkömmlinge der Außerirdischen diese Kunst nicht auch ausgeübt haben? *Falls* die ersten *intelligenten* Menschen Ableger weltraumfahrender Götter waren, bekamen sie von ihren himmlischen Vätern bestimmt genügend wissenschaftliche Kenntnisse mit auf die große Reise und vielleicht sogar den Auftrag: »Erhaltet und bewahrt Körperzellen. Mit ihnen lassen sich eines Tages Wesen nach eurem Ebenbild herstellen!«

Tempel von Tarxien – Malta, Insel der Kyklopen?

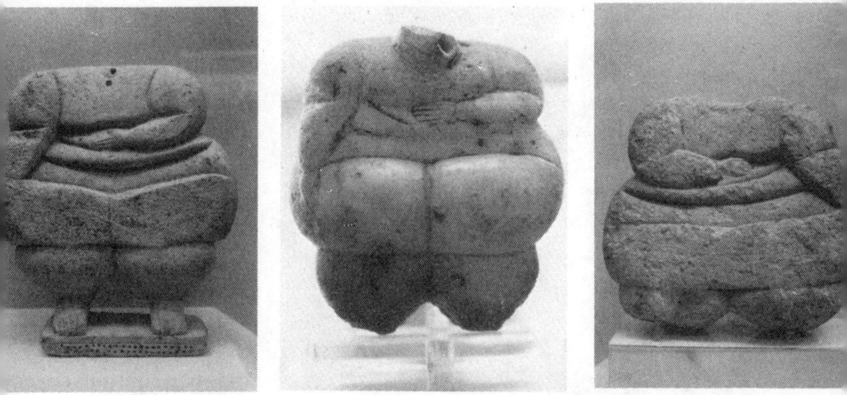

Schwangere Muttergöttinnen

Die schwangeren Göttinnen

Als wir die Fotos von der Malta-Reise ins Archiv einordneten, machte mich mein Mitarbeiter Willi Dünnenberger auf ein Charakteristikum der maltesischen »Muttergöttinnen« aufmerksam: alle Statuetten zeigen *schwangere* Frauen. Nicht nur, daß die Leiber geschwollen sind, als würden sie Drillinge gebären, die Figuren haben keine Oberschenkel; der untere Teil der Frauenkörper ist plump und dick, Waden sind nicht mehr erkennbar: die Körperschwellung beginnt an den Füßen.

Man könnte diese Beobachtung damit abtun, die prähistorischen Bildhauer hätten die Feinheiten eines Körpers nicht herausarbeiten können, sie seien zu primitiv gewesen. Das stimmt nicht, denn Schultern und Arme sind sehr fein, sehr plastisch modelliert. Viele Figuren zeigen eine Hand — mit vier Fingern und einem gespreizten Daumen —, die angewinkelt über dem Herzen ruht, so als ob die Frau ihren Schmerz oder die Angst vor der Geburt ausdrücken wollte.

Deuten die Darstellungen nicht darauf hin, daß diese Leiber mehr als nur ein normales Embryo austrugen? Wurden die Leiber der Schwangeren durch das anormale Gewicht der Leibesfrucht nach unten gezogen? Überwuchsen Gewebe, Fruchtwasser und unnatürliche Fettpolster Oberschenkel und Knie? Konnten sich diese armen

Schwangere Muttergöttin

Wesen Wochen vor der Geburt nur noch auf den Füßen watschelnd fortbewegen?

So betrachtet, haben auch die so plumpen »Muttergöttinnen« ihren Stellenwert in der Beweisführung von der Existenz ehemaliger Riesen. Das KEBRA NEGEST weiß von den bei der Geburt gespaltenen Leibern, weil die Leibesfrucht zu groß geraten war. — Eine sumerische Keilschrift aus Nippur berichtet, der Luftgott Enlil hätte das Erdenkind Ninlil vergewaltigt. Ninlil flehte den Wüstling an:

»... Meine Vagina ist zu *klein,* sie versteht den Beischlaf nicht.
Meine Lippen sind zu *klein,* sie verstehen nicht zu küssen ...«

Ich wage nicht, zu spekulieren, ob Enlil selbst ein Außerirdischer war oder schon ein Abkömmling der ersten Generation. Aus dem sumerischen Text geht lediglich zweifelsfrei hervor, daß seine Extremitäten, sein Körper zu groß geraten waren für das normal große Erdenmädchen Ninlil.

Im Jet an die Atlantikküste

Im abendländischen Raum gibt es noch ein anderes Geheimnis, über dem die Schleier der Jahrtausende liegen. Selbst die Archäologen sind zu einem verlegenen Offenbarungseid bereit: auch sie wissen nichts Annehmbares darüber zu sagen, und das ist für eine Zunft, die — fast — immer alles genau weiß, eine Menge. Ich spreche von der 2300 km Luftlinie von Malta entfernten *Bretagne* an der französischen Atlantikküste.

Dorthin pilgern nicht nur Feinschmecker der vielgerühmten Fisch- und Gemüseküche wegen. Dorthin zieht es seit Jahrhunderten Reisende, heute sagt man Touristen ... der vielen tausend Menhire wegen, die wie eine in urdenklicher Vorzeit steingewordene Herausforderung die Landschaft besetzt halten.

Mondnacht mit Menhiren

Während ich im letzten Herbst einige Tage in der Bretagne verbrachte, spazierte ich in einer hellen Vollmondnacht durch das Spalier der Menhire. Ich kam mir wie auf einem anderen Stern vor, wie in einer Urlandschaft unserer Erde.

Die Menhire, die »langen Steine« (die Übersetzung aus dem Keltischen), warfen lange, gespenstische Schatten. Meine Schritte knirschten durch das Gitterwerk der Schatten. Die Kolosse verleiteten mich zum fantastischen Rätselraten. In den Schatten sah ich Bilder, die es nicht gab. Mal Gesichter von Menschen, mal eine Mutter mit ihrem Kind im Arm. Dann Löwen, Panther, große Krebse und Spinnen. Das alles glitt in dieser Mondnacht in beklemmender Stille an mir vorbei. Vorzeitliche Ungeheuer, Fabeltiere duckten sich angriffsbereit in der Ferne, und wenn ich näher kam, waren es immer wieder die riesigen, vom Mond beschienenen steinernen Relikte aus vorgeschichtlicher Zeit. Ich war auf einer Zeitreise in die Vergangenheit gewesen.

In exakten Kolonnen geordnet

Die langen Steine stehen in einer unerklärlichen Ordnung, sind also keine Findlinge, keine Überbleibsel einer Eiszeit; sie wurden weder hier noch anderswo gesammelt und museal aufgebaut. Diese Kolonnen in Dreier- und Zwölferreihen muten wie ein versteinertes Heer in Habachtstellung an. Die kleinsten unter den steinernen »Soldaten« sind heute noch gut ein Meter hoch; der Riese unter ihnen, der Menhir von Kerloas bei Plouarzel, ist 12 m hoch und wiegt 150

Tonnen. Der größte »lange Stein«, der Menhir von Locmariaquer, liegt heute geborsten am Boden; in »heilem« Zustand war er 20 m lang und wog über 350 Tonnen!

Bei Kermario stehen 1029 Menhire in zehn Reihen auf einer Fläche von rund 100 m in der Breite und 1,2 km in der Länge. Nahe Ménec sind 1169 ›lange Steine‹ in Elferkolonnen geordnet, 70 davon scheren aus und bilden einen Halbkreis, eine Formation, die sich mit anderen Ziffern in Kerlescan wiederholt: von 594 Menhiren, davon 555 in 13er Reihen, markieren 39 einen Halbkreis. Bei Kerzehro zählt man 1129 ›lange Steine‹ in 10er Reihen, bei Lagatjar 140 in Dreierkolonne.

Die Steine in der Bretagne stehen in einer bisher unerklärten Ordnung

Auch *vor* der letzten Eiszeit entstanden!

Diese Angaben sind nicht komplett, lassen aber ahnen, was für eine ungeheure Arbeit irgendwann geleistet wurde. Die Menhire in der Bretagne haben mit den megalithischen Anlagen auf Malta eine Gemeinsamkeit: beide müssen *vor* der letzten Eiszeit entstanden sein. Denn: wie in Malta die Geleise ins Mittelmeer reichen, marschieren in der Bretagne ganze Kolonnen in Reih und Glied in die Tiefen des Atlantischen Ozeans!

Manchmal wissen Einheimische Aufschlußreiches über Phänomene, mit denen und neben denen sie leben.

Bauern der Bretagne, die ich fragte, was diese Steinkolonnen zu bedeuten hätten, hoben bedächtig ihre Schultern und gestanden: »Personne ne sait!« — Das Eingeständnis, nichts zu wissen, scheint mir redlicher als das christliche Märchen, das anderen flott über die Zunge geht: der heilige Cornelius, der um die Mitte des dritten nachchristlichen Jahrhunderts lebte, sei von römischen Legionären verfolgt worden; von seinen Häschern ausweglos eingekreist, habe er die Hilfe Christi erfleht und mit dessen gütigem Beistand die römischen Soldaten in Steine verwandelt, und die größten unter ihnen seien Offiziere gewesen. So hat sich also die militärische Rangordnung sogar in den Menhiren erhalten. Fabelhaft.

Sparsame Druiden

Eine weitere unplausible Erklärung: der ganze Raum der heutigen Bretagne habe als heiliges Land der Druiden gegolten. Das mag wohl sein, doch die Druiden, Priester der keltischen Völker, hatten ihre große Zeit im Jahrhundert Cäsars, also im letzten vorchristlichen Jahrhundert. Falls also die Druiden ihr Heiligtum ins Gehege der Menhire verlegten, können sie nur eine fertige Anlage übernommen haben! Clever und sehr sparsam.

Abzutun ist gleichermaßen die Behauptung, im noch nicht erwachten Europa der Frühzeit hätten primitive Nomadenvölker die Steinbrocken geschlagen, über weite Strecken transportiert und dann ausgerichtet, um es den orientalischen Völkern gleichzutun, die in Ägypten und Babylon Baudenkmäler zu Ehren der Götter errichteten. Vertreter dieser Version sollten begreifen (und auch wissen), daß die Megalith-Zeit lange, lange vor jener Epoche lag, in der die ägyptischen und babylonischen Bauten entstanden. Sie reicht mindestens in die letzte Eiszeit zurück, in die Zeit der Götter und Göttersöhne.

Was man heutzutage in der Bretagne bewundert, kann nur noch eine vage Vorstellung von dem geben, was hier vor zehn- und mehr tausend Jahren gewesen ist. Die großen Zerstörer, Natur und Mensch, taten ihr Werk.

Goldfieber in der Bretagne

Da tauchte in der Mitte des vorigen Jahrhunderts in Frankreich das Gerücht auf, in den Menhiren wäre Gold verborgen. In Massen rückten die Goldsucher an, ausgerüstet mit Pickeln und schweren Hämmern. Goldrausch kennt keine Rücksicht. Wild wurde auf die »langen Steine« eingedroschen. Die Reste dieser großen Goldschlacht liegen trostlos herum: gespaltene, einstmals stattliche Menhire, kleinere, die zertrümmert sind. Heute ist die Regierung bemüht, die Menhire vor weiterem Vandalismus zu bewahren. Erwachsene und Kinder, die auf den Steinen herumklettern und Tag für Tag mehr beschädigen, stören sich an Verboten nicht. Besonders ärgerlich finde ich die Monogramme, mit denen sich alberne Menschen offensichtlich verewigen wollen.

Wozu das alles?

Während wir an den schönen Herbsttagen die Fronten der steingewordenen Legionäre abschritten, fragte mich meine Tochter Cornelia, was ich mich selbst fragte: Wozu das alles? Was sollen die Tausende in Dreier-, Neuner-, Zehner- und Elferreihen ausgerichteten Steine? Waren es Grabsteine? Nein. Am Fuß oder unter den Menhiren wurden keine Gräber entdeckt, so sehr man suchte. Die fand man in Dolmen, den unter Erdhügeln liegenden Megalith-Gräbern, von denen es in Frankreich über 3500 gibt.

Trugen die Menhire einst Dächer, war die Bretagne von riesigen Hallen überzogen? Gegen diese Annahme steht nicht nur die Tatsache der unterschiedlichen Längen der Steine, sondern auch das Ergebnis von Untersuchungen, wonach keinerlei für den konstruktiven Verbund nötige Zapfenlöcher oder Ausbuchtungen existierten. Überdies stehen die Menhire entweder zu nah beieinander oder zu weit voneinander entfernt, als daß eine Überdachung möglich gewesen wäre. Wo Steine sozusagen auf Tuchfühlung zusammengerückt sind, hätte sich unter einem Dach vor lauter Menhiren kaum einer bewegen können. Wo sie weit auseinander emporragten, gab es weder Holzbalken noch gar zugehauene Steine, die lang genug waren, die Menhire miteinander zu verbinden. Schließlich: da Menhire die

Jahrtausende — wenn auch ramponiert — überdauerten, hätte man ja mindestens Reste von Dächern finden müssen. Nichts dergleichen fand man.

Der bärtige Kalenderwitz

Ich habe einen Bekannten, den ich alle Jubeljahre treffe. Er ist ein passionierter Witzeerzähler mit sehr kleinem Repertoire. Nach den üblichen Begrüßungsfloskeln kommt seine stereotype Frage: »Kennen Sie den?« Sofort antworte ich: »Ja!«, denn den Witz hat er mir fraglos schon x-mal erzählt. Genauso ergeht es mir, wenn ich — last and least — lese, auch die bretonischen Menhire wären Teile eines Kalenders gewesen. Wie bei meinem Bekannten bin ich bereit, zu lachen, ohne den Witz bzw. die jeweilige Kalendertheorie vernommen zu haben.

Da haben also keltische Priester oder ihre Amtsbrüder aus der Megalith-Zeit von ihren schafsgeduldigen Gläubigen Tausende von Steinen in exakten Anordnungen zusammenschleppen und bearbeiten lassen, um von der »Geometrie« der Steine oder deren Schatten zu entnehmen, welche Jahreszeit demnächst fällig war. Der britische Astronom Fred Hoyle meint, die Priester hätten das Volk durch die Anlagen beeindrucken oder einschüchtern wollen. Das, nachdem es selbst die Steinmassen geschleppt hatte?! Mit der Voraussage einer Sonnen- oder Mondfinsternis hätten die Priester sicher Eindruck schinden können — aber in dieser Richtung geben die Steingehege nichts her, nicht die geringsten Hinweise auf das primitivste Observatorium, was dazu nötig gewesen wäre.

Mein vehementer Einwand gegen die obligaten Kalendertheorien: einfache Voraussagen ließen sich mit geringerem Aufwand zusammenbasteln. Hätte eine solche Anlage (nach unbekannten Gesetzmäßigkeiten) die Ankündigung etwa einer Springflut ermöglicht — was für ein Nonsens! Springfluten ereignen sich zweimal monatlich — durch die Massenanziehung des Mondes. Jahreszeiten wechseln im urewigen Rhythmus. Ich weigere mich, in unseren Vorfahren Idioten zu vermuten, die derart banaler »Ankündigungen« wegen in knochenbrechender Arbeit Steinmassen für »Kalender« zusammengetragen haben. Basta.

Denkgebäude aus Axiomen

Ein Axiom ist, um es fein wissenschaftlich zu sagen, ein »ohne Beweis einleuchtender, grundlegender Lehrsatz« (so Knaurs Fremdwörter-

Lexikon). Aus Axiomen dürfen »erkenntnistheoretische Annahmen« abgeleitet werden. So werden von Axiom zu Axiom Lehrgebäude errichtet, die in sich durchaus logisch sind. Ich erlaube mir, ein kleines Gebäude aus Axiomen zu errichten.

Erste Annahme:

□ Die Menhire in der Bretagne wurden nicht von Menschen heutiger Körpergröße zusammengetragen.

Begründung:

Gewicht und Vielzahl der Steine

Könnten Menschen unserer Körpergröße derartige Steine transportieren?

Zweite Annahme:

□ Die Menhire wurden *vor* dem Ende der letzten Eiszeit zusammengestellt.

Begründung:

Steinkolonnen verschwinden geordnet in der Tiefe des Golfes von Morbihan.

Dritte Annahme:

□ Es wurde intelligent geplant und gebaut.

Begründung:

Die Anordnungen der Menhire sind nicht zufällig.

Diese drei Axiome werfen neue Fragen auf, lassen Rückschlüsse zu. Wer verfügte am Ende der letzten Eiszeit über die nötigen Körperkräfte und auch die Übersicht, so gigantische Anlagen aus Abertausenden von Menhiren zu erstellen?

Riesen!

Riesen sind aus früher, nichtgeschichtlicher Zeit in Überlieferungen dokumentiert. Derzeitigen Datierungen nach passen sie in die letzte und die ausgehende Eiszeit. Sie aber hätten über die zum Bau unerläßlichen Kräfte und geistigen Fähigkeiten verfügt.

Stellt sich die Frage, welcher Rasse, welcher Herkunft die Riesen waren. Mythologien und religiöse Überlieferungen behaupten, Riesen seien Abkömmlinge der Götter gewesen.

Weitere Frage: Waren Riesen intelligent oder dumm? Wenn sie intelligent waren, läßt sich das an den Produkten ihrer Hinterlassenschaft prüfen. Bleibt freilich auch abzuwägen, ob megalithische Anlagen wie in der Bretagne einem intelligenten Zweck oder nur einer dümmlichen Beschäftigungstherapie gedient haben.

Schon die überlegte Ordnung der Anlage beweist, daß sie nach einem *festen Plan* entstand. Wer plant, ist intelligent. Axiomatische Folgerung: intelligente Riesen trennten Tausende von Menhiren aus dem Fels, trugen die schweren Steine an bestimmte Orte, stellten sie auf und richteten sie in Kolonnen aus.

Welches Ziel sollte erreicht werden?

Kühne Theorie: eine Signalantenne?

Der deutsche Ingenieur Rudolf Kutzer aus Kulmbach wagt eine kühne Spekulation. Kutzer vermutet in der Anordnung der Menhire eine liegende Signalantenne, die möglicherweise mit einer Verstärkeranlage für kosmische Energie verbunden gewesen sein könnte[32].

Gibt es für diese tollkühne Behauptung motivierende Anhaltspunkte?

Durchwegs bestehen Menhire aus quarzhaltigem Gestein, vereinzelt mit Eisen durchzogen. Quarz ist eines der härtesten Mineralien aus einer Verbindung mit dem chemischen Element Silicium.

Wer von der besonderen Qualität des Quarz nichts wußte, hat es durch die neue Generation der Uhren erfahren. Pierre und Jacques Curie entdeckten 1880 bei ihren Untersuchungen über das elektrische Verhalten von Kristallen die sogenannte Piezoelektrizität, die sich bei Quarzkristallen unter gerichtetem Druck, Zug oder Drehung einstellt. Mit diesen minimen Energien können Uhren ein Jahr lang und länger in Gang gehalten werden.

Schon als Kinder hatten wir mit kleinen Quarzkristallen zu tun, wenn wir aus Baukästen einfache Radioempfänger bastelten. Mit haarfeinen Nadeln tasteten wir den Quarz ab; wenn ein bestimmter Punkt gefunden war, rauschte es im Kopfhörer, und wie aus weiter Ferne hörten wir einen nahen Sender. Was widerfuhr uns kleinen Bastlern?

Die Schwingungen der Quarze

Quarz nimmt wie eine Antenne Schwingungen auf und gibt sie von einem bestimmten Punkt konzentriert wieder ab. Nach eifrigem Suchen hatten wir *den* Punkt getroffen, über den uns — *ohne jede elektrische Verstärkung!* — die Frequenzen des Senders erreichten.

Diese besondere Eigenart der Quarze läßt den Ingenieur Kutzer fragen: Waren die Menhire in irgendeiner Weise »geladen«? Wurden sie von einer uns unbekannten Energieart »stimuliert«? Gaben sie, untereinander verbunden, Schwingungen ab? Oder empfingen sie Schwingungen aus dem Weltall? — Derzeit unbeantwortete Fragen, doch: was wissen *wir* denn heute schon von den Möglichkeiten einer *zukünftigen* Technik, die für die Außerirdischen *Vergangenheit* war? Immer bestrebt, Vergangenes mit heutiger Logik zu begreifen, geht alles unter, was in das oft gauklerische Bild vererbter Axiome nicht hineinpaßt.

Eigenartigerweise werden Telefondrähte in der ganzen Welt immer noch überwiegend an Holzmasten aufgehängt, obwohl Holz bekanntermaßen kein Jahrhundertmaterial ist. Holz vermodert, verfault, ist leicht brennbar. Trotzdem: hölzerne Telefonmasten werden nach wie vor in Betonsockel »gepflanzt«.

Archäologie anno 7000 n. Chr.!

Ab heute in 5000 Jahren — Archäologen bei der Arbeit:

Über Berge und Täler hinweg buddeln sie Betonklötze mit runden Ausbuchtungen aus dem Erdreich. Analysen ergeben in Betonporen eindeutige Reste von Holz.

Die wohlgeordneten Reihen von Betonquadern führen zu der Annahme, daß die Vorfahren (um die Wende zum 2. Jahrtausend n. Chr.) einem Kult frönten, in dem die Betonreihen eine wesentliche Bedeutung hatten; sonst hätten sich die Leute damals nicht über Länder und Kontinente hinweg derartige Mühen mit dem schweren Material gemacht. Gegen diese Erklärung steht die andere Auffassung, die Betonreihen wären Markierungen von Wegen, Orientierungshilfen bei Völkerwanderungen gewesen. Freilich taucht auch anno 7000 n. Chr. die unsterbliche Kalendertheorie auf.

Nur: in keiner Theorie sind die zweifelsfrei nachweisbaren Holzreste unterzubringen! Meinungen werden laut, man habe Fackeln in die Steine gesteckt, Holz in eine brennbare Flüssigkeit getaucht und angezündet. Noch ehe diese Theorie in die offiziösen Bücher übernommen wird, äußern kritische Herren, daß diese Erklärung sehr albern sei, weil die Betonklötze viel zu nahe beieinander lägen, als daß man Feuerzeichen zur Verständigung nötig gehabt hätte. — Als ein junger Archäologe erklärt, es könnten Telefonmasten gewesen sein, trifft er auf allgemeinen Protest. Die Menschen des ausgehenden 2. Jahrtausends seien intelligent gewesen und hätten bereits über eine erstaunliche Technik verfügt: *erstens* sei ihnen drahtloser Funk geläufig gewesen, und *zweitens* hätten sie keinesfalls Holz für Telefonmasten genommen, weil aus anderen Funden nachgewiesen sei, daß sie Metalle verschiedener Art in Anwendung hatten.

So und ähnlich wird anno 7000 n. Chr. »eindeutig bewiesen« werden, daß es sich bei den Betonsockeln im Erdreich keinesfalls um Halterungen für hölzerne Telefonmasten gehandelt haben kann, weil es sie um 2000 n. Chr. nicht gegeben hat.

Ist unsere Logik schlüssiger?

Während ich dies schreibe, höre ich hinter meinem Stuhl eilfertige Spötter mokant wispern: »Sagen Sie doch nicht, Riesen der Megalith-Zeit hätten Steine zu einer riesigen Antenne zusammengesetzt! Wenn die Riesen, Ihre Riesen, vom Funktionieren einer Antenne überhaupt eine Ahnung hatten, dann hätten sie bestimmt statt der ›langen Steine‹ irgendwelche Metalle genommen!« — Wie logisch ist diese Logik?

Stützpfeiler eines ehemaligen Antennenwaldes – ähnlich dem modernen des Projekts CYCLOPS von den Reißbrettern der NASA?

Wenn *wir heute* einen Antennenwald anlegen, wie er für das »Projekt Cyclops« geplant ist, verwenden wir selbstverständlich Metalle. Das Ames-Research-Center der NASA hat einen Riesenparkplatz von 1500 steuerbaren Antennen im Programm, deren jede einen Durchmesser von 100 m hat. Die Riesenantennen ruhen auf Tausenden von Betonsockeln. Aber: nach Jahrtausenden wird sogar das Metall der Cyclops-Antennen verrostet, in Atome zerlegt, vom Regen abgewaschen, vom Winde verweht sein. Was bleibt? Die geometrisch im Boden liegenden viele Tausende Betonklötze. Selbst von großer Härte, hat der Boden sie vor Korrosion geschützt.

Vielleicht erfinden Techniker kommender Generationen ein System, mit dem sich ohne Metallantennen ins Weltall senden, aus dem Weltall empfangen läßt. Vielleicht versetzen sie einen quarzhaltigen Berg in Schwingungen und benutzen ihn als Antenne. Wer weiß? — Haben die ersten Generationen der Göttersöhne nach der Anwesenheit der Außerirdischen, die Erbauer der Menhir-Anlagen, so ein Verfahren gekannt? Waren sie um Riesenschritte weiter im Gebrauch der Piezoelektrizität der Quarze?

Wer weiß?

Meine Spekulationen sind riskant, die Verbindungslinien meiner Axiome sind noch nicht stabil. Wenn alle sich intellektueller Bescheidenheit befleißigen und dem unübertroffen klugen Satz des alten Sokrates huldigen: »Ich weiß, daß ich nichts weiß, und das kaum ...«, wäre allen gedient. Da alle bisherigen Mutmaßungen über Bedeutung und Zweck der Menhire überholt und unlogisch sind, können neue, in Vergangenheit und Zukunft weisende Denkanstöße keinesfalls schaden. Gibt es ein utopisches Pendant zum Vorschlag, über die Antennenvariante nachzudenken?

Oft stellt eine Winzigkeit Zusammenhänge her.

Fast alle Menhire sind nach unten hin verjüngt. Es ließe sich denken, daß die Erbauer die ›langen Steine‹ anspitzten, bevor sie sie ins Erdreich rammten. Das ist ein naheliegender Gedanke, doch scheint er mir aus zwei Gründen unlogisch zu sein.

Die schweren Menhire stehen in ihrer Quaderform fester auf dem Grund, als wenn sie sich nach unten hin verjüngen, eine Überlegung, die mir ein Statiker bestätigte: planer Boden plus planem Steinsockel plus großem Eigengewicht garantieren Standfestigkeit. So baut man auch heute mit gegossenen Betonträgern für Hochbauten. Pyramiden verjüngen sich zur Spitze hin, haben ihre größte Fläche an der tiefsten Stelle der im Boden ruhenden Plattform. Wäre es anders, würden sie zur Seite kippen. Der »gewöhnliche« Menhir hält es mit den Pyramiden: er hat unten seine größte Fläche, er steht, wo man ihn auf planem Boden hinstellt. Verjüngt man ihn nach unten, verkleinert sich die Grundfläche, mindert also die Standfestigkeit im Fundament. — Die Menhire der Bretagne zeigen nicht nur Verjüngungen, sie haben *unterhalb des Erdreichs* schlangenförmige Rillen eingekerbt. Das wird mit ornamentalen Verzierungen erklärt. *Unter* der Erde, wo sie kein Auge wahrnahm?

Verzierungen — Einkerbungen für Drähte?

War in diese ornamentalen Rillen einst vielleicht Metall gewickelt, das die Menhire miteinander verband? Auf der Linie der Spekulation des Ingenieurs Kutzer wären solche Verbindungen für das Funktionieren eines »Antennenwaldes« nötig gewesen. Erst die Bündelung der Elektrizität in den quarzhaltigen Menhiren hätten einen Effekt gehabt. An ihren oberen spitzen Enden waren sie mit Sicherheit untereinander nicht verbunden — dafür fehlt jeder Anhalt —, während die eigenartigen Verzierungen durchaus solche Vermutung zulassen. Geblieben sind heute nur die Rillen. Keine Spur von Kupfer (oder einem anderen Metall), keine Reste von Halterungen. Gehört damit die Antennen-Idee auf den Schrotthaufen?

Denken wir an Blitzableiter. Dessen Ableitung ins Erdreich erliegt rascherer Korrosion als jene Teile, die zum Dach führen, obwohl diese den Wetterunbilden ausgesetzt sind. Weshalb werden die Metallteile im Boden schneller zerstört?

Zwei *verschiedene,* untereinander verbundene Metallteile bilden mit einer sauren Lösung ein sog. galvanisches Element. In jedem galvanischen (elektrischen) Element fließen Ionenströme in einer Weise, daß innerhalb der elektrolytischen Spannungsreihe das »niedrigere« Metall zersetzt wird. Je größer die Differenz zwischen einem edleren und einem minderen Metall ist, die in einer sauren Lösung aufeinander wirken, um so radikaler wird das mindere Metall angegriffen.

Magnesium (chemisches Zeichen: Mg), Aluminium (Al), Mangan (Mn), Zink (Zn), Chrom (Cr), Eisen (Fe), Nickel (Ni), Zinn (Sn), Blei (Pb), Kupfer (Cu) und Silber (Ag) ergäben eine Reihe von Metallen, die in einer sauren Lösung stets das unedlere Metall zerstören würden. Setzt man für die unedlere Reihe ein Minuszeichen, für die edlere ein Pluszeichen, sähe das so aus:

— Mg, Al, Mn, Zn, Cr, Fe, Ni, Sn, Pb, Cu, Ag +

Wenn Metalle plus saurer Lösung bewirken, daß ein galvanisches Feld, ein Ionenstrom, entsteht und darin sich Metalle auflösen, fehlt doch bei Metallen, die im Boden liegen, die »saure Lösung«! Regenwasser ist schwach sauer.

Nun entsteht ein Korrosionsstrom auch dadurch, daß eine Elektrode in Beton eingegossen ist, die andere im Erdreich endet. Das Eisen im Beton wird zur Kathode, das im Erdreich steckende Metall zur Anode. Durch den Ionenabbau wird die Anode auf längere Sicht zerstört, aufgelöst. Durch moderne Korrosionsstrommessungen läßt sich vorausberechnen, um wie viele Gramm ein Metall in einer bestimmten Zeit abgebaut wird[33].

Logischer Schluß: Wären die sehr quarzhaltigen Menhire einst durch Metalle untereinander verbunden gewesen, so hätte sich das unterirdische Metall während der Jahrtausende in Nichts aufgelöst, weil die quarzhaltigen Megalithen als Kathode wirkten. Bleibt noch zu erwähnen, daß solche Ionenströme unter der Erde in gradliniger Richtung nicht nur von einem Monolithen zum andern laufen können, daß sie vielmehr auch im Kreise fließen. Eine einzige starke Kathode im näheren Bereich der Menhir-Gruppierungen hätte vollauf genügt, Metalle über die Jahrtausende aufzulösen.

Steintische für Riesen?

Die Mutmaßung eines technischen Zwecks der Menhir-Gehege ist auch in Konnex mit den Dolmen nicht gar so abwegig.

»Dolmen« bedeuten, aus dem Keltischen übertragen, »Steintisch«: dol = Tisch, men = Stein.

Es gibt ein großes Sortiment von Steintischen: mal tragen zwei klobige Megalithen eine riesige Granitplatte, mal liegen mehrere Platten auf kleinen Megalithen, mal bilden mehr als zehn Deckplatten ganze Dolmen-Korridore, mal sind die Steintische von künstlich angelegten Hügeln bedeckt — Grabkammern.

So wenig Menhire Bedeutung und Zweck ihrer Existenz preisgaben, so wenig ist das Rätsel der Dolmen gelöst. Ja, unter vielen Dolmen wurden Gräber mit Skeletten gefunden, die nicht aus megalithischer Zeit stammen; während der Bronzezeit müssen sich spätere Bewohner der Bretagne die bereits existenten Dolmen zu ihren letzten Ruhestätten ausgewählt haben. Bauern, die man fragt, sagen, die Dolmen wären »Tische für Riesen« gewesen. Diese Antwort zaubert neuerlich ein Paradoxon herbei: Dolmen-Korridore —

zu niedrig für Riesen, passend für Zwerge, die wiederum die schweren Platten nicht hätten bewegen können. Hingegen lassen die freistehenden, sehr großen Dolmen von Rostudel am Cap de la chévre durchaus an »Möbel« für Riesen denken; vielleicht waren auch sie früher von Erde bedeckt, die über die Jahrtausende weggeschwemmt wurde. Wir wissen es nicht. Falls aber die Menhir-Kolonnen in megalithischer Zeit einem technischen Zweck dienten, haben die Dolmen wohl in Zusammenhang mit diesem System gestanden: vielleicht wurde unter Dolmen »etwas« abgeschirmt oder die Umwelt vor dem Etwas geschützt.

Zurück blieb Ratlosigkeit

An einem fernen Tag verschwanden aus unerklärlichen Gründen (das ist keine Hypothese von mir!) die Konstrukteure und Erbauer der megalithischen Anlagen oder sie starben aus. Zurück ließen sie staunende Ratlosigkeit bei den Nachfahren, die bis heute nicht verstehen, was vor Jahrtausenden geschah. Ob sie morgen die Geheimnisse enthüllen werden?

MITTEILUNG

James Oberg, amerikanischer Raumfahrtwissenschaftler, ist überzeugt, daß schon in 15 Jahren mit sowjetischen »Dauerkolonien« im Weltraum zu rechnen ist. In diesen kreisenden Satellitenstädten würden sich Familien aufhalten und ihr Leben würde sich nicht wesentlich von dem auf der Erde unterscheiden. Oberg meint, die ersten Einwanderer, die von Europa nach Amerika kamen, hätten ungleich mehr Pioniergeist aufbringen müssen als künftige Weltraumbewohner.

James Oberg ist nicht irgendein Fantast, er ist am »Institute of Astronautic and Aeronautic« Experte für sowjetische Raumfahrt, und Oberg prophezeit:

> »Raumschiffe mit Frauen und Männern an Bord werden die Erde so lange umkreisen, daß viele von ihnen sich als ständige Einwohner betrachten und überhaupt nicht mehr die Absicht haben werden, auf die Erde zurückzukehren.«

Der weltbekannte russische Astronom Josif Shklovskij geht noch einen Schritt weiter — er meint, daß in den kommenden 250 Jahren im Weltraum künstliche Biosphären errichtet werden, in denen bis zu 10 Milliarden Menschen leben können. Und auch Shklovskij ist nicht irgendwer, er ist Leiter der Radioastronomischen Abteilung des Sternberg-Instituts in Moskau und korrespondierendes Mitglied der Akademie der Wissenschaften. Dieser hochqualifizierte Mann nimmt an, daß für den Bau der Weltraumkolonien Rohstoffe vom Mond, von Asteroiden und anderen Planeten verwendet werden. Shklovskij sagt:

»Die Errichtung künstlicher Welten im Weltraum ist unausweichlich. Der einmal eingeleitete Aufbruch des Menschen in den Weltraum ist ebenso umkehrbar wie die Entdeckung, Besiedlung und Nutzung neuen Landes während der Zeit der großen geschichtlichen Entdeckungen.«

Shklovskij ist überzeugt, daß die Menschheit das gesamte Planetensystem kolonisieren und unausweichlich damit beginnen wird, in andere Bereiche des Milchstraßensystems vorzustoßen:

»Nur eine Kolonisierung des Weltraums bietet eine langfristige Lösung für die Probleme der Menschheit, da mathematisch erwiesen ist, daß eine auf globales Gleichgewicht abzielende Strategie begrenzten Wachstums eine weltweite Krise nicht abwenden kann.«

4
Geschichte wiederholt sich

Garudah, Fürst der Vögel · Mit GARUDA von Bali nach Singapur · Schiwa, Heilsbringer und Zerstörer · Tantalus und der Geheimnisverrat · Aladdins Wunderlampe erhellt die Geheimnisse atomarer Teilchen · Geheimwaffe Götterblitze · Eine unverständliche Botschaft? · Tarnkappe in Herstellung · Ein Beispiel, das Utopie bleiben möge · Robinsonade der Überlebenden · Pictogramme, vor Ewigkeiten erfunden

Eben, als ich das Kalenderblatt von gestern, dem 7. Dezember, abriß, las ich diese Tagesweisheit:

»Wir brauchen die Utopie. Ohne Utopien würde sich die Welt nicht verändern.«

Der Satz stammt vom amerikanischen Dichter Thornton Wilder, der am 7. Dezember 1975 starb.

Für heute lese ich eine Maxime, die Johann Wolfgang Goethe sel. dem Kalendermacher zur Verfügung stellte:

»Alles Gescheite ist schon gedacht worden; man muß versuchen, es noch einmal zu denken.«

Wenn eine Kalenderredaktion mich um eine Sentenz angehen würde, möchte ich in fetten Lettern schreiben:

Alle Geschichte wiederholt sich.

Gleich an welchem Tag dieser Satz gelesen wird: an jedem Tag erweist sich seine Richtigkeit.

Garudah, der Fürst aller Vögel

Garudah ist der Fürst aller Vögel. In der indischen Mythologie. Es war sozusagen ein Mehrzweckvogel, denn er wird mit Flügeln und Schnabel eines Adlers, doch mit dem Körper eines Menschen dargestellt. Insgesamt muß er von kräftiger Statur gewesen sein, denn er diente dem Gott Wischnu als Reittier. (s. Abb. links).

Dem bemerkenswerten Vogel werden außergewöhnliche Fähigkeiten zugeschrieben: er war hochintelligent, er handelte selbständig, führte Kriege und gewann Schlachten für sich. Sogar die Namen seiner Eltern sind bekannt: sie hießen Kasyata und Vinata. Mutter Vinata legte, ei freilich!, das Ei, aus dem Garudah hervorkroch. Es fing also alles ganz normal an. Scheint es.

Sein Gesicht war weiß, sein Körper rot, und seine Flügel waren goldfarben. Er würde in jedem ornithologischen Werk eine gute Figur machen ... aber nicht hineinpassen!

Denn:

Wenn Garudah seine Flügel erhob, bebte die Erde. Denn dann unternahm er seine Fahrten ins Weltall.

Außerdem hatte er eine Marotte: er konnte Schlangen nicht leiden. Doch für diese Abneigung hatte er triftige Gründe:

Eine balinesische Garudah-Darstellung

Garudah riskiert Kopf und Kragen
Seine Mutter *Vinata* wurde nämlich von Schlangen gefangengehalten, nachdem sie eine Wette verloren hatte. Die Schlangen versprachen, Mütterchen freizugeben, wenn der Sohn eine Schale voll mit Ambrosia, der Götterspeise, die Unsterblichkeit verlieh, herbeischaffen würde. Der tapfere Sohn ließ nichts unversucht, diese Freilassungsbedingungen zu erfüllen, obwohl Ambrosia nur auf einem Götterberg erhältlich war, der inmitten eines Flammenmeeres lag. Doch auch für diese prekäre Situation hatte Garudah einen Einfall: er »tankte«, so berichten die Mythen, in den Flüssen der Landschaft seinen goldenen Körper so randvoll mit Wasser, daß es ihm schließlich gelang, die Flammenmauer teilweise zu löschen und den Götterberg zu erreichen. Doch da oben auf dem Berg wimmelte es von feuerspeienden Schlangen, die ihn von der Landung abhalten wollten. Wieder hatte Garudah die rettende Idee: er wirbelte Staubwolken auf. Die Schlangen konnten ihn nicht mehr sehen. Dann aber, und das ist schon ein Ding!, warf er »göttliche Eier«, die die Schlangen in tausend Stücke zerfetzten. Einigen, die ihm zu nahe kamen, soll er die Zungen gespalten haben.

Man kann es verstehen.

Start zum Mond
Unternehmungslustig wie dieser seltsame Vogel war, startete er gleich nach der Befreiung seiner Mutter Vinata zum Mond! Der aber war im Besitz fremder Götter, die ihn partout nicht auf dem Mond haben wollten und drum heftig bekämpften. Garudahs Körper aber war immun gegen die Waffen der Mondgötter, sie konnten ihm nichts anhaben. Garudah war unverletzlich. Als die Mondgötter das erkannten, boten sie einen Kompromiß an: Garudah sollte Unsterblichkeit erlangen und Reittier des Gottes *Wischnu* werden, der ob seiner Macht als Hochgott unter den anderen Göttern hervorstach. Seitdem flog Wischnu, »der Durchdringende«, auf Garudah durch die Mythen.

Ich flog mit GARUDA
Im Herbst flog ich ebenfalls mit GARUDA. Von Bali nach Singapur. GARUDA ist der Name der indonesischen Fluggesellschaft. Man sagte mir, daß die Indonesier sich in Kenntnis der glorreichen Eigenschaften des legendären Vogels mit den Namen GARUDA für ihre Fluglinie in besten Ruf bringen wollten.

In den Steckbrief des mythologischen Vogels kann ich diese besonderen Eigenschaften schreiben:
- Garudah konnte intelligent gesteuert fliegen.
- Garudah konnte Wasser auftanken.
- Garudah konnte Feuer löschen.
- Garudah konnte feuerspeiende Schlangen (Laserkanonen?) einnebeln.
- Garudah konnte durch »göttliche Eier« (Bomben?) zerstören.
- Garudah konnte innerhalb und außerhalb der Atmosphäre (zum Mond) fliegen.
- Garudah war gegen unbekannte, aber mächtige Waffen immun.

Eigenartig.

Der Vogel, der den babylonischen *Etana* ins Weltall trug, wurde auch als Adler beschrieben. Das erste bemannte Raumfahrzeug, das auf dem Mond landete, hieß *Eagle,* Adler!

Wiederholt sich Geschichte?

Wer, was ist SCHIWA?

Wer war Schiwa?

Was ist Schiwa?

Die Antworten auf beide Fragen dekuvrieren unheimliche Hintergründe.

SCHIWA war einer der Hauptgötter, in indischen Weden sehr ausführlich beschrieben. Seinen ständigen Wohnsitz hatte er auf dem Berg Kailasa im Himalaya. Sein Name aus dem Sanskrit bedeutete der »Gütige«, der »Freundliche«. Diese Eigenschaften müssen wohl überwogen haben, denn er ist sowohl der Gott der Zerstörung gewesen, wie er als Heilsbringer guten Ruf genoß.

Schiwa muß ziemlich unheimlich ausgesehen haben. Auf den meisten Darstellungen zeigt er sich nackt oder mit einem garstigen Fell bekleidet, als ein mit Leichenasche beschmierter Asket, auf dem Haupt geflochtenes, nicht besonders gepflegtes Haar. Und: Schiwa wird mit fünf Gesichtern, vier Armen und drei Augen vorgeführt!

Das dritte Auge

Das dritte Auge sitzt mitten in der Stirn. Damit konnte er, so berichten die Weden, nicht nur sehen, sondern auch zerstören: fixierte er einen Feind, schoß ein Feuerstrahl aus diesem gefährlichen dritten Auge!

Damit nicht genug. Auch seine blaue Zunge und sein blauer Rachen waren nicht ohne! Als Schlangengötter einmal das Wasser vergiftet hatten, konnte Schiwa unter Assistenz seiner Gattin *Parwatti* das ungenießbare Wasser in seinem Mund ausfiltern. Danach blieben Zunge und Rachen blau.

Schiwa galt als unbezwingbar und als gütig und sanft, sobald er angebetet wurde.

Einmal wurden Götter, deren Chef *Indra* war, von den *Asuras,* einer anderen altindischen Göttergruppe, angegriffen. Obwohl Heldengott Indra seine Wadschra, eine gefährliche Keule, auf die Gegner schleuderte, geriet er in so arge Bedrängnis, daß er Schiwa um Hilfe bat. Inständig gebeten, versagte Schiwa seine Unterstützung nicht, ja, er war sofort bereit, den Indra-Göttern die Hälfte seiner immensen Kraft zukommen zu lassen. Dann, sagte er, wären sie fähig, die Asuras mit einem einzigen Feuerpfeil zu vernichten. Doch weder Indra noch seine Mitstreiter waren in der Lage, auch nur die Hälfte von Schiwas Kraft aufzunehmen, zu speichern. Schiwa sah das und schlug vor, die Indra-Götter sollten ihm die Hälfte ihrer Kraft überlassen. Das taten sie, und Schiwa besiegte augenblicklich die Asuras, aber er gab den Göttern die geliehene Kraft nicht zurück, er behielt sie und war fortan der stärkste aller Götter.

In Schiwas Waffenarsenal gab es noch den Pinaka, einen Dreizack, der den Berichten nach ein Feuerwerfer war. Hinzu kamen ein Schwert, ein Bogen ... und drei Schlangen. Die ringelten sich um ihn und verteidigten punktuelle Körperteile: den Kopf, die Schultern und die Hüften. Daß letztere Partie besonderer Pflege bedurfte, ist klar, denn sein Symbol als Erschaffer neuen Lebens war der Phallus — Linga genannt, Hort der Schöpfungskraft.

Zwischen seinen Fähigkeiten des Erzeugens und Vernichtens pendelnd, liebte Schiwa den freudigen und den traurigen Tanz, den Tanz der »ewigen Bewegung des Universums«. Wenn Schiwa selbst diesen Tanz der »kosmischen Wahrheit« tanzte, war er von einem Heiligenschein und von Geisterschemen umgeben.

Das alles war, das alles und mehr konnte Schiwa, der »Herr des Universums«. Man sollte von diesen Attributen genaue Kenntnis nehmen, doch getrost auch ein bißchen zwischen den Zeilen lesen.

SCHIWA in Livermore bei San Franzisko

Was ist SCHIWA?

Die mächtigste Laserkanone der Welt!

Sie steht in Livermore, einem kleinen Vorort von San Franzisko. SCHIWA hat mehr gekostet als der göttliche Vorgänger, nämlich 30 Millionen US-$! Der Livermore-Schiwa kann 20 Laserstrahlen in einer Milliardstelsekunde auf ein Ziel von der Größe eines Sandkorns abschießen. Seine Energieleistung: 26 Millionen Megawatt. Zum Vergleich: ein Kernkraftwerk normalen Typs erzeugt im Dauerbetrieb etwa 1000 Megawatt.

Wie der mythologische Schiwa kann der moderne Schiwa Zerstörer *und* Heilsbringer sein. »Unser« Schiwa kann Wasserstoffbomben zünden und zur Explosion bringen, und zwar *bevor* sie Unheil anrichten. »Unser« Schiwa kann eines Tages alle Energieprobleme mit einem Schlag lösen — durch Kernfusion von Wasserstoff zu Helium. Das Traumziel aller Energiephysiker ist der Wasserstoff-Helium-Fusionsreaktor.

Was tut sich in Livermore?

Die Schiwa-Laserstrahlen zielen auf ein mikroskopisch kleines Glaskügelchen. In dem Kügelchen ist ein gasförmiges Gemisch von Deuterium und Tritium, den Isotopen des Wasserstoffs, eingeschmolzen. Trifft die geballte Laserstrahlladung darauf, bricht es mit einer so unvorstellbaren Intensität zusammen, daß Millionen Hitzegrade erzeugt werden. Der »Witz« des Experiments: bei so hohen Temperaturen verschmelzen Wasserstoffatome zu Helium! Der Rest ist einfach, sagen die Forscher: wie bei bisherigen Reaktoren wird die freiwerdende Energie in Wasserdampf umgewandelt, der Turbinen antreibt.

Die »Erschaffer« des modernen Schiwa sind die Wissenschaftler des Lawrence-Livermore-Laboratory der Universität von Kalifornien. Die Forscher sind überzeugt, auf diesem Weg das Energieproblem noch bis zum Ende *dieses* Jahrtausends lösen zu können. Dann werden, um es simpel zu sagen, wenige Liter Wasser genügen, um eine ganze Stadt mit Energie zu versorgen. Der allmächtige Schiwa macht's möglich.

Die Geschichte wiederholt sich.

TANTALUS

TANTALUS war der Sohn des Zeus . . . und ein Verräter! Göttersohn und König von Phrygien, verdankte Tantalus seinen Ruf dem Vorzug, daß er an der Tafel der Götter sitzen, mit ihnen speisen . . . und ihren Gesprächen zuhören durfte. Statt zu schweigen, wie es den Mitwissern der Mächtigen wohl ansteht, begann Tantalus, die Geheimnisse der Unsterblichen an seine irdischen Freunde zu verraten. Sein Image wuchs und wuchs: er galt den Menschen als Auserwählter, der viel mehr wußte als sie selbst, als einer, der offenbar hinter die Dinge und Ereignisse schaute.

Tantalusqualen für Geheimnisverrat

Um sich die Gunst seiner göttlichen Förderer zu erhalten, revanchierte Tantalus sich mit einem Festgelage, das er ihnen ausrichtete. Mit dem Hintergedanken, die Götter auf die Probe ihrer Allwissenheit zu stellen, ließ er seinen Sohn *Pelops* schlachten und auftischen. Doch ehe sie einen Bissen gekostet hatten, witterten die Götter den Frevel, erweckten Sohn Pelops wieder zum Leben, Vater Tantalus aber schickten sie für alle Zeiten in den Hades, die Unterwelt, in der er so fürchterlich leiden sollte. Da unten, in Dunkelheit und Nässe, machte der böse Papa die weltberühmten Tantalusqualen durch: er stand mitten in einem klaren Wasser, doch wenn er trinken wollte, wich es zurück — am Rande des Weihers hingen herrliche Früchte, doch die schnellten zurück, sobald er nach ihnen griff — über ihm drohte ständig ein Felsbrocken herabzufallen. Mit diesen drei Qualen — Durst, Hunger und Todesangst — büßte Tantalus für den Verrat der Göttergeheimnisse.

TANTALUS entreißt dem Universum letzte Geheimnisse

Der moderne TANTALUS ist wieder dabei, ungeheure Geheimnisse preiszugeben — durch Forschung dazu gezwungen. Wissenschaftler der Universität Wisconsin tauften eine komplizierte Maschine auf den Namen Tantalus: sie kann Elektronen nahezu auf Lichtgeschwindigkeit beschleunigen. Die derart beschleunigten Teilchen geben ein seltsam-bläuliches Licht ab, das man Synchrotron-Strahlung nennt, eine Strahlung, die härter als jede noch so hoch dosierte Röntgenstrahlung ist: sie durchdringt die Struktur von Molekülen und Atomen!

Damit wird dem Universum eines seiner großen Geheimnisse entrissen: die atomare Welt, die dem menschlichen Auge in ihren Zusammenhängen bisher verschlossen war, wird sichtbar, die Materie wird in ihrem Aufbau bis zum atomaren Teil enthüllt. Tantalus, die Maschine, schickt sich an, göttliche Geheimnisse zu verraten: wir lernen, die Materie in ihrem Aufbau zu verstehen und nachzugestalten. Wir sehen den Göttern über die Schultern.

Eine alte Geschichte wiederholt sich.

ALADDINS Wunderlampe

Die Hüter der kosmischen Geheimnisse haben schon wieder einen Hort preisgeben müssen. Die Tantalus-Maschine ist bereits überholt!

Das Ding, um das es geht, leuchtete schon vor langem in dem Märchen »Tausendundeine Nacht« auf: ALADDINS Wunderlampe. In dieser Geschichte, die in Europa, Asien und Afrika überliefert ist, stieg *Aladdin* auf Geheiß eines Zauberers in ein unterirdisches Gewölbe, um dort die Wunderlampe zu holen. Wenn man an der Lampe rieb, erfüllte sich jeder Wunsch. Als Aladdin gemerkt hatte, was die Lampe zu leisten vermochte, gab er sie nicht wieder her, erfüllte sich jeden Wunsch und heiratete eine Prinzessin, mit der er glücklich wurde.

ALADDIN zerlegt Materie

Auch Aladdin stand Pate für ein Gerät, das seinen Namen trägt ... ALADDIN! Es wird im Brookhaven-National-Laboratory zur Zeit mit erheblichen Investitionen gebaut.

Aladdins Strahlen sollen hundertmal stärker sein als die vom Wisconsiner TANTALUS! Die neue Wunderlampe soll die Geheimnisse *hinter* den atomaren Teilchen offenbaren. Hier wird vielleicht enträtselt, wie sich Materie auseinandernehmen läßt, über Strahlen an einen anderen Ort transportiert wird, um dort das verlassene Urbild wiederzusammenzusetzen. Aladdin erfüllte sich kühnste Wünsche, ließ aus dem Nichts Paläste und Menschen entstehen. Sein zukünftiger Nachfolger aus der Nähe von New York wird das möglicherweise auch können. Die ersten Schritte sind getan.

In ferner Zukunft kann es dann Materietransporte ohne Transportmittel geben. Im Science-fiction-Film »Enterprise« wurde mit Filmtricks vorweggenommen, was Realität werden kann: Die Filmleute beförderten die Mannschaft mit Richtstrahlen auf die Planetenoberfläche.

Am Ende der Forschungen soll dieses Ziel erreicht werden: so, wie eine Fernsehkamera Bilder abtastet und in viele tausend winzige Punkte zerlegt, die sich auf dem Bildschirm wieder zum Ganzen ordnen, wird ein Bündel harter Strahlen feste Körper jeder Art abtasten, zerlegen und ihre Moleküle und Atome mit Lichtgeschwindigkeit an einen anderen Ort tragen, wo sie — hokuspokus! — schneller als der Lidschlag wieder nach dem Abtastmuster zusammengesetzt werden. Die Strahlung in ALADDINS Wunderlampe schafft die Voraussetzung. Märchen werden Wirklichkeit.

Ohne HELIOS geht nichts!

Fast alle alten Kulturvölker huldigten dem Sonnenkult. In Sumer übergab Sonnengott *Utu* die Staffette an Sonnengott *Schamach*, der die segenspendenden Kräfte der Sonne repräsentierte. Die Ägypter verehrten ihren Sonnengott *Re* (oder Ra), dessen Namen sich auch andere Götter anhängten, um sich als Schöpfer auszuweisen wie beispielsweise Amun-Re. Ab Chephren, dem Pharao der 4. Dynastie, bezeichneten sich sogar die Könige als »Söhne des Re«. An allen größeren Orten gab es Sonnenheiligtümer.

Charakteristikum auch der Inkareligion war die Sonnenverehrung: vom Sonnengott *Inti* leiteten die Inkaherrscher ihre Herkunft ab und ließen sich »Söhne der Sonne« nennen. — Die alten Griechen hielten sich ihren Sonnengott *Helios* warm, indem sie ihm zu Ehren auf Rhodos mächtige Heiligtümer errichteten. — Und die Römer gaben der Einfachheit halber ihrem Lichtpatron gleich den lateinischen Namen für Sonne — *Sol*.

Initiative für den weltumspannenden Gedanken des Sonnenkults war die lebensspendende, schöpferische Kraft der Sonne selbst, denn sie strahlte Licht und Wärme aus, ließ Menschen, Tiere und Pflanzen gedeihen. Man wußte genau, ohne die Sonne ging nichts, ohne sie würde die Erde in einer Wüste aus Kälte und Eis erstarren, würde alles Leben erlöschen.

Wir stehen im Jahre des Herrn 1979 an der Eingangspforte zu einem neuen globalen Sonnenkult. Wieder wird er über »Heiligtümern« zelebriert und nimmt jeden von uns in Bann und verheißt Hoffnung. Sonnenenergie soll weltweit die zu Unrecht verketzerte Atomenergie ersetzen.

Seit zehn Jahren ist der erste »Sonnentempel« beim Örtchen Odeillo in den französischen Pyrenäen in Betrieb; bei anhaltend schönem Sonnenwetter kann er Hitze bis zu 3000 Grad erzeugen. — Große US-Konzerne wie Boeing, McDonnell Douglas, Exxon — deutsche Firmen wie Dornier, Messerschmitt-Bölkow — Schweizer Unternehmen wie BBC oder das israelische »Holon-Institut« wetteifern mit den Russen um die erfolgreichste Solar-Technologie. Am Ende dieser konsequent betriebenen Forschung werden wir über gigantische Satelliten Zigtausende Megawatt Sonnenenergie einfangen und über Mikrowellen in die neuen »Großen Tempel«, die Sonnenkraftwerke, einschleusen. Industrieanlagen wie alle Geräte des täglichen Gebrauchs sollen in nicht allzu ferner Zeit mit Sonnenenergie betrieben werden.

Gibt es für die Anwendung von Sonnenenergie eigentlich keine Gefahren? Es gibt auch da Gefahren, weil der Umgang mit keiner Energieform ohne Risiko zu haben ist. Nur: die modernen Sonnenanbeter sprechen nicht darüber, weil es ihnen nicht in den Kram paßt: sie müssen zunächst die sauberste Energie, die die Atomkraft liefert, aus ideologischen, nicht sachlichen Gründen verteufeln. Scheint uns also die liebe, liebe Sonne aufs Dach.

Aber: träfe aus irgendeinem Grund ein Mikrowellenstrahl nicht zielgenau in die riesigen Empfangsantennen auf der Erde, wäre die Wirkung verheerend: gebündelte Mikrowellen verändern die Zellstrukturen. Alles organische Leben — Menschen, Tiere, Pflanzen — würde langsam dahinsiechen, eingehen. — Schießen sich aber im Kriegsfall die Gegner gegenseitig die Sonnensatelliten vom Himmel, gehen auf der Erde die Lichter aus. Bei globalen Naturkatastrophen sind selbst die kleinsten Sonnenenergieempfänger auf den Hausdächern nicht mehr als Schrott wert.

An was für Naturkatastrophen ich denke? Die neuen Sonnentempel werden fest verankert *dort* stehen, wo man sie *nicht* braucht — in Wüstengebieten etwa, an den Sonnenhängen der Gebirge, als schwimmende Solarzellen auf den Meeren. Von diesen Empfangsstationen bis zu den Zentren der Zivilisation, wo die Energie gebraucht wird, sind lange Wegstrecken zurückzulegen. Verändert die Erdachse ihre Lage nur minimal, treten Erdbeben und sintflutliche Überschwemmungen auf. Sind diese Zubringer unterbrochen, fehlt der Menschheit die dringend benötigte Energie gerade dann, wenn sie sie braucht.

Unbestritten sind Klimaschwankungen größten Ausmaßes in Gang. Möglicherweise werden sie die Großwetterlagen so verändern, daß Gebiete, die *derzeit* überwiegend von Hochdrucklagen bestimmt und deshalb *derzeit* bevorzugte Orte für moderne Sonnentempel sind, in Tiefdrucklagen geraten mit überwiegend dichten Wolkenfeldern. Unsere Sonnentempel stehen dann am falschen Platz! Von der Wissenschaft werden Jahre stärkster Eruptionen auf der Sonne und Sonnenflecken avisiert; sie können, wird vermutet, Klimaschwankungen mitverursachen und beschleunigen.

Egal. Die Sonnengötter Utu und Schamach, Helios und Re und Sol und wie sie alle heißen, kommen zu neuen Ehren. Wieder wird die lebenspendende Sonne angebetet. Die Tempel, die die modernen »Gläubigen« bauen, sind unvergleichlich teurer als die uralten, deren karge Ruinen uns beeindrucken. Wir sind entschlossen, die Sonne zu verehren. Ohne den Markenartikel HELIOS geht nichts mehr. Wie in früher Zeit. Geschichte wiederholt sich.

Liebevoll, fast ein wenig romantisch, geben die Techniker des 20. Jahrhunderts ihren in die Zukunft weisenden Erfindungen und Zielvorgaben mythologische Namen.

Warum?

Holt die Mythologie uns ein?

Sind wir dabei, Mythologie Wirklichkeit werden zu lassen?

Geheimwaffe: Götterblitze

Noch vor wenigen Jahren wäre man ausgelacht worden, wenn man GÖTTERBLITZE für mehr als eben eine mythologische Schilderung genommen hätte. Es wundert mich, daß man deren irdischer Entsprechung keinen mythologischen Namen verpaßte. Zu überraschend ist wohl die Entdeckung gewesen. LASER! Jedermann kennt heute den Begriff, weiß allerdings selten, wofür er steht: *L*ight *a*mplification by *s*timulated *e*mission of *r*adiation. Zu deutsch: Lichtverstärkung durch Emissionsanregung von Strahlung.

Im vergangenen Jahr, 1978, gaben allein die Amerikaner 500 Millionen US-$ für die Entwicklung von Laserkanonen aus. Könnte man die Investitionen in aller Welt addieren, käme man auf wahrhaft astronomische Summen.

Warum dieser Aufwand? Die GÖTTERBLITZE sollen Raketen im Anflug zur Explosion bringen, sollen »bösartige« Satelliten vom Himmel holen. Was derzeit von der Erde aus Richtung All konstruiert wird, kann eines Tages auch »umgekehrte« Bedeutung haben: von Weltraumplattformen aus können Städte auf der Erde »verdampft« werden! Die Götterblitze der Mythologie sind plötzlich Wirklichkeit geworden. Geschichte wiederholt sich ...

LASER eignet sich aber auch zu ganz friedlichen Aktivitäten.

Am 24. Juni 1978 war am Himmel über Atlantic City, USA, Geisterhaftes zu sehen. Ohne zerplatzende Raketen, ohne knatternde Phosphorräder erhellte ein fantastisches Lichtspiel die Nacht. Laserstrahlen zauberten künstliche Bilder. — Heinz R. Gisel, internationaler Promoter himmlischer Lichtorgien aus Zürich, sagt, daß sein Unternehmen ganze Bühnenbilder mit Laser an den Himmel »malen« könne, Fantasmagorien, die noch in 20 km Entfernung zu sehen seien.

Kein Zweifel: wir stehen erst am Anfang. Irgendwann wird es keine Grenzen mehr geben. Auf 1000 km Distanz wird man Bilder und Schriften ins Weltall projizieren. Auf der uns zugekehrten Seite des Neumonds wird dann in flackernden Lettern stehen: Coca Cola — Coca Cola — Coca Cola. An Vollmondtagen werden Religionsgemeinschaften mit schwarzen Laserstrahlen warnen: Das jüngste Gericht naht!

Nun, ich habe nichts gegen diesen technischen Zauber. Falls ich's noch erlebe, werde ich sogar drüber schmunzeln, weil ich weiß, daß es all diese Dinge — die für uns noch im Schoß der Zukunft liegen — schon einmal gegeben hat. Götter, die mit »großer Macht und Herrlichkeit« erschienen, projizierten Bilder ans Firmament, und unsere technisch ungeschulten Vorfahren verstanden sie nicht und nahmen sie als Zeichen göttlicher Macht. Mal sahen sie schreibende Hände, mal Gesichter oder — wie im Alten Testament berichtet — eine leuchtende Säule, die in den Nächten glühte und noch an den Tagen heller erschien als das Licht der Sonne.

Unsere Weltraumtechniker haben an der Mythologie Geschmack gefunden. Ihre Satelliten nennen sie MIDAS, SAMOS, KOSMOS, PEGASUS, HELIOS und so weiter. Den himmelstürmenden Raketen gaben sie Namen wie THOR, ATLAS, TITAN, CENTAUR, ZEUS, JUPITER, SATURN, APOLLO. In den Garagen der Weltraumbahnhöfe ist fast die ganze große mythologische Familie versammelt. Heimweh nach der Vergangenheit oder Prospekt der Zukunft?

Eine ganz und gar unverständliche Botschaft

Im Jahre 5000 n. Chr. (falls man dann das sog. historische Zeitalter noch ab Christus rechnet) werden sich Ethymologen um die Deutung etwa dieses Textes bemühen:

Von HELIOS kam das erste Zeichen. Der oberste Priester versammelte die Weisen des Landes um sich und tat ihnen kund: Der gottlose Feind will uns vernichten.

Der Rat der Weisen beschloß, SATURN, der mächtige, möge SAMOS zum Himmel tragen, damit er an Ort und Stelle kundschafte und seine Beobachtungen den Priestern melde.

Von einem LICHTBLITZ ungeheurer Kraft getroffen, taumelte SAMOS in die Tiefe des Ozeans. Dort meldete sich NEPTUN, der Meeresgott, zu Wort: »Übertragt mir ein Drittel eurer Kraft, dann werde ich NAUTILUS, der unter dem ewigen Eis wohnt, bitten, uns zu helfen. Die flinken Kinder des Zeus sind mit ihm.

Aus dem Wasser stieg NAUTILUS, lautlos und mit NEPTUNgeist

erfüllt. Unter dem Nordstern durchbrach er die Eisdecke und ließ die Kinder des ZEUS auf gleißenden Strahlen in Feindesland eindringen. Die Nacht erhellte sich zum Tag. Gräßlich war es anzusehen, wie die Menschen unter Zuckungen zu Staub zerfielen.
Während der feindliche Erdkreis in Hitze verglühte, meldete der himmlische Wächter PEGASUS, daß die Gottlosen SCHIWA, den Allesvernichter, um Hilfe anflehten.
Als der große Priester das vernahm, war ihm sofort klar, daß gegen SCHIWA nur NORA in der vollsten Blüte ihrer Kraft antreten konnte. Mit der Faszination des Blickes von HELIOS und PEGASUS versehen, bat er die Versammlung, daß ab sofort jedermann seine Gebete in NORA vereinigen müsse. Es füllten sich die Adern von NORA mit Kraft. Kalt wurden die Behausungen. Alle Engel standen still. Unter leisem Summen übertrugen die Kinder der Götter ihre Energie auf NORA.
Dann zuckte und züngelte ein gleißend heller LICHTBLITZ auf, der den Erdkreis strahlender als die Sonne erleuchtete, er stieg auf in die fernsten Himmel. Geblendet wurden die todbringenden Augen von SCHIWA. Hilflos taumelte der starke und mächtige Gott zum Mond ...

Die Botschaft im Klartext

Noch in 5000 Jahren werden die mythologischen Namen Verwirrung anstiften! Und rätselhaft scheinen! Dabei ist die Botschaft im Klartext so einfach:

Der Satellit HELIOS meldet, daß der Feind in Angriffsposition gegangen ist. Der Oberkommandierende ruft seinen Stab zusammen und berät die Lage.
Es wird beschlossen, eine SATURN-Rakete, unterstützt von einigen SAMOS-Satelliten, in eine Erdumlaufbahn zu schicken.
Während der Erkundungsmission wird SATURN von einem Laserstrahl getroffen.
Der Kommandierende der Seestreitkräfte vertritt die Ansicht, daß es ihm möglich ist, vom Atomunterseeboot NAUTILUS aus einen Gegenangriff zu starten, falls es den anderen Streitkräften gelingt, durch Scheinangriffe von seiner Position abzulenken. Die NAUTILUS ist mit 20 ZEUS-Raketen bestückt.
Vom Computer NEPTUN, dem Oberkommandierenden, programmiert, durchbricht NAUTILUS unter der Poldecke das Eis und feuert seine Raketen ins Ziel.

Das feindliche Kommando antwortet mit Laserstrahlen, für die die Energie direkt von der Sonne bezogen wird. Das Territorium glüht.
Satelliten vom Typ PEGASUS messen die Energieaufladung und funken die Meßergebnisse zum Hauptquartier auf der Erde.
Dort erkennt man sofort die Gefahr. Es gibt nur einen Laser, der stärker ist als der auf der Plattform in der Satellitenbahn, der Laser vom System NORA. Die Laserkanonen von NORA werden von einem Atomreaktor gespeist, der noch nicht einsatzbereit ist. Deswegen wird alle Energie des Landes auf NORA gepolt. Die Maschinen in den Fabriken stehen still. Die Wohnhäuser sind ohne Licht.
Mit dieser geballten Kraft gelingt es NORA, SCHIWA im Erdorbit aus der Bahn zu werfen. Von der gewaltigen Strahlkraft getroffen, zerschellt die Plattform auf der Mondoberfläche.

Man muß sich nur einmal vorstellen, es stiege ein Mensch des vortechnischen Zeitalters — ein alter Herr aus dem Biedermeier reicht! — aus dem Grab und würde mit unseren technischen Errungenschaften konfrontiert! Er sähe Riesenflugzeuge zum Himmel aufsteigen, bewegte Bilder aus der Zimmerecke flimmern usw. usw. Da diesem Auferstandenen jegliche Erklärung für die »Phänomene« fehlt, muß er sie für Zauberei halten.

Mit umgekehrtem Vorzeichen stehen wir vor den »Rätseln«, die die Mythologie überliefert. In der üblichen Betrachtungsweise hat sich alles hübsch kontinuierlich entwickelt, hat alles primitiv und klein angefangen, entwickelte sich dann pompös und kompliziert. In diesem Denken gibt es freilich keinen Platz für Technik in der frühen Vergangenheit. Wenn dann doch Berichte von »fliegenden Maschinen«, Strahlenapparaten, Zerstörungswaffen auftauchen, kann es sich nur um Fantasie, Magie oder Ideogramme handeln. Daß ich nicht lache!

Tarnkappe — in Herstellung

Lese ich eine Zeitungsmeldung, daß die USA eine *Tarnkappe* für ihre Flugzeugträger auf hoher See suchen. Tarnkappe? Davon habe ich schon mal gehört. Sie war immer ein begehrtes Requisit, ein unsichtbar machender Mantel, eine Kapuze. Die uralten Germanen glaubten felsenfest daran, daß elfische Wesen sich durch Überziehen eines Gewandes unsichtbar machen konnten. Im Nibelungenlied gewann

Held Siegfried dem Zwergenkönig Alberich die Tarnkappe ab und benutzte sie künftig in siegreichen Zweikämpfen.

Aber: da ist doch ein beträchtlicher Unterschied zwischen dem Verschwindenlassen von Personen und einem so riesigen Schiff, einem Monstrum von 100 000 Tonnen Wasserverdrängung, das sich mit 70 Stundenkilometern fortbewegt.

Sind die Streitkräfte der USA auf einer hoffnungslosen Suche?

Längst erfolgen feindliche Angriffe auf ein Ziel nicht mehr durchs Fernrohr, »auf Sicht«. Bei Nebel und Regen ist das menschliche Auge kein zuverlässiger Operator. Ziele werden mit elektronischem ›Auge‹ ausgemacht. Es hat zwei Möglichkeiten, das Ziel ins Visier zu nehmen. Entweder fliegt die angreifende Rakete nach eingegebenem Zielprogramm, oder sie findet ihr Ziel absolut selbständig durch Strahlen, die sie aussendet: Radar-Infrarot- oder Mikrowellen. Stets erfolgt die Zielsuche automatisch durch die von einem Computer programmierte oder in Sekundenbruchteilen errechnete elektronische Zieleingabe. Wenn es gelingt, die Elektronik zu täuschen, hat man die technische Tarnkappe gefunden. Ist die Täuschung machbar? DIE WELT kommentiert:

Geisterziele

»Wie die Hughes-Werke jetzt mitteilten, werden die angreifenden Waffen elektronisch so getäuscht, daß sie ein ›Geisterziel‹ von den Ausmaßen eines Flugzeugträgers angreifen und dabei buchstäblich ins Wasser fallen. Aus den bisher spärlichen Angaben ist lediglich zu entnehmen, daß auf dem Flugzeugträger beiderseits Antennen angebracht werden sollen. Mini-Computer werden im Gefechtszentrum der Träger installiert. Das System soll in der Lage sein, mehrere hundert Signale gleichzeitig zu verfolgen.
Bei Empfang eines Signals mißt das System automatisch die ausgesendete Frequenz. Der Computer trennt Freund und Feind. Dann wählt er die maßgeschneiderte elektronische ›Tarnkappe‹ für das bestimmte Frequenzspektrum. Der Feind fliegt ein elektronisch dargestelltes, aber nicht existentes Ziel an.« (17. 5. 1978)

Fantastisch — aber auch schon dagewesen.

In den indischen Nationalepen Mahabharata und Ramajana ist von Waffen und fliegenden Objekten zu lesen, die sich »vor dem Feind unsichtbar« machen konnten; auch der alte Zerstörer Schiwa löste sich vor den Augen der Feinde einige Male sozusagen in Luft auf. Geschichte wiederholt sich. Ist nacheifernswertes Vorbild. Wir sind auf dem Wege zurück.

Meldungen wie die, daß die NATO eine Panzerabwehrrakete besitzt, die bei Nacht und Nebel ins Ziel trifft, sind so wenig neu wie die Erfindung der Neutronenbombe, die nur Lebewesen tötet und anorganische Materie unbeschädigt läßt. Schnee von vorgestern sind auch Kreuzungen von Mensch und Tier, von Mensch und Maschine in kybernetischen Einheiten, deren praktischer Einsatz fürs nächste Jahrhundert angekündigt werden. Doch darüber wird noch einiges zu sagen sein.

Wiederholt Geschichte sich in fataler Weise?

Ein Beispiel, das Utopie bleiben soll

Seit Jahren bohrt in meiner Magengrube ein wirklich fatales »Beispiel«. Da ich ankündigte, daß ich riskante Gedanken ins Gespräch bringen will, kann ich es endlich loswerden.

Nehmen wir einmal den schrecklichen, hoffentlich nie realisierten Gedanken an, Minderheiten von Verrückten würden auf unserem Planeten einen globalen Vernichtungskrieg entfachen.

Auf welche Ziele würden sich die mörderischen Waffen richten?

Auf die unbewohnte Sahara? Sicher nicht.

Auf die schwer zugänglichen Gebirgsmassive des Himalaya? Kaum.

Auf die nördlichen und südlichen Eiswüsten? Warum?

Auf die Siedlungen der armen Indios in den südamerikanischen Anden? Nie.

Auf die palmenbewaldeten Atolle der Südsee? Wozu?

Auf die Retiros der Aborigines in Australien? Niemals.

Auf die Hütten der zentralafrikanischen Neger oder die ärmsten der Schwarzen in der sogenannten Republik Mali? Wäre ohne Sinn.

Auf die nordamerikanischen Indios in den Wüsten von Mexiko und Arizona? Bestimmt nicht.

Auf die Nachfahren der Maya in den Dschungeln Yukatans? Kaum.

Auf die gemütlichen russischen Bauern in den Weiten der Tundra? Kein Grund dafür.

Auf Stämme in Amazonien? Wem haben sie was getan?!

Die Angriffsziele sich bekriegender Parteien werden bestimmt in den Zentren der Zivilisation liegen, dort, wo die Hunderttausende und Millionen leben und arbeiten. Genau diese Territorien sollen von den Landkarten verschwinden.

Nun ist es aber nicht so, daß durch massive Atomschläge unser Planet für alle Ewigkeit radioaktiv verseucht wäre, vor allem dort, wo keine Bomben fielen, wird Leben erhalten bleiben. Überdies sind Lebewesen, der Mensch eingeschlossen, anpassungsfähiger, als wir annehmen. Hinzu kommt, daß die moderne und künftige Waffenentwicklung dahin tendiert, Vernichtungswaffen mit »sauberer« Strahlung zu entwickeln: es sollen begrenzte Gebiete nur mit einer zeitbegrenzten tödlichen Vernichtung überzogen werden. Das Interesse, solche Waffen zu haben, liegt gleichermaßen auf seiten der Angreifer wie der Verteidiger. Wem nützt schon ein Sieg über Land, das nie wieder zu bewohnen, zu bearbeiten, zu beleben ist?! Wer hat was von einem total radioaktiv verseuchten Europa, in das der Sieger nicht einziehen kann?

Die große Robinsonade der Überlebenden

Überleben werden auf jeden Fall Menschen, Menschengruppen, in der Sahara, in Tibet, am Polarkreis und in den Anden, in der Südsee und im Innern Australiens, in Afrika und den Wüsten Mexikos, in der russischen Tundra und in den Indianerreservaten Yukatans und Amazoniens — es wird aber auch Überlebende der Katastrophe in den Ländern hochzivilisierter, hochtechnisierter Nationen geben.

Mögen es Tausende oder Hunderttausende sein, die den Weltenbrand überdauern — sie leben verstreut über den Erdball. Sie wissen nichts voneinander. Alle wünschen, alle hoffen, nicht die einzigen Überlebenden zu sein, doch es gibt keine Nachrichten, keine Kontakte. Jeder, jede und alle sind eine Insel.

Die Überlebenden sprechen verschiedene Sprachen und Dialekte. Wie würden sie sich, wenn es zu einem Kontakt käme, überhaupt verständigen? Radio, Fernsehen, Fernschreiber, alle Kommunikationsmittel sind zerstört. Es ist wie am Tage Null. Es gibt keine Fabrik, die noch arbeitet. Kein Supermarkt bietet Waren an. Kein Auto auf den Straßen. Kein Flugzeug am Himmel. Die Überlebenden sind auf sich gestellt. Die große Robinsonade beginnt.

Da war ein westlicher Ingenieur den Verlockungen eines Reisebüros gefolgt und hatte seinen Urlaub im Hochland von Tibet angetreten, als der große Krieg ausbrach. Mit allen Schrecklichkeiten des Atomkriegs vertraut, weiß dieser Mann, daß ihn kein Verkehrsmittel je noch nach Hause bringen wird, und er weiß, daß es sein Zuhause nicht mehr gibt.

Was tut dieser Mann?

Er absolvierte eine komplette Ausbildung als Techniker, ist also den Tibetanern in *technischer* Hinsicht haushoch überlegen. Wie der alte griechische Mathematiker und Mechaniker Archimedes (285—212 v. Chr.) kann er dessen Erfindungen neu vollziehen, kann dessen Hebelgesetze noch mal entdecken und den Eingeborenen den Gewichtsverlust schwimmender Körper nachweisen, kann wie Archimedes neuerlich den Inhalt von Flächen und Körpern berechnen, kann neu den Archimedischen Punkt außerhalb der Erde ausmachen. Die Tibetaner bewundern ihn.

Unser Ingenieur kalkuliert auf der Basis seines Wissens, daß irgendwo auf der Erde auch andere Gruppen den Atomschlag überlebt haben müssen. In jedem Fall wünscht er Gewißheit, was andernorts passiert ist. Seine Neugier treibt ihn an ... wie auch andere Gruppen, die überlebten und technisch Intelligente in ihren Reihen haben. Unser Ingenieur wird früher oder später aufbrechen und eine Expedition unternehmen.

Auch andere Gruppen werden das tun. Jede Gruppe vermutet Partner, die überlebt haben.

Das »Esperanto« der Überlebenden

Vor dem großen Aufbruch wird man sicherheitshalber Mitteilungen zurücklassen, für den Fall, daß Fremde an den Ort kommen, den sie eben zu verlassen sich anschicken. In was für einer Sprache deponiert man die Meldungen? Sie müssen in unmißverständlicher Kürze dies aussagen:

- Wir waren hier, und wir kommen zurück.
- Es gibt hier trinkbares Grundwasser.
- Vorsicht Gefahr: Tödliche Kleintiere.
- Wir gehen in Richtung Norden (Süden, Westen, Osten).
- Wir werden angeführt von einem Ingenieur (Priester, Architekten, Piloten etc.).
- Achtung: 40 Meilen nordwestlich ein angriffswütiger Eingeborenenstamm.
- Wir haben alle Kenntnisse von vor der Katastrophe.
- Ein Arzt lebt in der Nordschlucht am Kegelberg.
- Beeren sind ungenießbar. Giftig!
- Eßbare Fische in allen Teichen.
- Nördlich und westlich verseuchtes Gebiet!

Selbst in Not lebend, will man alle gewonnenen Erfahrungen anderen Überlebenden »schenken«, den Brüdern in der Not. Man wird ratschlagen, wie man klarmacht, weshalb man wohin geht, ob auch Frauen und Kinder dabei sind, ob radioaktiv Immune (Mutierte) die Expedition mitmachen.

Bleibt die Urfrage: In welcher Sprache sagen wir es den Unbekannten?

Die Tibetaner verstehen kein Wort Englisch, und selbst unser Ingenieur hört nur Bahnhof, wenn ihn ein Russe anspricht, kyrillische Schriftzeichen sind für ihn wie surrealistische Grafiken. Was soll man tun?

Der Tourismus hat Millionen aus aller Herren Länder auf die Achse gebracht. Internationale Sportveranstaltungen mischten Angehörige vieler Völker durcheinander, auch sie waren Opfer der Katastrophe. Ist nicht füglich anzunehmen, daß allerorts gebildete, kluge Menschen unter den Überlebenden sind? Saharaaraber verstehen keinen Laut der Südseebewohner. Spricht man Englisch? Russisch? Chinesisch? Deutsch? Oder das Diplomaten-Französisch? Oder in welcher der anderen 3900 Sprachen?

Es gibt — auch für die moderne Menschheit — ein einziges Verständigungsmittel: das *Bild!*

Das Bild — das »Esperanto« nach der Katastrophe

Das ist erprobt und täglich bewiesen. Der Inder, der Frankfurt anfliegt, findet sich in der Turbulenz des Großflughafens zurecht, weil Bilder ihm den Weg weisen: zum Ausgang, zur Gepäckausgabe, zum Zoll, zu den WCs, zum Telefon, zum Taxi. In der Kurstadt Baden-Baden sieht der deutschunkundige Australier auf einen Blick, wo es Thermalwasser gibt, wo das Theater ist, wo das Schwimmbad, wo der Notarzt zu finden ist, welche Sehenswürdigkeiten er sich nicht entgehen lassen soll. — Bei den Völkertreffen Olympiade wird jedem per Bild gesagt, wo er die Wechselstube findet, wo Dolmetscher ihm weiterhelfen, wo der Parcours für Radrennen ist, wo Orchester zur Unterhaltung spielen.

Alles ohne Sprache und Schrift!

Durch Pictogramme.

Pictogramme, hoch in Kurs, doch erfunden vor Ewigkeiten

In den letzten 20 Jahren wurden über 500 allgemeinverständliche Pictogramme entwickelt, die es sogar — um es grob zu sagen — dem

Oben: Moderne Pictogramme aus den Straßen und Anlagen der Kurstadt Baden-Baden – Unten: Uralte Pictogramme von den Felswänden aus Britisch-Kolumbien und Kalifornien

Analphabeten ermöglichen, ohne Lesekünste fremde Länder zu besuchen. Im Kurprospekt zeigt allein Baden-Baden über 100 in der Kurstadt benutzte Pictogramme, die sind längst zu zuverlässigen Fremdenführern geworden. Was Esperanto nie erreichte — die Pictogramme schafften es: eine Verständigung unter den Völkern.

Pictogramme können mehr als einfache Hinweisschilder sein; aus ihnen lassen sich ganze Sätze in beliebiger Abfolge bilden, etwa so: eine Weintraube = »Wein«, ein Mann mit Burg im Hintergrund = »Hier entlang geht's zur Burg« — Mann mit Gewehr im Anschlag = »Hier ist ein Jagdgebiet«. Auf drei Pictogrammen steht eine klare Gebrauchsanweisung für den Fremden: »Wenn Sie ein Glas Wein (oder mehr) trinken wollen, gehen Sie, bitte, diesen Weg zur Burg, dort oben können Sie (falls Sie einen Jagdschein haben) auch jagen.«

Von einem Mathematiker könnte man erfahren, wie viele Kombinationsmöglichkeiten 500 Pictogramme anbieten. Es ist bestimmt eine Zahl, die um ein Vielfaches höher liegt als die kaum abzuschätzenden Chancen für einen Lottogewinn.

Pictogramme sind die internationale Sprache unserer Zeit!

Zurück zu unseren Gruppen, die die große Katastrophe überlebten. Selbst wenn sie Pictogramme von daheim nicht schon kennen würden, sie müßten sie in ihrer Notlage erfinden. Jedem Intelligenten ist bewußt, daß es ein sinnloses Unterfangen ist, Mitteilungen in »seiner« Sprache zu notieren. Das Naheliegende ist, einfache stilisierte Figuren und Symbole zu erdenken und sie an Felswände zu meißeln, zu ritzen, zu schaben. Zeichen, wie sie selbst sie verstehen würden, wenn sie sie sehen könnten.

Der Indianer White Bear kann Pictogramme lesen

Seit zwölf Jahren bin ich als Tramp zwischen Kontinenten und Ländern unterwegs. Bei den Hopi-Indianern, USA, in der Geisterstadt Sete Cidades, Brasilien, in Kaschmir und der Türkei, in Südafrika und der Sahara, in Nordeuropa und Südfrankreich, in Kalifornien und Norditalien, an den Küsten der Südsee und auf den Philippinen habe ich Felszeichnungen und Felsritzungen fotografiert. Ich lernte White Bear, einen Chef der Hopi-Indianer, kennen. Er führte mich in einen geheimen Talkessel des Reservats, den die Indianer vor der Neugier von Fremden schützen. Die Wände waren voll von »Pictogrammen«. Ich fragte White Bear, ob er die Zeichen lesen könne. Nicht alle, sagte er, doch der überwiegende Teil sei ihm durchaus verständlich.

Für wen und zu welchem Zweck hinterließen seine Vorfahren diese Zeichen, wollte ich wissen.

Der alte Indianer erklärte mir, seine Vorfahren wären von Süden nach Norden gewandert — nicht, wie die Wissenschaft behauptet, von der Bering-Straße im Norden nach Süden —, und während dieses großen Trecks hätten sich die Stämme oftmals gespalten, neu gruppiert. Um dann den Nachfolgenden die Erfahrungen jener Gruppen weiterzugeben, die schon voraus waren, habe man sich der Zeichnungen in den Fels bedient.

Pictogramme, wie sie von Indianern heute noch in ihre folkloristischen Wandteppiche geknüpft werden

Warum, schoß es mir durch den Kopf, gibt es Felszeichnungen aus verschiedenen Epochen?

White Bear wußte es. Diverse Gruppen und deren Nachfahren kehrten an dieselben Stellen zurück, um den Felsen neue Entdeckungen, wie gute und schlechte Nachrichten anzuvertrauen. Felszeichnungen und Felsritzungen hatten für die damaligen Indianer wohl den gleichen Wert wie heutzutage die Wandzeitungen für die Chinesen Maos.

Alle Kulturen aus einer Einheit?

Oswald O. Tobisch sammelte etwa 6000 Felszeichnungen und -ritzungen, er verglich sie untereinander. Auf 20 Tafeln demonstriert er, wie unübersehbar eng die Zusammenhänge zwischen europäischen, asiatischen und amerikanischen Bildschriftgruppen sind. Tobisch kommt in seinem Vergleichswerk zum Schluß, daß alle Kulturen sich gegenseitig beeinflußt haben *müssen,* ja, daß der Ursprung der Felszeichnungen letztendlich in *einer Einheit* zu vermuten ist [34].

Pictogramme gibt es bei den Indianern noch heute, sie haben nie aufgehört, in den Werken ihrer folkloristischen Kunst alte stilisierte Muster, Pictogramme eben, zu verwenden. Die Motive der Sandzeichnungen nordamerikanischer Indianer »berichten« auf gleiche Weise, sogar die Teppichmotive der Anden-Indianer zeigen Pictogramme.

Ist das Phänomen der Millionen (!) Felszeichnungen rund um den Globus durch eine weltweite Katastrophe zu erklären?

Würde sich in der Gegenwart nach einer Katastrophe die Geschichte wiederholen?

Würde auch heute oder morgen Überlebende mit dem Mittel der Fels-Pictogramme den Weg in die Zukunft, den Anschluß an andere Gerettete suchen?

Kommt die Vergangenheit auf uns zu, überholt sie uns?

Sucht die Gegenwart den »tödlichen Kuß« mit der gewesenen Geschichte?

Wenn neueste Waffensysteme mit mythologischen Namen getauft werden, wenn wir eine übernational verständliche Bilderschrift wiederentdecken, wenn der Sog in den tiefen dunklen Brunnen des Vergangenen so deutlich spürbar wird, ist dann die *Ursache* dafür im Altertum, in der Frühgeschichte, zu suchen oder liegt das Motiv bei uns selbst?

Ist unser Bewußtsein ein *Perpetuum mobile,* ein ewiger Kreislauf, dessen Wege von der Vergangenheit in die Zukunft, von der Zukunft in die Vergangenheit führen? Wo ist sein Anfang, wo ist die Ursache, wo ist sein Antrieb?

Sommerfeld contra Einstein

Ist es vermessen, die Frage nach der Initialzündung für den Beginn dieses Kreislaufes überhaupt zu stellen?

Arnold Sommerfeld (1868—1951) wäre seines besonderen Ranges in den Naturwissenschaften schon deshalb sicher, weil drei seiner Schüler Nobelpreisträger wurden: Werner Heisenberg (1932), Petrus Debye (1936), Wolfgang Pauli (1945). Hans Albrecht Bethe, ein anderer Sommerfeld-Schüler, gehört zu den führenden Kernphysikern, leitet im Atomforschungszentrum Los Alamos die Abteilung für theoretische Physik.

Lehrer der Berühmten, war Sommerfeld einer der Stillen im Lande, entdeckte aber den Großteil der Gesetze für die Zahl, Wellenlänge und Intensität der Spektrallinien. Sein Hauptwerk »Atombau und Spektrallinien« war über Jahrzehnte das Standardwerk der Atomphysik.

Mit einer Entdeckung aber war Sommerfeld seiner Zeit (zu) weit voraus. Dazu hatte er das Pech, daß er sie kurz vor Einsteins Publikation der Relativitätstheorie veröffentlichte, die als wirkliche Sensation die Naturwissenschaften überrumpelte.

Sommerfeld bot die Theorie an, daß es Teilchen gebe, die schneller als das Licht seien und die besondere Eigenschaften besäßen, um so schneller zu werden, je mehr Energie sie verlören.

Einsteins Theorie deckte Sommerfelds kühnen Gedanken zu. Die besagte nämlich, daß Teilchen an der Grenze der Lichtgeschwindigkeit eine unendlich große Masse bekommen.

Schneller als das Licht?

Einmal in die Welt gesetzt, verlieren spekulative Theorien mit nur einem Hauch von Wahrscheinlichkeit ihre anziehende Attraktivität nicht mehr. Seit Sommerfelds Veröffentlichung um die Jahrhundertwende »bastelten« Generationen von Physikern an der Theorie der überlichtschnellen Teilchen. Doch erst Gerald Feinberg, Professor für theoretische Physik an der Columbia-Universität, New York, konnte 1967 mit seiner Arbeit über Teilchen, die sich schneller als Licht bewegen, den Motor der Diskusssion wieder anwerfen [35]. Von ihm bekamen die Teilchen endlich auch einen Namen. Feinberg nennt sie *Tachyonen,* abgeleitet vom griechischen Wort *tachys* = schnell. Wieder echote es aus den Reihen der Wissenschaft, daß es — nach Einstein — nichts Schnelleres als die Lichtgeschwindigkeit geben könne, doch einige führende Elementarteilchen-Physiker gingen der faszinierenden Idee nach und vertreten nun die Meinung, daß es überlichtschnelle Teilchen geben muß.

Läßt sich die neue kühne Idee mit Einsteins unumstößlicher Theorie vereinbaren?

Einsteins Relativitätstheorie besagt, daß ein Körper, der in *einem* Inertialsystem* keine Lichtgeschwindigkeit hat, auch in einem *anderen* Inertialsystem keine Überlichtgeschwindigkeit annehmen kann; wenn also ein Teilchen an der Grenze zur Lichtgeschwindigkeit eine unendlich große Masse gewinnt, kann es die »deadline« der Lichtgeschwindigkeit weder erreichen noch gar überschreiten.

Auf 99,4% der Lichtgeschwindigkeit beschleunigt

Stimmt denn das? Licht selbst verhält sich beim Entstehen und Verschwinden wie seine Teilchen — Photonen und Neutrinos, die sich mit Lichtgeschwindigkeit bewegen, ja, sie haben nie eine niedrigere Beschleunigung. In jedem größeren Synchrotron, wie im CERN bei Genf, wurden bereits Elementarteilchen auf 99,4% der Lichtgeschwindigkeit beschleunigt — ohne endlose Masse.

Was treibt die Photonen und Neutrinos an? Was ist ihr »Geheimnis«? Sie verfügen *nur* über Bewegungsenergie. Bringt man sie zum Stillstand, sind sie spurlos verschwunden.

Dietmar Kirch[36] unterteilt die Elementarteilchen grob in drei Klassen:

1. Teilchen wie Nukleonen und Elektronen (sie bewegen sich unterhalb der Lichtgeschwindigkeit).
2. Teilchen wie Photonen und Neutrinos (sie bewegen sich mit Lichtgeschwindigkeit).
3. Tachyonen (sie bewegen sich mit Überlichtgeschwindigkeit).

Verrückte Ideen — reale Möglichkeiten

Vorerst existieren Tachyonen nur in einem Inertialsystem, das uns noch nicht zugänglich ist; es können sich also keine Widersprüche zu Einsteins Theorie ergeben. So, wie sich Teilchen der Klasse I *stets*

* Ein Bezugssystem, in dem keine Trägheitskräfte auftreten.

unter Lichtgeschwindigkeit bewegen und mit endlicher Energie nie darüber gebracht werden können — so bewegen sich die Tachyonen der Teilchenklasse III *immer über* Lichtgeschwindigkeit, sie können nicht auf Lichtgeschwindigkeit gebremst werden.

Tachyonen existieren in einem anderen Inertialsystem, sie verhalten sich genau umgekehrt wie Elementarteilchen in dem Inertialsystem, das wir kennen und in dem wir leben.

Auf diesem Gewinde dreht sich das Karussell von Zukunft und Vergangenheit!

»Ein Ereignis kann bezeichnet werden, indem man den Ort im Raum angibt, in dem es geschah, und die Zeit, zu der es ablief. Ein Ereignis ist somit eine vierdimensionale Realität. Die Zeitangabe, die ein Ereignis charakterisiert, ist nicht unabhängig von den Koordinaten, die seine Lage im Raum beschreiben. Weil sich Raum- und Zeitmessungen gemeinsam ändern, wenn das Bezugssystem gewechselt wird, sprechen wir von einer vierdimensionalen Raumzeit.

Tachyonen können von manchen bewegten Systemen aus gesehen in der Zeit zurücklaufen.«[36]

Tachyonen kommen aus der Zukunft!

Verwirrende Eigenschaften! Während sich in unserem System alles von der Vergangenheit in die Zukunft fortbewegt, *können* Tachyonen von der Zukunft in die Vergangenheit reisen.

Läßt sich dieses Phänomen verständlich machen?

Denken wir uns ein Blitzlichtgerät, das mit einem Empfänger gekoppelt ist, der Tachyonen registrieren kann. Das Blitzlicht ist derart programmiert, daß es aufleuchtet, sobald ein Tachyonenimpuls eintrifft. Stellen wir uns vor, ein Satellit sendet um *Punkt Mitternacht* einen Tachyonenimpuls. Was passiert?

Es ist noch nicht Mitternacht, doch das Blitzlicht leuchtet auf, *bevor* der Satellit den Tachyonenimpuls überhaupt ausgesendet hat. Wie kann das zuverlässig auf den Tachyonenimpuls programmierte Blitzlichtgerät *vorher* reagieren?

Was ist »Zeit«?

Die »Zeit« im Inertialsystem der Tachyonen ist nicht identisch mit der »Zeit« in unserem System. Von unserer Position aus »gesehen«, bewegen sich Tachyonen mit Überlichtgeschwindigkeit *rückwärts.* Das, was wir in unserem System als Kausalitätsprinzip kennen —

nämlich, daß jede Wirkung zuvor von einer Ursache ausgelöst wird —, gilt nicht mehr, sobald wir es mit der vierdimensionalen Raumzeit der überlichtschnellen Teilchen zu tun haben.

Der scheinbare Widerspruch würde sich aufheben, wenn wir uns selbst im System der Tachyonen befänden: dann würden die physikalischen Gesetze wieder stimmen. — In unserem System hingegen ist das Denken von der Vergangenheit in die Zukunft »logisch«. *Wir* können uns nicht vorstellen, daß die Ursache für eine Wirkung nachgeliefert wird. Falls es in einer Tachyonenwelt intelligente Lebewesen gibt, werden *sie* sich vermutlich nicht vorstellen können, warum die Zukunft allemal einer Vergangenheit folgen muß; für sie würde es ein durchaus normaler Ablauf sein, daß die Vergangenheit aus der Zukunft abgeleitet wird. Sprechen wir von der »fernen Vergangenheit«, redet man in der Tachyonenwelt von der »fernen Zukunft«. Die Zeit steht kopf! Aber: sie meint das genaue Gegenteil dessen, was wir uns denken.

»Zeit« ist nicht gleich »Zeit«

Hier spätestens drängt sich die Frage auf: Was ist Zeit? Was ist Vergangenheit? Was Zukunft?

In unserem Bewußtsein ist »Zeit« das Vergehen der Gegenwart, die Vergangenheit wird.

Diese schlichte Definition stimmt nicht mehr, seit experimentell bewiesen wurde, daß jedes Inertialsystem seine eigene Inertialzeit hat. Selbst bei der Wahl gleicher Normaluhren sind in verschiedenen Systemen die Zeiten verschieden. »Zeit« läßt sich — darin ist sich die Wissenschaft einig — nur in Relation zu einem Bezugssystem definieren. Und: »Weil kein Bezugssystem naturgesetzlich ausgezeichnet zu sein scheint, ist es physikalisch nicht sinnvoll, von *der* Zeit zu sprechen.«

Wir müssen umdenken. Wenn ein Ereignis eintreten kann, *bevor* eine Ursache es auslöste, woran kann man sich noch halten?

Das menschliche Gehirn funktioniert auf chemisch-elektrische Weise. Es entwickelt die physikalisch nicht faßbaren, nicht meßbaren Imponderabilien »Geist« und »Bewußtsein«. In telepathischen Versuchen wurde einwandfrei nachgewiesen, daß »Bewußtsein« Wellen sowohl aussendet wie empfängt. »Bewußtsein« ist auch in der Lage, voraus-zu-wissen. Diese Fähigkeit nennt die parapsychologische Forschung »Prä-Kognition«. Es scheint so zu sein, daß »Geist« und »Bewußtsein« zeitlos sind, so, als ob sich eine unbekannte Energieform im Gehirn einniste und etwas Zukünftiges zuflüstere, von dem wir eigentlich nichts wissen dürften. Ich spreche hier nicht von Zukunftsahnungen, wie sie jeder aus Ängsten und Sorgen kombiniert und haben kann. Ich meine jenes echte Voraus-Wissen, wie es die parapsychologische Forschung kennt.

Was passiert eigentlich in unserem Gehirn? Lassen sich irgendwelche subatomaren Informationsteilchen aus einer anderen Dimension, aus einem anderen Inertialsystem vorstellen, die unserem Bewußtsein zukünftige Informationen liefern? Sind Ereignisse, die in der fernen Vergangenheit stattfanden, in der Zukunft schon gewesen? Denken wir in einem zweiseitigen Kanal, in dem Informationen aus der Vergangenheit wie solche aus der Zukunft ineinanderfließen? Ist es vielleicht gar kein Zufall, unterliegt es gar nicht unserem freien Willen, wenn wir heute neue technische Errungenschaften mit mythologischen Namen belegen?

Wenn Zeit in die Zukunft und in die Vergangenheit manipulierbar wird, wo bleibt dann die unmittelbare Wirkung der Zeit? Eine groteske Annahme, aber könnte man mit einer hypothetischen Tachyonen-Zeitmaschine in die Vergangenheit reisen und dort ein Ereignis, das in der *Gegenwart* stattgefunden hat, rückgängig machen? Könnte wer, um es am Beispiel zu sagen, mit der Tachyonen-Zeitmaschine ins antike Römische Reich reisen und Julius Cäsar vor der kommenden Ermordung im Senat warnen? Wird der Imperator dann trotzdem der Senatsdebatte beiwohnen und sich erstechen lassen, wie geschehen, oder wird er der Sitzung fernbleiben und der Geschichte einen völlig anderen Verlauf geben? Wird man aus einer fernen Zukunft die ebenso ferne Vergangenheit beeinflussen können? Werden unsere Nachfahren von anno 10000 n. Chr. diese »Manipulation« bereits beherrschen? Ist, unter solchem utopisch anmutenden Blickwinkel, Geschichte noch unabänderlich, weil sie bereits aus der Zukunft »korrigiert« wurde und dann aus für uns nicht durchschaubaren Gründen so und nicht anders ablaufen muß?

Falls die Raumfahrttechnik es in 50 Jahren schafft, Flüge mit ungefährer Lichtgeschwindigkeit durchzuführen — und sie wird es schaffen, sofern es nicht dem Schwarzen Orden der Pessimisten gelingt, unsere Zukunft kaputtzumachen —, wird die Raumfahrt dann ein *erstmaliges* Ereignis für die Menschheit sein, oder wird sie dann bloß nachvollziehen, was unsere Vorfahren schon taten? Widerspreche ich mir mit dem Satz »Unsere Vorfahren betrieben Weltraumfahrt« nicht selbst, da ich doch unentwegt behaupte, *Außerirdische* hätten die junge Menschheit besucht?

Es mag rechthaberisch klingen, aber ich widerspreche mir nicht. Ich darf an einem Denkmodell den scheinbaren Widerspruch aufhellen:

Nehmen wir an, es hätte vor 50000 Jahren auf der Erde eine hochtechnifizierte Industriegesellschaft gegeben. Unterstellen wir weiter, unsere technisch fortgeschrittenen Vorfahren hätten Raumschiffe mit hohen Geschwindigkeiten in andere Sonnensysteme geschickt. Während dieser Fahrten unterlagen die irdischen Raumfahrer den Gesetzen der Zeitverschiebung. Da es von der jeweiligen Geschwindigkeit der Raumschiffe abhängt, wie groß die Zeitunterschiede sind, ließe sich denken, daß auf der Erde 40000 Jahre vergingen, hingegen an Bord der Schiffe nur zehn Jahre.

Spekulieren wir nun, in den 40000 Jahren zwischen 50000 und 10000 v. Chr. wäre die irdische Zivilisation vernichtet worden. Durch furchtbare Kriege. Durch Naturkatastrophen, durch einen Polsprung und der damit verbundenen weltweiten Überflutung. Durch ein kosmisches Ereignis, wie Bakterien aus dem Weltall.

Die Überlebenden mußten wieder bei Null anfangen. Noch Generationen nach dem Kahlschlag hausen Menschen in Höhlen. Sie können schreiben, Feuer machen, Werkzeuge herstellen, Wohngemeinschaften bilden ... doch die Geschichte der großen Vergangenheit ihres eigenen Geschlechts kennen sie nur noch aus der Überlieferung ihrer Vorväter.

In diesen Neuanfang platzen nun die Raumschiffbesatzungen, die 50000 v. Chr. ausgesandt worden waren. Die Besatzungen sind nur um 10 Jahre gealtert.

Was werden die Raumfahrer tun? Retten, was zu retten ist. Dank ihrer überlegenen Kenntnisse werden sie die Überlebenden regieren, werden sie aus ihrem präsenten Wissen wieder die alten Gesetze und Spielregeln des Zusammenlebens einführen.

In dieser Denkhilfe werden also unsere Vorfahren von ihren eigenen Vorfahren, die aus dem Weltall kommen, besucht. Es wären auch hier »Götter«, die aus kosmischen Weiten einfallen, auch wenn sie Nachfahren *einer* Familie sind. Geschichte wiederholt sich.

Bin ich Conferencier der Vergangenheit oder der Zukunft, wenn ich vermute, daß in einem nicht zu fernen, überschaubaren Zeitraum irgendwo auf der Welt heimlich ein Weltraumschiff ausgerüstet wird, das Platz für eine gemischte Gesellschaft von Männern und Frauen haben wird? In dessen sterilem Frigidaire Kulturen verschiedener Bakterien lagern. In dessen Frachträumen exhaustierte Plastikbehälter mit Samen aller Pflanzenarten gehortet sind. In dessen sauerstoffdurchfluteten Bassins kleine Fische schwimmen. In dessen Arbeitskabinen Lexika mit dem kompletten Wissen unserer Zeit stehen und Mikrofilme mit allen technischen und wissenschaftlichen Kenntnissen in Regalen liegen. In dessen Werkkammern einfache Geräte — Schaufeln, Harken, Zelte — der Besatzung Hilfe geben können, um am unwegsamsten Ende des Universums Überlebenschancen zu haben.

Es wird ein Tag kommen, an dem die Mannschaft auf einer Checkliste alle notwendigen Güter abhaken wird ... und gen Himmel startet.

Und weil Geschichte sich wiederholt, wird der Kommandant des Raumschiffs vermutlich NOAH heißen ...

MITTEILUNG

Vor Jahren wies ein Freund mich darauf hin, es gäbe im Britischen Museum, London, Darstellungen von Panzerwagen, die offensichtlich im sumerisch-babylonischen Raum bei Schlachten eingesetzt worden seien.

Bei meinem nächsten Besuch in London konnte ich verifizieren, daß es im Parterre des Britischen Museums tatsächlich große Reliefs aus babylonischer und assyrischer Zeit gibt, die panzerähnliche Fahrzeuge zeigen. Nach Meinung der Archäologen handelt es sich hier um die Darstellung von Sturmböcken, wie sie zum Durchbrechen von Stadtmauern eingesetzt wurden.

Kann sein, muß nicht sein.

Viererlei fällt mir bei diesen ›Sturmböcken‹ auf:

- Sturmböcke, was immer man sich darunter vorstellen mag, werden von Soldaten bedient, sie laufen nicht von allein und schon gar nicht bergauf. Falls die Bedienungsmannschaft gegen Pfeile und Steinwürfe geschützt werden sollte, müßten aber deren Füße sichtbar sein. Irgendwie mußten ja auch ›Sturmböcke‹ fortbewegt werden ... und Räder sind auszumachen. Wie also wurde der Apparat angetrieben?
- Der Sporn, die Ramme am Vorderteil des ›Sturmbocks‹, kann eine Wirkung nur erzielen, wenn er im rechten Winkel auf Mauer oder zu erstürmendes Tor trifft. Nach oben gerichtete Rammen — wie auf den Bildern deutlich erkennbar — machen keinen Sinn. Die kinetische Energie hat keine Wirkung. Der nach oben gerichtete Sporn hätte den Bock selbst beim Aufprall zertrümmert oder ihn wie ein aufbäumendes Pferd hochgehoben.
- Ganz widersinnig bei diesen ›Sturmböcken‹ ist — wie auf einem Bild zu sehen — der Zwillingssporn. Wäre zwei spitze Rammen auf die Mauer geprallt, hätte sich die zerstörende Wirkung um die Hälfte reduziert. Ganz arg aber wäre die Fehlkonstruktion, wenn beide Sporne auch noch nach oben gerichtet waren.
- Last but not least: Wieso, warum braucht ein ›Sturmbock‹ einen Turm?

Diese beiden Muster von ›Sturmböcken‹, deren es mehrere zu betrachten gibt, lassen in mir die Spekulation wach werden, ob es sich nicht um Schallkanonen gehandelt hat, wie sie bei der Erstürmung der alten Stadt Jericho zum Einsatz kamen?

»Als nun der Schall der Posaunen ertönte, stürzte die Mauer in sich zusammen, und das Volk erstieg die Stadt, ein jeder gerade vor sich hin.« (Josua, 6, 20)

»Panzerwagen« im frühen Altertum?
Zwei Darstellungen aus dem Britischen Museum. London

5
Zeichen der Götter? Zeichen für die Götter?

Ein Herr in Athen · Griechenlands Tempel und Kultorte im geometrischen Netz · Euklid oder Platon die Anreger? · Anlagen im »Goldenen Schnitt« · Orte auf der Kreislinie · Geometrisches System über Griechenland hinaus · Russische Forscher entdecken weltweit geometrische Ordnungen · Was die Sioux sagen · Kulte, heute entstanden · Bei den Bantus in Afrika · Mas'udi wußte nichts von Simbabwe · »Nicht von Menschenhand« · Simbabwe vermessen und beobachtet · Simbabwes seltsame Vögel · Anlage nach dem Sirius-System?

Es ist einige Jahre her, und es war in Athen. In der Runde einer Pressekonferenz war mir ein Herr mit grauem Haar aufgefallen, der keine Fragen stellte, aber eifrig Notizen machte. Beim Hinausgehen kam er auf mich zu und fragte sehr höflich, ob mir bekannt sei, daß alle alten griechischen Tempel, auch jene, die in mythologische Entstehungszeiten datieren, in exaktem geometrischem Verhältnis zueinander ständen.

Ich habe wohl ein wenig geschmunzelt, denn der Herr versicherte mir, es wäre genauso, wie er es sage; aber ich weiß genau, daß mir Zuhörer gern eine Freude machen, indem sie mir einen Hinweis geben, der Anlaß für neue Spekulationen auf meiner Linie sein kann. Nein, antwortete ich, mir wäre völlig unbekannt, was er da behaupte, und ich hielte es auch für unsinnig, weil ich mir nicht denken könne, daß die »alten Griechen« geodätische Kenntnisse hatten, mit denen sie Tempelanlagen in ein geometrisches Schema hätten einfügen können; überdies, sagte ich, wären die Tempel oft Hunderte von Kilometern voneinander entfernt, Gebirgszüge lägen dazwischen und nähmen jede Sicht, um einen Bau am anderen auszurichten, und er möge doch nur daran denken, daß es selbst auf kleinen Inseln

Tempelanlagen gäbe, die vom Festland aus mit blankem Auge kaum erkennbar wären. Nein, resümierte ich, ich könne mir auch nicht vorstellen, welches Interesse die Erbauer der Anlagen gehabt haben könnten, Tempel und Kultorte in eine geometrische Beziehung zueinander zu bringen.

Der Herr hob wie entschuldigend die Schultern und ging, ich hatte ihn mit meiner Skepsis enttäuscht ... und bald vergessen. Plötzlich aber sah ich ihn wieder vor mir, als mir zwei seriöse Arbeiten auf den Schreibtisch kamen, die die Behauptungen des griechischen Herrn bestätigten. Die eine Publikation stammt von Dr. Theophanis M. Manias [37], der Brigadier der griechischen Luftwaffe war — die andere verfaßte Professor Dr. Fritz Rogowski [38] von der Technischen Universität Carolo-Wilhelmina in Braunschweig. — Beide Autoren beweisen zweifelsfrei, daß *alle* Kultorte, beispielsweise Orakelorte, und alle alten Tempel Griechenlands nach einem »geometrisch-geodätischen Triangulationsmuster« angelegt wurden. Nach der Lektüre der beiden Arbeiten fiel mir mein Gesprächspartner aus Athen wieder ein. Gern würde ich mich bei ihm für meine nonchalante Skepsis entschuldigen, aber ich kenne ja seinen Namen nicht. Nun, der kluge Herr wird von meiner Bekehrung erfahren, wenn dieses Buch im NOTOS-Verlag in Athen erscheint.

Ideen von Euklid?

Das Faktum der nach geometrischen Prinzipien angelegten Bauten allein müßte noch kein »Wunder« sein, denn das alte Griechenland brachte ja einen der größten Mathematiker aller Zeiten hervor — Euklid, der gegen Ende des 4. Jahrhunderts v. Chr. lebte, an der Platonischen Universität in Alexandria lehrte und mit seinen 15 Werken das ganze Spektrum der Mathematik, insonderheit der Geometrie, darstellt. Hatte Euklid die Idee, die Bauten so zu placieren, wie sie placiert sind?

Was tat, was wußte Platon?

Euklid war Zeitgenosse Platons, des Philosophen, der auch als Politiker aktiv war. In Megara saß Platon zu Füßen Euklids und hörte dessen Vorlesungen. Faszinierten Platon die Gedanken seines Kollegen? Machte er sich dessen Erkenntnisse zunutze, wenn er als Politiker über Bauaufträge mitzuentscheiden hatte? Bekamen Architekten auf diesem Weg Weisung, die Tempel im Triangulationssystem (Dreieckssystem) zu erbauen?

Diese naheliegende Vermutung ist irrig, denn die meisten Tempel und Kultorte gab es nämlich schon lange *vor* Euklid!

Trotzdem muß Platon von dem geheimnisvollen geometrischen Netz der Bauten des griechischen Altertums gewußt haben, denn in den Kapiteln 7 und 8 seines Werkes Timaeus (Timaios) erwähnt er eine ganze Reihe von geometrischen Zusammenhängen. Platon, Meister des glasklaren Dialogs, hielt viel von Geometrie. Heute noch steht in manchen Geometriebüchern zum Geleit Platons Satz:

> »Laßt keinen geometrischen Ignoranten mitreden. Geometrie ist das Wissen des ewigen Seins.«

Durchaus möglich, daß Euklid dem Platon seine Beobachtungen von den *bereits vorhandenen* geometrischen Rätseln zuflüsterte. Dann aber mußte Euklid über uraltes geometrisches Wissen verfügen, das im alten Hellas in Tempeln und an Kultplätzen zu Stein geworden war. Dr. Manias meint denn auch: »Die gesamte euklidische Geometrie besteht aus einem uralten, religiös-wissenschaftlichen Kondex.«[37]

Der »Goldene Schnitt« — zu Stein geworden

Freilich wissen wir alle, was der »Goldene Schnitt« ist, schon Euklid schrieb darüber. Ehe ich aber einige verblüffende Beispiele von geometrischen Bezügen zwischen Kultstätten gebe, die nach den Maßen des »Goldenen Schnitts« angelegt sind, möge hier die Definition stehen; ich entnahm sie einem Lehrbuch[39] meiner Tochter:

Wird eine Strecke AB durch einen Punkt E so geteilt, daß sich die ganze Strecke zu ihrem größten Abschnitt verhält wie dieser

zu dem kleineren Abschnitt, so nennt man die Strecke AB im ›Goldenen Schnitt‹ geteilt.

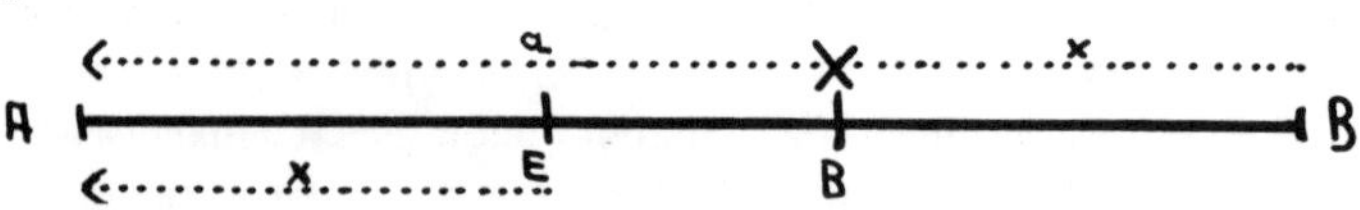

Verlängert man eine im ›Goldenen Schnitt‹ geteilte Strecke um ihren größeren Abschnitt, so ist die neue Strecke durch den Endpunkt der ursprünglichen wieder im ›Goldenen Schnitt‹ geteilt. Dieser Vorgang läßt sich beliebig fortsetzen.

Nun einige Beispiele:

- □ Die Entfernung der Kultorte Delphi–Epidauros entspricht dem größeren Teil des Goldenen Schnitts der Entfernung Epidauros–Delos — nämlich 62%.
- □ Die Entfernung Olympia–Chalkis entspricht dem größeren Teil des Goldenen Schnitts der Entfernung Olympia–Delos — nämlich 62 %.
- □ Die Entfernung Delphi–Theben entspricht dem größeren Teil des Goldenen Schnitts der Entfernung Delphi–Athen — nämlich 62%.
- □ Die Entfernung Sparta–Olympia entspricht dem größeren Teil des Goldenen Schnitts der Entfernung Sparta–Athen — nämlich 62%.
- □ Die Entfernung Epidauros–Sparta entspricht dem größeren Teil des Goldenen Schnitts der Entfernung Epidauros–Olympia — nämlich 62%.
- □ Die Entfernung Delos–Eleusis entspricht dem größeren Teil des Goldenen Schnitts der Entfernung Delos–Delphi — nämlich 62%.
- □ Die Entfernung Knossos–Delos entspricht dem größeren Teil des Goldenen Schnitts der Entfernung Knossos–Chalkis — nämlich 62%.
- □ Die Entfernung Delphi–Dodoni entspricht dem größeren Teil des Goldenen Schnitts der Entfernung Delphi–Athen — nämlich 62%[37].

Kultorte auf Kreislinien

Mit der Anordnung der Kultstätten im Goldenen Schnitt sind die geometrischen Kuriositäten nicht erschöpft.

Setzt man die Spitze eines Zirkels ins Zentrum eines Kultortes und zieht einen Kreis, der eine zweite Kultstätte durchläuft, so wird der Kreis stets einen dritten, sehr oft einen vierten Kultort berühren. Zum Beispiel:

- □ Kreismittelpunkt Knossos. Auf der Kreislinie liegen auch Sparta und Epidauros.
- □ Kreismittelpunkt Taros. Auf der Kreislinie liegen auch Knossos und Chalkis.
- □ Kreismittelpunkt Delos. Auf der Kreislinie liegen auch Theben und Ismir.
- □ Delphi, Olympia und Athen sind von Argos gleich weit entfernt.
- □ Sparta, Eleusis und das Orakel von Trofonion sind von Mykene gleich weit entfernt[37].

Dr. Manias fand auch heraus, daß jeder Tempel und jede Kultstätte, nimmt man sie als Punkte, auf einer durch zwei weitere Kultstätten bestimmten geraden Linie liegen.

Das Unbegreifliche ist, daß die meisten dieser geometrischen Zusammenhänge in viel frühere Zeiten als die Lebzeiten von Pythagoras (um 560 v. Chr.) und Euklid, den beiden mathematischen Genies, zu-

Epidauros – Beispiel eines antiken Kultortes, der Delphi und Delos im Goldenen Schnitt zugeordnet ist

rückgehen und damit in die mythologische griechische *Steinzeit* reichen. Der Luftwaffen-Brigadier Manias weiß es: aus großen Höhen betrachtet, zeigen die Anordnungen der Kultorte Bilder von gigantischen Kreisen, von regulären Fünfecken, von fünfstrahligen proportionierten Pythagoras-Sternen, von Pyramiden und sogar von geometrischen Figuren aus der griechischen Mythologie. Nur ein Beispiel: Der Sage nach soll sich Apollo in einen Delphin verwandelt und den Priestern von Kreta den Ort Delphi gezeigt haben. Verbindet man die Kultorte zwischen Kreta und Delphi mit Linien, dann markieren sie einen Delphin von über 500 km Länge!

Das Ganze ist verwirrend. Die zahllosen geometrischen Gesetzmäßigkeiten lassen den Zufall als Bauherrn ausscheiden.

Wie also soll man sich den mathematischen Perfektionismus erklären? Wie will man ihn mit dem mathematischen Wissen, das man prähistorischen Völkerschaften zugesteht, unter einen Hut bringen? Woher wußten sie, an welchem Punkt sie zu bauen hatten? Da nur aus großen Höhen erkennbar, muß man fragen, ob sie von »irgendwem« eingewiesen wurden und auch, ob »irgendwer« ein Netz mit geometrischen Zielen über Hellas zog, Fähnchen in den Boden steckte und befahl: Hier habt ihr eine Kultstätte zu bauen!

Zusammenhänge aus mehrtausendjähriger Überlieferung

Oder haben die alten Griechen — wie Professor Rogowski[38] vorschlägt — stets nur Kleinklein zusammengefügt, was letztendlich dann das große geometrische Netz entstehen ließ? Wenn dem so wäre, warum stellte dann Platon in seinem Timaios ausdrücklich fest, daß es sich bei den geometrischen Zusammenhängen um *eine mehrtausendjährige Überlieferung heiligen Gedankengutes* handelte? Ja, und wenn der weise Platon um 400 v. Chr. von »mehrtausend Jahren« sprach, dann sind wir mittendrin im Zeitalter der Götter.

Vor solchen Rätseln ergibt sich stets ein Ritus ähnlicher Fragen. Geht man davon aus, daß Tempel und Kultorte *vor* Euklid erbaut waren und ins Schema der geometrischen Muster paßten, ist zu fragen, *weshalb* wurde *so* gebaut? Ist zu ergründen, was die *Ursache* dieser eigenartigen Planung war. Ist auch zu klären, woher man zu so frühen Zeiten das enorme mathematische Wissen nahm. Und schließlich interessiert es natürlich, wer die griechischen Stämme an die Lokationen eingewiesen hat, wenn sie sie aus eigenem Wissen nicht anlaufen konnten. Der Fragenritus führt in eine Klemme.

Aber es wird alles noch verwirrender.

Nicht auf Griechenland beschränkt ...

Dr. Manias stellte zu seiner eigenen Verblüffung fest, daß das geometrische System nicht auf Griechenland beschränkt ist: auch die Tempel auf Zypern, im Libanon (Baalbek), in Alexandrien wie sogar ägyptische Pyramiden sind in das Netz miteinbezogen.

... es gibt das »Netz« rund um den Globus!

Die russischen Forscher Gontscharow, Makarow und Morosow arbeiteten an einer Weltkarte, in die alle wichtigen alten Kulturzentren eingetragen werden sollten. Als Nikolai Gontscharow von der Kunstuniversität Moskau vor der fertigen Arbeit stand, drängte sich ihm der Eindruck auf, das Bild eines Fußballes zu sehen[40]: die Markierungen wichtiger Stätten alter Kulturen hatten auf dem Globus einen zwölfteiligen Ball gezeichnet, dessen Karrees aus jeweils fünfeckigen Flächen bestehen. Darüber berichtete Nikolai Bodnaruk, Korrespondent der »Komsomolskaja Prawda«:

> »Viele Herde uralter Kulturen hatten demnach keinen zufälligen Standort gehabt, sondern lagen genau an den Knotenpunkten dieses Systems. So war es mit der Indus-Kultur von Mohendscho-Daro, mit Ägypten und mit der Nordmongolei, mit Irland und mit der Osterinsel, mit Peru und mit Kiew, der ›Mutter der russischen Städte‹.
>
> Der ›Naht‹ entlang, wo die gigantischen ›Platten‹ zusammenstoßen, erstrecken sich die Erdölgebiete Nordafrikas und des Persischen Golfs. Dasselbe ist in Amerika von Kalifornien bis Texas zu beobachten. Sehen Sie sich einmal die Knotenpunkte des doppelten Netzes näher an: der überaus reiche Süden Afrikas, die Lagerstätten in Cerro des Pasco, Südamerika, ferner Alaska und in Kanada; der unterirdische Erdöl- und Gasozean Westsibiriens und vieles andere.
>
> Natürlich ist nicht überall ein solcher Zusammenhang zu verzeichnen. Doch kommt er allzu häufig vor, als daß diese Erscheinung rein zufällig wäre. Übrigens sind Abweichungen von dem geometrisch strengen Schema ganz und gar verständlich, ändert sich doch auch unser Planet und setzt sich doch auch die Bildung von Naturschätzen fort.«

Bleibt zu diesen frischen Entdeckungen anzumerken, daß Platon bereits in seinem Timaios behauptete: *sähe man von oben her auf die Erde, würde sie einem zwölfteiligen Lederball gleichen.*

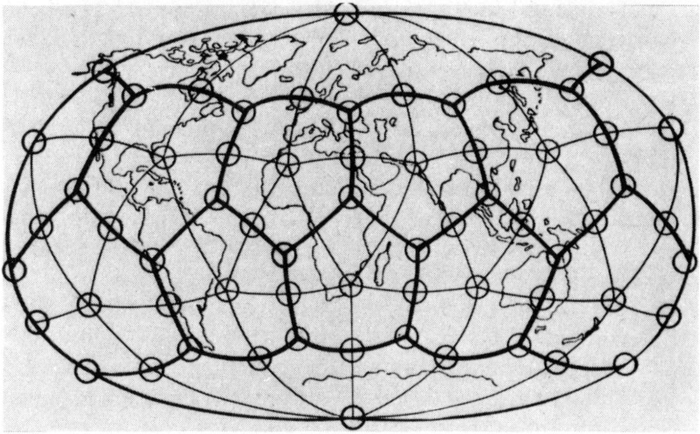

Als die russischen Forscher weltweit Kultorte auf den Globus übertrugen, bot sich ihnen der Eindruck eines Fußballs – zusammengesetzt aus Pentagons, aus Fünfecken

Im wesentlichen nichts Neues über die Schrunden und Schrammen im Antlitz von Mutter Erde?

In Kenntnis der gigantischen »Steinzeichen« rund um den Globus kann ich mich des Eindrucks nicht erwehren, als seien die Mahnmale und Zentren alter Kulturen allesamt nach dem großen Entwurf einer globalen Baukommission angelegt worden — und: als wären an den »heiligen Orten« Zeichen gesetzt worden, die von fliegenden »Göttern« gesehen werden sollten! Aus dem Stand gebe ich diese Hinweise (mehr davon stehen in meinen »alten« Büchern):

- □ Die gigantischen Scharrbilder zwischen den »Pisten« auf der inzwischen weltberühmten Ebene von Nazca.
- □ Die riesigen Schachbrettmuster an den Schrägwänden in der Provinz Antofagasta, Chile.
- □ Der 100 m hohe »Roboter« in der Wüste von Taratacar im Norden von Chile.
- □ Das 110 m lange weiße Pferd von Uffington bei Berkshire Downs in England.
- □ Der 55 m hohe Riese von Cerne Abbas in Südengland.
- □ Der »lange Mann« von Wilmington in Sussex, England.

- Das 13 m lange und 9 m hohe Pferd, die 28 m große und 21 m breite Riesin mit ausgebreiteten Armen und der 51 m große Riese, die selbdritt bei Blythe in Kalifornien zu sehen sind.
- Der 46 m hohe Riese von Sacaton in Arizona.
- Die »Boulder Mosaics« im White-Shell-Provincial-Park in Manitoba.
- Der »Silbury Hill« bei Wiltshire, 8 km westlich von Marlborough, England.
- Die sechs riesigen Achtecke mit einer totalen Länge von 11,2 Meilen bei Poverty Point in Louisiana, USA.
- Der über 400 m lange »Schlangen-Mound« am Flüßchen Bush-Creek in Ohio, USA.
- Die riesigen konzentrischen Kreise oder Räder, wie sie bei Ripon, Yorkshire, in England — auf der japanischen Insel Hokkaido bei Nonakado und in verschiedenen Bundesstaaten der USA zu finden sind wie etwa das »Medicine-Wheel« (Medizinrad) in den Big-Horn-Mountains im Staate Wyoming.
- Last but not least: Der rund 250 m hohe »Dreizack der Anden« bei Pisco in der Bucht von Paracas, Peru.

Diese hier nur kleine, aber muntere Kollektion mag belegen, daß Menschen früher Kulturen gigantische Zeichen in Bergwände ritzten oder in Ebenen hämmerten, die in ihrer ganzen Pracht nur aus beträchtlicher Höhe erkennbar waren. *Wozu* tat man das, *für wen* tat man das?

In der archäologischen Literatur wird zu jedem Fall versichert, er gehöre zu einem alten Kult. May be. Doch: um was für einen Kult handelte es sich denn? Das möchte man in aller Bescheidenheit doch gern wissen, erfährt es aber nicht. Wenn schon Kult, muß es einer von der universalen Sorte gewesen sein: er hatte einen gemeinsamen »Nenner«, der alle Völker zu gleichen Aktivitäten animierte. Wie sonst sollen die Völker aller Kontinente sich darüber verständigt haben, daß sie nunmehr die Berge hinaufklettern müßten, um Zeichen an die Wände zu kratzen oder in einer Ebene Figuren zu zeichnen, alles Tätigkeiten, deren Ergebnisse sie aus der Nähe nicht erkennen konnten.

Rechte Seite:
Oben: Die Maya-Pyramide von Chichén Itza, ein Zeichen für die Götter?
Unten: Der ›Dreizack der Anden‹ bei Pisco in der Bucht von Paracas.

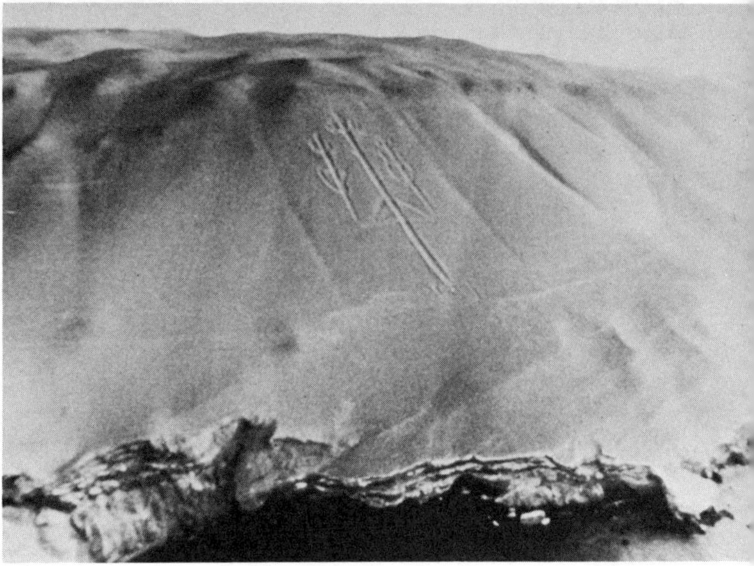

Die Götterstatuen von Tula. Mexico.
Was für Götter wurden dargestellt?

Wie es die Sioux machten

Die Sioux-Indianer erzählen sich diese Legende:

Vor vielen Monden in der Vergangenheit der Vorfahren kam ein großes Rad vom Himmel. Es strahlte wie Feuer, und von der Radnabe blinkte es wie von Sternen. Die Winde rauschten beängstigend, als das Rad auf dem Medizinberg aufsetzte. In Angst und Schrecken rannten die Dorfbewohner davon. Als sie sich aus ziemlicher Entfernung umsahen, erhob sich das Rad wieder — »wie die Wildente im

Busch« — und ward nie wieder gesehen. Die weisen Männer des Stammes hielten Rat und beschlossen, diese Stelle mit Steinen einzufassen, damit zukünftige Generationen das »Matatu Wakan«, das Himmelsrad, für alle Zeit in Erinnerung behielten. Weil die Sioux glaubten, das Rad sei von der Sonne gekommen, begannen sie, riesige Zeichen in die Erde zu ritzen, die nur von einem hoch darüber fliegenden Adler wahrzunehmen waren. Man sollte nicht darüber lachen. »Kulte« wie dieser entstehen noch im cleveren 20. Jahrhundert!

Ein Kult — heute entstanden

Die Bewohner der Melaneiden-Inseln im Südpazifik tragen Tätowierungen auf ihrer Haut, die sie selbst nicht lesen können: USA. Sie behaupten, vor langer Zeit habe sie der König eines fernen Landes, Amerika hieß es, besucht; der Gott habe sich John Frum genannt, und er werde, das habe er versprochen, eines Tages mit 50000 himmlischen Begleitern wieder aus dem Masur-Vulkan hervorkommen, ihr armseliges Leben bessern und ihnen Glückseligkeit bringen. Allerdings, sagen sie, würde Gott John Frum nur dann wiederkehren, wenn sie die Bräuche übten und die Götter verehrten. So schultern sie denn Holzlatten, murmeln Gebete in ganz primitive Holzkästen, an denen lange Palmwedel hängen und bewegen sich rhythmisch im Kreise. Was treiben die Leutchen? Sie imitieren amerikanische Soldaten, die 1942 auf ihren Inseln notlandeten und eine Weile blieben, bis sie von der Air Force abgeholt wurden. Dieser ziemlich junge Kult wird in der Literatur mit unter Cargo-Kult geführt. Cargo bedeutet Schiffsladung, aber den Namen gaben ja auch westliche Kultdeuter.

Am 16. Oktober 1978 strahlte die BBC London in ihrer Dokumentarserie PANORAMA einen Film aus, in dem Raketenstarts in Zaire, Afrika, gezeigt wurden. Im Staat Mobutus führt die deutsche Gesellschaft OTRAG seit Jahren solche Versuchsstarts für die Erprobung einer Billigrakete durch. Die Kamera schwenkte auf eine Gruppe von Negern, die die Vorgänge bestaunten. Ein Dolmetscher fragte, was sie von dem Treiben hielten. Ein Neger antwortete: »Das sind unsere mächtigen Freunde, die Feuer in den Himmel schicken!« — Wer weiß: Wenn die OTRAG-Leute längst wieder abgerückt sind, wird sich dann ein »Raketenkult« entwickeln?

Wenn Kulte noch in unserer Zeit durch realistische Ereignisse initiiert werden, darf man mit Fug und Recht annehmen, daß auch Kulte und Mythen der Frühzeit durch Wirklichkeiten, durch reale Hintergründe, zustande kamen. Sie machen denn auch die riesigen »Steinzeichen«, die Zeichen für die »Götter«, plausibel.

Bei den Bantus in Afrika

1868 verirrte sich der deutsche Abenteurer und Elfenbeinhändler Adam Renders im dichten südafrikanischen Busch. Mit dem Messer schlug er sich Schneisen durchs tropische Gehölz, um wieder den Weg zu Menschen zu finden. Plötzlich stand er vor einer zehn Meter hohen Mauer!

Renders war im Moment überzeugt, es nun geschafft zu haben, denn wo Mauern sind, leben im allgemeinen auch Menschen. Er lief die Mauer entlang, mußte aber erkennen, daß er sich im Kreis bewegte, er kam immer wieder an den Ausganspunkt zurück. Von Busch und Bäumen verdeckt, fand er schließlich eine Mauerlücke. Vermutlich hielt Renders sich für den ersten Weißen, der die Ruinen von Simbabwe betrat.

Plötzlich stand Adam Renders vor einer zehn Meter hohen Mauer …

Traumland Ophir?
1871 führte er den deutschen Geologen Karl Mauch dorthin. Der erstellte einen Plan der Ruinen, kehrte nach Deutschland zurück und gab sich als Entdecker von Simbabwe aus. Mauch vertrat die Theorie, in und um Simbabwe habe einst das Traumland Ophir gelegen, aus dem König Salomo Gold und Edelsteine holen ließ (1. Kön. 9, 26 ff.). Das war eine der zahllosen Deutungen, mit denen das Rätsel von Simbabwe gelöst werden sollte.

Doch andere lokalisierten das Traumland Ophir mit gleicher Überzeugung nach Indien und Elam, nach Arabien und Ostafrika; wahrscheinlich lag es an der südlichen Westküste des Roten Meeres. Wie dem auch sei: Karl Mauch steuerte eine zu vielen Theorien bei und wußte nicht, daß der geheimnisvolle Ort bereits seit langem aktenkundig war. Übrigens: Adam Renders ließen die Ruinen nicht mehr los, er blieb bis zu seinem Tode dort.

Über den Ruinen von Simbabwe liegt ein dichter Nebel, in dem romantische Spekulationen gedeihen. Der Archäologe Marcel Brion[41] trug alle Simbabwe-Erklärungen zusammen, um festzustellen, daß sie nichts als »romantische Spekulationen« seien.

Mas'udi weiß nichts von Simbabwe
Es ist kein Wunder, daß Simbabwe bei seiner Lage im tiefen Busch Afrikas eine Art von Geheimtip gewesen sein muß, denn nicht einmal der gewissenhafte arabische Schriftsteller und Weltreisende Abu l-Hasan Mas'udi (um 895), der in Bagdad lebte und von dort aus weite Forschungsreisen unternahm, erwähnt Simbabwe in seinem Hauptwerk »Goldwäschereien«. Dabei steht fest, daß auch zu Mas'udis Zeiten in diesem Raum große Goldmengen gegraben wurden.

Damiao de Goes (1502—1574), ein auch sehr ambulanter portugiesischer Geschichtsschreiber, erwähnt Simbabwe zwar, sah es aber nicht selbst; er wurde von stolzen Negern auf ihr großes Bauwerk hingewiesen. Sein Landsmann und Kollege Joao de Barros (1496—1570) spricht von Simbabwe in seinem vierbändigen Werk »Asia«. Er schrieb:

Nicht von Menschenhand
»Die Eingeborenen nennen diese Gebäude Simbabwe, was ›königliche Residenz‹ bedeutet ... Niemand weiß, durch wen und wann sie errichtet wurden, denn die Bewohner des Landes können nicht schreiben und haben keine Geschichtsüberlieferung. Sie

behaupten jedoch, die Bauwerke seien ein Werk des Teufels, da es ihnen in Anbetracht ihrer eigenen Fähigkeiten unmöglich erscheint, daß sie von Menschenhand stammen ...«

200 Jahre später, 1721, notierte der Gouverneur von Goa:
»Man berichtete, daß es in der Hauptstadt von Monomotopa einen Turm oder ein Gebäude aus Mauerwerk gebe, das allem Anschein nach nicht das Werk der eingeborenen Schwarzen sei.«[41]

Reise nach Simbabwe

Im Spätherbst 1976 war ich in Simbabwe, es ist längst ein heißer Touristentrip. Man erreicht das Ruinenfeld von Fort Victoria aus auf einer geteerten, meistens schmalen Straße. Nur wenige Kilometer von Simbabwe entfernt, liegt das ›Simbabwe Ruins Hotel‹; mehrere strohgedeckte Häuser umgeben hufeisenförmig einen schattigen Hof; an Steintischen sitzend, servieren einem dort höfliche Schwarze Speisen und Getränke; um Schulter und Brust geschlungene Seidenbänder machen in großen Lettern ihren Job kund: Speisekellner! Weinkellner! Oberkellner! Hier ließe es sich idyllisch leben, wenn nicht immer wieder aus einem Tal Gewehrsalven und Maschinengewehrfeuer widerhallen würden: Moçambique ist nur eineinhalb Stunden von hier entfernt.

In Rhodesiens Hotels und Gaststätten, die ich kennenlernte, gab es schwarze und weiße Kellner, schwarze und weiße Stubenmädchen; schwarze und weiße Bus- und Taxifahrer gehören zum Straßenbild. Es gibt viele Weiße, die die Schwarzen nicht mögen, und Schwarze, die die Weißen nicht gern sehen. Ist es bei uns viel anders? Mögen die Deutschen die türkischen Gastarbeiter? Lieben wir Schweizer denn die Hunderttausende Südländer, die uns Autobahnen, Stauwerke bauen und Tunnels durch die Alpen schlagen?

Mit diesen Anmerkungen will ich das zu lösende Rassenproblem nicht verharmlosen, es ist aber erwähnenswert, weil auch und sogar die Ruinen von Simbabwe ins politische Spiel gerieten. In Rhodesien galt es vor gar nicht so langer Zeit noch als ›shocking‹, die Bauwerke den Schwarzen zuzuschreiben. Tatsächlich errichteten die unzähligen Negerstämme weder im Norden noch im Süden solche gigantischen Anlagen. Organisation und Planung waren ihrem Wesen fremd, sie sind es wohl heute noch. Wer vor 20 Jahren behauptet hätte, Bantu-Neger hätten Simbabwe errichtet, der hätte sich aus politischen Gründen sehr, sehr unbeliebt gemacht.

Das Geheimnis von Simbabwe lockt Touristen aus aller Welt an.

Gespräch mit einem rhodesischen Archäologen

Ich unterhielt mich mit dem rhodesischen, etwa 35 Jahre alten Archäologen Paul Sinclair vom ›National Museums and Monuments of Rhodesia‹, der seit vielen Jahren für das Simbabwe-Museum arbeitet. Auf eigene Faust organisierte er Ausgrabungen in benachbarten Tälern, förderte aus tiefliegenden Erdschichten chinesische Seide, arabische Keramiken, unzählige Schmuckgegenstände der Bantu-Neger und seltsame Figürchen zutage.

Ich fragte Sinclair:

»Wer hat Ihrer Meinung nach die gewaltigen Bauwerke erstellt?«

»Das waren die Schwarzen«, antwortete er. »Simbabwe bedeutet in der Schona-Sprache soviel wie ›geachtetes‹ oder ›ehrwürdiges Haus‹. Unter ›ehrwürdiges Haus‹ läßt sich sowohl ein religiöser Tempel wie eine Art von Königsresidenz verstehen. Leider fanden wir bisher das Grab dieses größenwahnsinnigen königlichen Diktators nicht, der die Riesenarbeit angeordnet haben könnte.«

»Was veranlaßt Sie zu der Überzeugung, daß die Schwarzen die Erbauer waren?«

Sinclair führte mich zu einem Schrank mit vielen Schubladen, die er der Reihe nach herauszog.

»Sehen Sie, wir fanden alle diese Gegenstände im ›Tal der Ruinen‹. Zwischen hier und den Häfen Sofala und Quelimae in Moçambique liegen rund 100 solcher Ruinen, im Ausmaß bescheidener als Simbabwe, doch in ähnlicher Bauweise ausgeführt. Granitplatten wurden durch Hitzeeinwirkung gesprengt und ohne Mörtelverbindung aufeinandergeschichtet. Früher reichte das Reich von Simbabwe bis an den Indischen Ozean. Wahrscheinlich exportierten die unbekannten Könige von Simbabwe Gold, um dafür von Arabern und Chinesen andere Güter zu beziehen. Die Belege für diese Annahme sehen Sie hier! Da ist chinesische Seide, da sind chinesische Töpfereien, die hier im Boden waren. Wir fanden arabische Tücher, Armringe, Glasscherben und sogar vereinzelte Schmuckstücke aus Indien. Diese Funde ließen uns zu der Überzeugung kommen, daß es hier eine Handelsstraße zu den Häfen am Indischen Ozean (heute Moçambique) gab. Und mit was handelte man? Natürlich mit Gold, denn wir wissen, daß es in und um Simbabwe Goldbergwerke gegeben hat. Auch der Titel der Könige, Monomotata, deutet darauf hin, denn der bedeutet etwa ›Gebieter der Bergwerke‹.«

»Könnte man nicht eher annehmen, daß die Araber die Bauleute gewesen sind?«

»Nein. Dagegen spricht, daß die Gegenstände ausländischer Herkunft viel weniger zahlreich gefunden wurden als solche, die eindeutig von Negern stammen. All diese Schubladen sind voll kleiner Fundstücke. Relikte der schwarzen Bauarbeiter.«

Da lagen sie in den Schubladen, die kleinen Figürchen, die vor unbekannten Zeiten vielleicht als Freizeitbeschäftigung an Lagerfeuern geschnitzt wurden; überwiegend zeigen die Gesichter negroide Züge. Aber: ich sah auch solche, die mich spontan an meine Astronautengötter erinnerten: Rundköpfe, die total von einem Helm umschlossen sind. Ich wühlte in Armspangen aus Elfenbein, unter Halsbändern, die aus den Knochen afrikanischer Tiere hergestellt waren und unter edleren Arbeiten aus Hölzern mit Elfenbeinintarsien.

»Mister Sinclair, wenn ich Sie richtig verstehe, haben die Schwarzen Simbabwe erbaut. Aber: warum und wozu?«

Der Archäologe meinte, Simbabwe wäre als Schutz, als Festung, gegen Räuber angelegt worden, denn das dort gehortete Gold wäre auch damals schon ein vielbegehrtes Metall gewesen.

Die Antwort befriedigte mich in keiner Weise.

Was notierte der portugiesische Historiker aus der Überlieferung der Eingeborenen?

> »Sie behaupten, die Bauwerke seien ein Werk des Teufels, da es ihnen in Anbetracht ihrer eigenen Fähigkeiten unmöglich erscheint, daß sie von Menschenhand stammen ...«

Wie sieht es denn heute in Simbabwe aus?

Analyse der Ruinen

Kernstück der Ruinen ist ein Mauerwall von 100 m Länge in elliptischer Form, der eine Innenfläche von rund 2000 m^2 umschließt, eine Fläche also, die etwa der Größe von Zwei Fußballfeldern entspricht. Diese Ellipse nennt man heute ›Königsresidenz‹, und das ist eine ziemlich absurde Namensgebung, wenn man weiß, daß wahrscheinlich nie ein König in den Mauern residierte: man fand keine Gräber, kein Schriftzeichen, keine Statuen, keine Büsten, keine Überbleibsel eines Handwerkszeugs.

Rechte Seite:
In der rechten »Ecke« der Ellipse steht dieser konische (komische!) Turm, der keinerlei Öffnungen hat. Keinen Eingang. Keinen Ausgang. Keine Fenster.

Simbabwe hat keine Geschichte.

Die Mauer, die die ›Residenz‹ umgibt, ist 10 m hoch mit einer durchschnittlichen Basisbreite von 4,50 m. Mörtel wurde nicht verwendet, um den Wall aus schätzungsweise 100 000 Tonnen Gewicht aufzutürmen.

Mauerreste *innerhalb* der Ellipse lassen eine sinnvolle Deutung nicht zu. Da sind Kreise, kleinere Ellipsen, eine parallel zur großen Wand verlaufende niedrigere Mauer ... und in der ›rechten Ecke‹ (freilich hat eine Ellipse genaugenommen keine ›Ecke‹ — drum in Anführungszeichen) ein Turm — 10 m hoch auf einer Basis von 6 m Breite. Der Turm verrät keinen für uns begreiflichen Sinn; es gibt

Die ›Akropolis‹ überragt die zerklüfteten Felsrücken

keinen Eingang, er hat weder Treppen noch Fenster, seine Außenwände sind von innen her kompakt mit Steinen ausgefüllt.

Die englische Archäologin Gertrude Caton-Thompson, 1929 mit den Leitungen der Ausgrabungen beauftragt, vermutete unter dem Bauwerk ein Grab; sie ließ buddeln, aber eine Grabstätte fand man nicht. Der Turm steht also scheinbar ziemlich sinnlos im restlichen Mauerwerk herum.

Um die Ellipse breitet sich ein weniger spektakuläres Ruinenfeld aus, das ›Tal der Ruinen‹ genannt wird. Von einem ›Tal‹ konnte ich allerdings nichts entdecken. Die Ruinen sind auf derselben Ebene verstreut, in der die große Ellipse liegt. Und, wie sich's hier gehört, sprießt zwischen Gesteinen eine üppige farbenprächtige Vegetation.

Die große Ellipse und das Tal der Ruinen werden von einem dritten Komplex überragt, der auf einem zerklüfteten Felsrücken liegt und als ›Akropolis‹ bezeichnet wird. Hier oben sind die natürlichen Gegebenheiten in raffinierter Weise ausgenutzt worden: wo es Felslücken gibt, sind Mauern eingebaut worden. Die dickste dieser Mauern, die den ›äußeren Wall‹ bilden, sind 7,50 m hoch, an der Basis 6,70 m breit und verjüngen sich nach oben hin zu einer Breite von immer noch 4 m! — Die Bauarbeiter müssen alle miteinander schwindelfrei gewesen sein, weil einige Mauerteile der Akropolis jäh in die Tiefe abfallen. *Dieser* Abschnitt der Akropolis muß leicht zu verteidigen gewesen sein — falls Simbabwe eine Festung war.

Acht Simbabwe-Vögel

Hier oben fand man kleine goldene Armbänder, Glasperlen und acht Vögel aus Seifenstein, dem Mineral Saponit, das sich im trockenen Zustand wie Seife anfühlt. Diese ›Simbabwe-Vögel‹ machten die Ruinenlandschaft nur noch rätselhafter; sie sind bis zu 30 cm hoch und haben wohl ursprünglich auf Säulen gethront (rechts).

Der Boden der Akropolis zeigt einige geometrische Muster. Der Ausblick von hier oben ins Tal der Ruinen und über den großen Wall hinweg ist überwältigend.

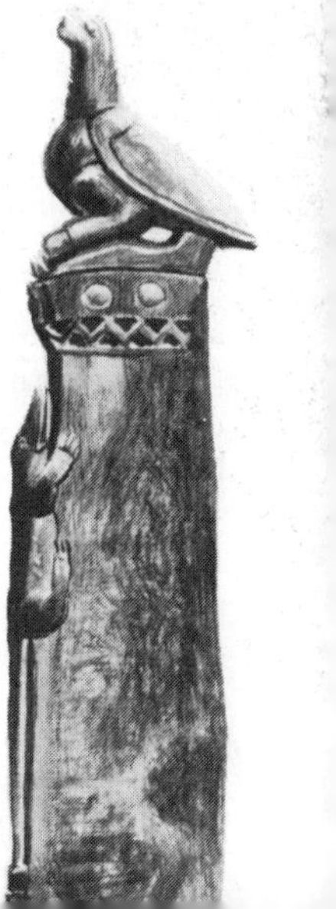

Acht solcher Simbabwe-Vögel fragen: Wo kommen wir her?

Einige der Felsblöcke von über 15 m Höhe scheinen von Menschenhand bearbeitet worden zu sein, andere könnten eine maschinelle Behandlung erfahren haben. Ich kenne Monolithen mit ähnlichen Bearbeitungsspuren aus Peru. Dort, über der Inkafestung Sacsayhuaman, sieht es wie hier aus, so, als hätten sich einst Riesen unter den Felsklötzen getummelt. Heute führt eine schmale Stiege im Zickzack zu den Monolithen empor. Wer um die Mittagshitze ohne Führer emporsteigt, sollte sich vor Schlangen in acht nehmen.

Cecil Rhodes' Rhodesien

Cecil Rhodes (1853—1920), der Gründer von Rhodesien, besuchte Simbabwe und interessierte sich sehr für die schon damals zahlreichen Theorien über die Entstehung der Bauten; er suchte sich für seinen Geschmack die biblische Version aus, wonach Simbabwe das Goldland Ophir gewesen sein soll.

Von Arabern erbaut?

Etwa zur gleichen Zeit vertrat der Archäologe J. P. Went die Meinung, Simbabwe sei von den Arabern erbaut worden. Diese Meinung wird heute noch von R. Gayre of Gayre geteilt, der sagt, die Bantu-Neger hätten nirgendwo sonst monolithische Bauwerke errichtet, warum also hier?! Gayre motiviert seine Hypothese mit dem Goldhandel: in vorislamischer Zeit hätten die Araber hier geschürft und Simbabwe zur Sicherung ihrer Schätze errichtet; was den elliptischen Wall angeht, verweist er auf einen ähnlichen Wall aus dem 17. Jahrhundert, der allerdings im Jemen steht.

Es gibt Schätzungen, wonach zur Blütezeit von Simbabwe bis zu 600 000 Tonnen Gold pro Jahr gefördert worden sein sollen. Derzeit beträgt Rhodesiens jährliche Goldproduktion noch ganze 16 Tonnen.

Alles steht in Frage, alles ist unsicher. Simbabwe scheint wirklich ohne Geschichte zu sein.

Da ich gern unterstelle, daß unsere Vorfahren, gleich ob schwarzen oder weißen Geblüts, in praktischen Dingen nicht sehr weit von unserem Denkvermögen entfernt lagen, fühlte ich mich in Simbabwe,

Rechte Seite:
Mauern. Mauern. Mauern. Doch keine Türme, Zinnen, keine Schießscharten, keine Stufen. Was sollte mit diesem aufwendigen Bauwerk bewirkt werden?

angesichts der mächtigen Anlagen, im Traumland Ophir keinen Augenblick wohl. Warum eigentlich nicht?

Falls hier je eine Garnison gewesen sein sollte, welche die Goldtransporte bewachte, lebten die Soldaten bestimmt in der uneinnehmbaren Akropolis. Von *dort* aus ließ sich die Ebene übersehen.

Rätselhafte Ellipse

Die Ellipse der großen Ruine in der Ebene hingegen ergibt keinen Sinn. Von dort aus gab es keinen Rundblick noch sonst etwas, was Verteidiger zu allen Zeiten benötigten: Türme! Zinnen — Schießscharten! Selbst auf die Mauern der Ellipse konnte man nicht ohne weiteres steigen, es gibt weder Stufen, die bis zum Mauerrand emporführen, noch Mauervorsprünge, die zu erklimmen waren. Als Fort schied die große Ellipse aus.

Warum, um Himmels willen, schleppten afrikanische Stämme Hunderttausende Tonnen Granit hierher und türmten es in zerkleinerten Brocken zu diesen Bauwerken auf?

Diese Frage ließ mich nicht los, sie verfolgte mich tagelang, während ich durch die Ruinenlandschaft stapfte ... bis mir an einer Wand des Simbabwe-Museums eine Karte der Anlagen auffiel!

Der Turm in der ›rechten Ecke‹ der Ellipse!

Innerhalb der großen Ellipse zeigte — neben anderen undefinierbaren Ruinen — der konische massive Turm in der ›rechten Ecke‹ einen signifikanten Standort! Ellipse und Turm — ähneln sie nicht durch ihre Lage in vertrackter Weise dem Sirius-Modell, das bei den Dogon-Negern in der westafrikanischen Republik Mali entdeckt wurde?

Der amerikanische Forscher Robert G. Temple[42] hat ganz genau nachgewiesen, daß der Negerstamm der Dogon seit unbekannten Zeiten über das Sirius-System in allen Einzelheiten Bescheid weiß.

Spur zum Sirius-System der Dogon-Neger in Mali

Der helle Sirius A, Hauptstern im Sternbild des Großen Hundes, wird von einem unsichtbaren, winzigen Neutronensternchen — Sirius B — auf der Bahn einer Ellipse umkreist. Auf den Steinritzungen der Dogon ist diese elliptische Umlaufbahn um den hellen Sirius A ›unten rechts‹ klar erkennbar.

Die Dogon behaupten, ihr ungeheures astronomisches Wissen von einem Gott namens Nommo zu haben. Nommo verriet den Negern

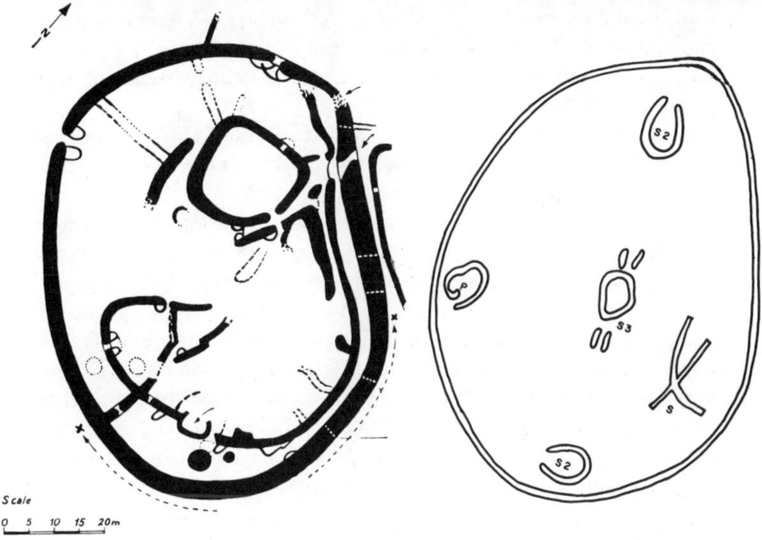

Ein schematischer Plan der Ruinen von Simbabwe im Vergleich zum Sirius-Modell der Dogon-Neger aus Mali

aber nicht nur die Umlaufbahn des *unsichtbaren* Sirius B um Sirius A, er lieferte ihnen zugleich die Namen und Umlaufdaten einiger anderer Planeten im Sirius-System. Da gibt es einen ›Planet Schuster‹ und einen ›Planet der Frauen‹ — Sirius-System-Kenntnisse, wie sie die moderne Astronomie noch nicht besitzt. *Sie* weiß lediglich, daß Sirius B in einem 50 Jahre währenden Turnus auf einer elliptischen Bahn um Sirius A kreist.

Nun, vor dem Lageplan im Simbabwe-Museum stehend, drängte sich mir eine optische Parallele auf. Gleich die große Ellipse von Simbabwe mit dem konischen Turm ›unten rechts‹ nicht der Überlieferung der Dogon von ihrem Sirius-Modell? Zeigen die unerklärlichen Mauerreste *innerhalb* der großen Ellipse die Bahnen vom ›Planeten Schuster‹ und vom ›Planeten der Frauen‹? Warum sonst verläuft über ein volles Drittel neben der elliptischen großen Mauer eine scheinbar völlig sinnlose Mauer parallel? Sie kann nämlich ebensowenig einem Verteidigungszweck gedient haben wie die anderen runden oder spiralartigen Mauern *innerhalb* der Ellipse.

Man muß nur in die Luft gehen, um aus lichter Höhe zu erkennen, daß die große Ellipse von Simbabwe mit dem massiven schweren Turm in der Ecke ›unten rechts‹ nahezu deckungsgleich mit dem Dogon-Sirius-Modell ist.

Gibt es, ist zu fragen, außer der verblüffenden optischen Ähnlichkeit zwischen der Anlage von Simbabwe und dem Dogon-Sirius-Modell auch eine ideeliche Verbindung?

Stets und überall waren es religiöse Motive, die Menschen zu ungeheuerlichen Leistungen anspornten. Rings um den Erdball waren Zeichen für die Götter religiösen Ursprungs. Megalith-Tempel und Pyramiden entstanden aus religiösem Impuls, selbst arabische Moscheen und christliche Kathedralen machen da keinen Unterschied. Inka und Maya bauten ihre Stufenpyramiden und Tempel zum Ruhme der Götter. Noch die Ärmsten der Armen trugen in allen die Welt beherrschenden Religionen Gold und Edelsteine zusammen, um Göttersymbole damit zu schmücken. Heiden und Christen unterscheiden sich da nicht: stets baut und opfert man zum Ruhme eines Gottes.

Muß man doch fragen, ob nicht die Schwarzen von Simbabwe im Glauben an ihren Gott Nommo ein riesiges Bauwerk zum Gedenken an die Herkunft ihres Gottes aus seiner Sternenheimat erbaut haben — ein Modell vom Sirius-System? Unterzogen sie sich in religiöser Inbrunst der gewaltigen Arbeit, um ihre Hoffnung auf die Wiederkehr Nommos in Stein auszudrücken? Wollten sie ihrem Gott signalisieren: Hier leben wir und warten auf dich!

Die ›Falken‹ von Simbabwe und Horus

Die acht Simbabwe-Vögel aus der Akropolis haben große Ähnlichkeit mit dem heiligen Falken des ägyptischen Gottes Horus, der ursprünglich ein Himmelsgott war. Er wurde in einem Falken mit ausgebreiteten Schwingen symbolisiert.

Haben, wie Robert G. Temple vorschlägt, die Dogon ihr uraltes Wissen von den Ägyptern erhalten? In der Tat ist der älteste

Rechte Seite:
Sehr gut konnte ich mir an Ort und Stelle eine Prozession von singenden Bantu-Negern vorstellen, die durch den Graben zwischen den Mauern zog …

ägyptische Kalender ein Sirius-Kalender, und Isis, die ägyptische Göttin, war anfänglich die Sirius-Göttin.

Was haben die acht falkenähnlichen Simbabwe-Vögel in den afrikanischen Ruinen zu suchen?

Man weiß nicht, wann Simbabwe von wem erbaut wurde. Die Ruine scheint geschichtslos zu sein. Man weiß aber auch nicht, wann und woher die Dogon nach Mali kamen. Das Modell eines Sternsystems scheint aber den Dogon und den Bantu bekannt gewesen zu sein. Beide verehrten die Symbolfigur des ägyptischen Gottes Horus — den Falken. Hielten die Dogon einen Götterbesuch mit ihrer Sternenlegende vom Sirius-System am Leben — die Bantu mit einem unübersehbaren Modell des Systems am Boden?

Ich behaupte nicht, daß mein Angebot die Lösung des Rätsels von Simbabwe bringt. Ich weiß nur, daß man bisher nichts Genaues zu sagen weiß. Da die große Ellipse von Simbabwe keine Festungsanlage war — diese thront hundert Meter über der Ellipse auf der Akropolis —, muß es sich doch wohl um eine Residenz oder eine Art von Tempel gehandelt haben. Aber: die Annahme einer Residenz scheidet aus, weil keinerlei Zeichen für eine Benutzung in diesem Sinne gefunden wurden, weder Herrschernamen noch Verzierungen an dem eher barbarischen Mauerwerk. Man fand nichts Thronähnliches. Keine Räume, die darauf schließen lassen, daß hier ehedem Menschen wohnten. Und: kein Herrscher hätte zu irgendeiner Zeit mit dem konischen Turm innerhalb der Ellipse ›unten rechts‹ irgendwas anfangen können, auch nicht mit der sinnlosen, parallel zur Ellipse verlaufenden zweiten Mauer.

Fallen Fort und Residenz als Zweckbestimmung aus, bleibt nur die Annahme eines religiösen Kults übrig. Als ich in Simbabwe meine Tage verbrachte, konnte ich mir sehr gut eine Prozession von singenden Bantu-Negern vorstellen, die sich von Mäuerchen zu Mäuerchen durch den Graben zwischen den parallel verlaufenden Mauern auf den konischen Turm zubewegte und dem Gott Nommo vom Sirius-System huldigte.

Die bisherigen Lösungsvorschläge für das Rätsel von Simbabwe sind nicht mehr als Spekulationen. Also füge ich meine hinzu. Sie hat so viel oder so wenig für sich wie alle anderen Spekulationen um Simbabwe.

Nach allem Studium und nach meinen Exkursionen fällt mir immer wieder der grauhaarige Herr aus Athen ein. Ich werde mich bei ihm entschuldigen müssen.

MITTEILUNG

Die ›Rongomai‹-Legende der Maoris auf Neuseeland berichtet: »Es war ein Krieg zwischen den Vorfahren der Nga-Ti-Hau und einem anderen Stamm. Der böse Stamm vergrub sich in einem Pa (befestigten Dorf). Die Priester des Stammes Nga-Ti-Hau baten ihren Gott Rongomai um Hilfe, weil der böse Stamm einen göttlichen Gegenstand gestohlen hatte. Zur Mittagszeit kam Gott Rongomai durch die Luft. Seine Erscheinung war wie ein flitzender Stern oder ein Komet oder eine Feuerflamme. Er flog, bis er direkt über dem Pa stand und stürzte dann schnell auf den Maray (Dorfplatz) hinunter. Die Erde wurde haufenweise aufgewühlt und zerstreut, und der Lärm hörte sich wie Donner an. Die Nga-Ti-Hau-Krieger jubelten ihrem Gott Rongomai zu und besetzten sofort das Pa.«

Quelle: John White: Ancient History of the Maori, Neuseeland, 1887.

6
Königliche Königslisten

Datenbank WB 444 · Volk mit Nansen-Paß · Entdecker der Minute, Erfinder des Wagenrads · Steckbrief der Unbekannten · Zehn Urkönige in WB 444 · Vom biblischen Alter und der Unsterblichkeit · An der gleichen Quelle genippt? · Das Kraut der Unsterblichkeit · Drei Spekulationen

Datenbank WB 444

Große Nachschlagewerke wie Lexika und Enzyklopädien haben für uns Normalverbraucher den unschätzbaren Vorteil, daß sie über das wissenschaftlich gesicherte Wissen in präziser, knapper Form — jeweils auf den frischesten Stand der Kenntnisse gebracht — ohne Wenn und Aber informieren.

Bei Stichproben unter dem Begriff »Sumerer« fand ich in verschiedenen klugen Büchern solche Angaben:

> Sumerer, die Bewohner des Zweistromlandes (Mesopotamien) zwischen dem heutigen Bagdad und dem Persischen Golf. Ein Volk unbekannter Rasse, auf Grund seiner Sprache seit Beginn des 3. Jahrtausends v. Chr. nachweisbar. »Wann und woher die Sumerer nach Babylonien, ins Zweistromland zwischen Euphrat und Tigris, einwanderten, ist *bisher nicht ermittelt.*«

Oder:

> Sumerer, vom 4. bis 2. Jahrtausend v. Chr. die Bewohner des mittleren und südlichen Mesopotamien.

Oder:

> Der Ursprung der Völkerschaft der Sumerer ist *ungewiß.* Vielleicht kamen sie aus den Bergen des Ostens, vielleicht vom Meer her. »*Sicher* ist nur, daß sie bei Beginn der Geschichte schon ihren Aufenthalt in Mesopotamien hatten.«

Ein Volk mit Nansen-Paß

Eindeutig: es ist bisher unbekannt, woher dieses Volk kam. Daß seine Spuren nicht überhaupt vom Wind der Jahrtausende verweht wurden, verdankt dieses Volk mit dem Nansen-Paß* seiner eigenen Klugheit: es erfand die 42 alphabetischen Keilschriftzeichen und überführte damit die vergängliche Sprache in dauerhafte Schrift:

Bei Ausgrabungen südlich von Bagdad wurden mehr als 30000 Tontafeln gefunden, die in die Sumererzeit zurückreichen.

Es ist ebenso grotesk wie unheimlich, daß noch vor 100 Jahren nicht mal der Name Sumer bekannt war! Erst dem 1825 in Hamburg geborenen, 1905 in Paris gestorbenen Assyriologen Jules Oppert gelang durch Entzifferung von Keilschriften die Lokalisierung des Landes Sumer. Das war 1869.

Entdecker der Minute — Erfinder des Wagenrads

Professor Samuel Noah Kramer, Assyrologe an der Universität Pennsylvania, erfuhr durch Schilderungen auf Tontafeln, daß Wagenrad (!) und Segelschiff zu den technischen Errungenschaften der Sumerer gehörten, daß sie von wohlorganisierten Behörden verwaltet wurden und daß wir heute noch von den — woher hatten sie sie nur? — astronomischen Kenntnissen zehren: sie bestimmten ihren Tag »von der Minute mit 60 Sekunden bis zum Sonnenjahr.«

Als Europa gerade die Jungsteinzeit absolvierte, kam den Sumerern bereits die Idee, Rechnungen, Urkunden usw. mit dem Aufdruck eines Stempels hochamtliches Dekor zu verleihen: sie erfanden die Rollsiegel, Stempel von nur zwei bis sechs Zentimeter Länge, die sie an Ketten um den Hals trugen, um sie stets bei der Hand zu haben. Steuereintreiber quittierten damit das Inkasso. Während der 4000 Jahre ihrer Existenz sind Stempel international zu unübertrefflichem Ansehen gekommen. O diese Sumerer!

Was können wir heute in den Steckbrief der Unbekannten eintragen?

Haarfarbe: sehr dunkel. Auf Inschriften wird von »Schwarzköpfen« gesprochen.

Rasse: Bevor die Sumerer zwischen Euphrat und Tigris auftauchen, lebten dort semitische Stämme, doch sie selbst waren eindeutig keine Semiten und auch nicht von negroider Abkunft. Darstellungen auf sumerischen Reliefs lassen uns eine indo-

* Reisedokument für staatenlose oder quasistaatenlose Flüchtlinge

europäische Mischung erkennen, die sich offenbar weiträumig durchsetzte, denn Sir Arthur Keith notierte:

»Die Gesichtszüge der alten Sumerer kann man noch im Osten, bei den Bewohnern von Afghanistan und Belutschistan bis zum Tal des Indus — etwa 2400 km entfernt — feststellen.«[43]

Die Gründer der Zivilisation?

Woher auch immer sie gekommen sein mögen, brachten die Sumerer — so weiß die Forschung heute — ganz offenbar eine runde Kultur und komplette Zivilisation mit, die den ansässigen Stämmen so turmhoch überlegen war, daß sie nichts entgegensetzen konnten und ethnisch ausgelöscht wurden.

Sie waren sich ihrer Überlegenheit auch bewußt, denn sie stellten sich selbst in zahlreichen Schöpfungsmythen als »die eigentlichen Gründer der Zivilisation« dar, als Menschen zum Dienst an ihren göttlichen Schöpfern erschaffen.[44] »Mit Hilfe ihrer Götter, besonders Enlils, des ›Königs der Himmel und der Erde‹, verwandelten die Sumerer ein flaches, ausgetrocknetes, windgepeitschtes Land in ein blühendes, fruchtbares Reich« (Kramer).

Wie ist es möglich, daß — mindestens 4000 Jahre v. Chr. — aus dem Nichts eine hochentwickelte Kultur auftaucht? Von woher bezogen die Sumerer ihre Kenntnisse?

Wer lehrte sie (in einem Schnellkurs?!) Städtebau?

Wer sagte ihnen, wie sie ihre 12 Stadtstaaten zweckmäßig zu organisieren hatten?

Woher stammte ihr Ingenieurwissen, das sie ihr Land kanalisieren ließ? So nämlich schützten sie die Ernten vor den reißenden Fluten, die immer wieder über die Uferbänke des Euphrat traten.

Woher hatten sie — in Tabellentexten nachzulesen — mathematische Fähigkeiten, die sie mit Quadraten, Kuben, Reziprokwerten, Wurzeln, Potenzen, sogar bereits mit dem pythagoreischen Zahlentripel hantieren ließen? Mit Flächen- und Kreisrechnungen? Im 3. Jahrtausend v. Chr.! Wer flüsterte ihnen zu, daß der Kreis in 360 Grade einzuteilen war, wer gab ihnen diese Maßeinheit?

Diese Zeugnisse sumerischer Geschichte sind heute an den Ausgrabungsstätten im Zweistromland oder auch in reichen »Beutestücken« großer Sammlungen im Britischen Museum, London, oder im Louvre, Paris, zu besichtigen. Sie verschlagen einem den Atem. Meiner Meinung nach müßten die Sumerer vor dem Auftauchen in Mesopotamien auf einem angenommenermaßen großen Treck

Spuren ihrer Technik, Kultur und Religion hinterlassen haben. Haben sie nicht. Sonst wüßte man ja, woher sie kamen.

Es gibt auch Archäologen, die die Ansicht vertreten, die Sumerer wären gar nicht eingewandert, sie hätten sich erst in ihrem Stammland zwischen Bagdad und Persischem Golf »entwickelt«. Tatsächlich fand man bei Ausgrabungen in Uruk Dokumente mit eigenartigen Listen, auf denen Namen für Dinge und Ereignisse stehen wie Haus — Vogel — Feuer — Tempel — Gott — Himmel — Regen usw. usw., so, als ob ein Lehrmeister Primitiven eingebleut hätte: Seht mal her! So heißt dieses Ding! Entwicklungshilfe.

Königliche Königslisten!

Genaugenommen könnte die Raterei ein Ende haben! Während in *Isin*, der alten Königsstadt südlich von Babylon, von 1953—1730 v. Chr. die erste Dynastie regierte, wurde schon eine Chronologie der Vergangenheit, wurden die *»Königslisten«* angelegt. Davon blieben Abschriften erhalten: der babylonische Priester *Berossos* hatte sie im 4. bzw. 3. Jahrhundert v. Chr. — in griechischer Sprache — ein bißchen fantasievoll — abgeschrieben. Immerhin bot sich hier eine begehbare Treppe weit zurück in die Zeit an.

Erstaunen, Entzückung und Verwirrung

Aber:

1932 gerieten Sumerologen in Erstaunen, Entzückung und Verwirrung. In *Khorsabad*, der irakischen Stadt nahe Mosul im Tigristal, wurden die *originalen* Königslisten gefunden. Nun hatte man authentische Namen und Daten in der Hand.

Die älteste und auch präziseste Königsliste wird unter der Bezeichnung ALTBABYLONISCHE KÖNIGSLISTE WB 444 in der Wissenschaftsliteratur geführt. Sie steht auf einem vielkantigen Block, der 20,5 cm hoch ist — groß genug, um die Serie der rätselhaften *Urkönige* bis in die ferne Zeit der Erschaffung des Menschen zurückzuführen.

Die Fortsetzung firmiert unter BABYLONISCHE KÖNIGSLISTE A. — Der Anfang, Namen und Daten der 1. Dynastie, ist unleserlich. Dafür bietet die KÖNIGSLISTE B Ersatz: sie enthält die Namen der Könige auch der 1. Dynastie (1830—1530) von Babylon. Damit kennt man, soweit lesbar — der Zahn der Zeit hat genagt! —, die Namen der sumerischen und babylonischen Herrscher samt ihren Regierungszeiten!

War nun endlich durch den glücklichen Fund der Königslisten das sumerische Rätsel gelöst? Aber nein! Damit begann ja erst recht der Ärger.

Zehn Urkönige in WB 444

Nach WB 444 regierten die zehn Urkönige von der Erschaffung der Erde bis zur Sintflut insgesamt 456 000 Jahre. Ja, man muß zweimal hinsehen, es ist kein Druckfehler! In Worten: vierhundertsechsundfünfzigtausend Jahre! Nach der Sintflut »stieg das Königtum abermals vom Himmel hernieder«. — Die 23 Könige, die sich ab dann auf dem Herrscherthron abwechselten, brachten es gemeinsam immerhin auch noch auf eine Regierungszeit von 24 510 Jahren, drei Monaten und dreieinhalb Tagen. Auch noch allerhand Jahre!

Obwohl nach offizieller Lesart die Königslisten »nach Dynastien geordnete Verzeichnisse der Könige und ihrer Regierungszeiten«[45] sind, hieß es: da stimmt was nicht! Lediglich Sir Woolley, der sich emsig weiter in Sumers Boden wühlte, gewann Vertrauen in die Königslisten, wenn er sie sich auch nicht erklären konnte[43]. Die Jahresdaten der Regierungszeiten hatten für unsere Archäologen *zu* astronomische Ziffern.

Zugegeben: nach altem Strickmuster ergeben sie keinen stichhaltigen Aufschluß.

Bevor ich meine Spekulationen zu den abstrusen Regierungszeiten anbringen kann, muß ich meine Leser wenigstens mit einer Kollektion aus den Königslisten bekanntmachen. Ich picke nur wenige Königsnamen mit der Dauer ihrer Regentschaft heraus: die Liste bis zur Erschaffung des Menschen würde viele Seiten füllen, und das ist in unserem Zusammenhang unnötig und unzumutbar.

Namen und Ziffern aus der Datenbank

Beispiele aus der Königsliste WB 444:

Als das Königtum vom Himmel
herabkam,
war in *Eridu* das Königtum.
In Eridu war Alulim König.
28 800 Jahre regierte er.
Alalgar regierte *36 000* Jahre.
Zwei Könige,
64 800 Jahre regierten sie.
In Bad-tibira regierte En-men-
lu-anna *43 200* Jahre,
En-men-gal-anna
regierte *28 800* Jahre.
Gott Dumuzi, der Hirt, regierte
36 000 Jahre.
Drei Könige,
ihre *108 000* Jahre regierten sie.
In Larak regierte En-zib-zi-
anna *28 800* Jahre.
Ein König,
seine *28 800* Jahre regierte er.

In Sippar war En-men-dur-anna
König, *21 000* Jahre regierte er.
Ein König,
seine *21 000* Jahre regierte er.
In Suruppak war Ubar-tutu
König, *18 600* Jahre regierte er.
Fünf Städte,
acht Könige,
241 200 Jahre regierten sie.
Die Flut ging darüber hin.
Nachdem die Flut darüber hingegangen,
und das Königtum (wieder) vom
Himmel herabgekommen war,
war in Kiš das Königtum.
In Kiš war Ga-ur König,
1200 Jahre regierte er.
Gulla-Nidaba-anna-pad
regierte *960* Jahre.
Zukakip
regierte *900* Jahre,
Atab regierte *600* Jahre,
Atabs Sohn regierte
840 Jahre.
ETANA, der Hirt, der zum Himmel
emporstieg,
der die Länder festigte,
war König.
1560 Jahre regierte er.
Balih,
Sohn des Etana,
regierte *400* Jahre.
Tizkar, Sohn des Samug,
regierte *305* Jahre,
Ilku regierte 900 Jahre,
Ilta-sadum
regierte 1200 Jahre.
(Mes)-kiag-ga(ser),
Sohn des Sonnengottes,
war Hoherpriester
(und König), *324* Jahre
(regierte er).
Der göttliche Lugal-banda,
der Hirt,
regierte *1200* Jahre.
Gott Dumu-zi, der Fischer,
seine Stadt ist Kua,
regierte *100* Jahre.
Der göttliche *GILGAMESCH,*
sein Vater war ein Lillu-Dämon,
Hoherpriester von Kullab,
regierte *126* Jahre.
Ur-nungal, Sohn des GILGAMESCH,
regierte 30 Jahre.
Utul-kalamma, Sohn des Ur-nungal,
regierte *15* Jahre,
Labaser
regierte *9* Jahre.

Die Königslisten sind zum Teil auch Götterlisten: Könige, die von den Sumerern nicht nur als Götter verehrt wurden, sondern auch als Lehrmeister anerkannt waren, stehen darauf. Gilgamesch, Etana und Enkidu sind Helden berühmter Epen, die ihre Namen tragen.

Herrschernamen aus den Königslisten fand man auch auf Keilschrifttontäfelchen und in Ziegel gebrannt wieder — was beweist, daß die Listen kein Fantasieprodukt eines oder mehrerer Chronisten waren: die Könige haben existiert, ihr Wirken im profanen Alltag wurde »gestempelt«.

Was aber bedeuten die fantastisch langen Regierungszeiten der gekrönten Häupter?

Die Verwirrung der Sumerologen deutet Friedrich Schmidtke[46] an:

Die altbabylonische Königsliste WB 444

»Allerdings hat es auf den ersten Blick den Anschein, als ob die Dynastien nacheinander regiert hätten, was zu unmöglichen Konsequenzen für die Dauer der sumerischen Geschichte führen müßte.«

In einschlägigen Kreisen wundert man sich, was die Chronisten der Königslisten bewogen haben könnte, »solche unmöglichen Zahlen«[46] einzusetzen. Bevor Professor Schmidtke die Zeit- und Namenstabellen der sumerischen und babylonischen Könige präsentiert, läßt er seine Resignation spüren:

»Was in WB *vorher* liegt, gehört in das Gebiet der Sage und braucht uns hier nicht zu beschäftigen, so interessant insbesondere die vorsintflutlichen Dynastien für die Religionsgeschichte sind.«

Sind die in der Tat verblüffenden Datierungen ins Reich der Fabeln und Legenden zu verweisen? Darf man es sich so leicht machen: was auf Anhieb nicht erklärbar ist, kommt auf den Verschiebebahnhof und wird an die Endstation: Fabel + Legende, adressiert?

Kommt denn alles, was man nicht versteht, durch den großen Zauberer ZUFALL zustande?

Vom biblischen Alter und der Unsterblichkeit

WB 444 registriert von der Erschaffung der Erde bis zur Sintflut *zehn Urkönige.* Zusammengerechnet haben sie 456 000 Jahre regiert.

Die Bibel nennt von der Erschaffung Adams bis zur Sintflut *zehn Urväter*[45]; auch diese Herren erfreuten sich eines erstaunlich hohen Lebensalters.

Pablo Picasso, der mit 68 Jahren seine Tochter Paloma zeugte, war geradezu ein junger Mann gegen Adam, den ersten Mann, dem man im Alter von 130 Jahren die Zeugung seines ersten Sohnes nachrühmt. Und im Vergleich zu Adam, der über 900 Jahre alt geworden sein soll, starb Picasso mit seinen 92 Jahren geradezu im Jünglingsalter.

Mit noch erstaunlicheren Jahrgängen kann Henoch, der vorsintflutliche Prophet und siebenter der zehn Urväter, aufwarten: im Alter von 365 Jahren wurde er »in den Himmel entrückt«, er starb überhaupt nicht.

Methusalem, sein Sohn, der Urvater vor der Sintflut, verblich im gesegneten Alter von 969 Jahren. Hienieden.

Wo liegt die deadline des Menschen?

Befragt man die Gerontologen nach der Qualität abnorm hoher Altersangaben, so erfährt man von amerikanischen und russischen Altersforschern übereinstimmend, daß die Natur das Alter des Menschen auf 110 bis 120 Jahre angelegt hat. Immer wieder publizierte Meldungen von dem legendären bulgarischen Hirten, der — wieder mal — 150 Jahre geschafft hat, verweisen sie eindeutig ins Reich der Märchen: wenn versucht wurde, den Wahrheitsgehalt solcher Mären zu ergründen, fehlten allemal Dokumente auch der simpelsten Art über Geburtsdaten. Die Uroma hatte erzählt ...

Unsere Lebensdauer wird von der Funktion der 15 Milliarden Körperzellen bestimmt. Die Zellen teilen sich im Laufe des Lebens, bauen den Körper immer wieder auf und um. Mit jeder Teilung gehen wir langsam, und das schon ab dem 20sten Lebensjahr, auf unser Ende zu, denn die Intensität der Zellerneuerung ist nach 30, maximal 50 Teilungen vorüber.

Selbst Anlage und Hoffnung der Menschen auf ein »biblisches Alter« von 110 bis 120 Jahren sind heute noch nicht mehr als ein Wunsch, ein Traum ... bis es der gerontologischen Forschung gelingt, den Zellabbau zu bremsen. Und: Forscher, die mumifizierte Gewebeteile aus früher Zeit untersuchten, sagen, daß Menschen *nie* unter anderen Gesetzen existiert haben.

Dichtung oder Wahrheit?

Weil mir diese unbestrittenen Fakten bekannt sind, läßt mich die Frage nicht los, warum sumerische und biblische Chronisten ihren Vorfahren so astronomische Alter »angedichtet« haben — Übergreisenalter, die sie nach den Erkenntnissen modernster Forschung nicht erreicht haben können.

Sir Charles Leonard Woolley fand im Hügel von *El-Obeid* bei Ur in Chaldäa eine Kalksteintafel, auf der steht:

> Eingeweiht durch A-anni-tadda, König von Ur, Sohn des Mes-anni-padda, Königs von Ur[43].

Dieser Mes-anni-padda taucht in den Königslisten als Gründer der dritten Dynastie nach der Sintflut auf.

Erstaunlich ist, daß in den Königslisten einzelne Namen zu verschiedenen Zeiten in verschiedenen Dynastien aufscheinen, so, als ob sie mehrmals regiert hätten und zwischenzeitlich nur für einige Jahrhunderte oder Jahrtausende verschwunden waren.

Ein Beispiel: auf einer Tafel, die im Sonnenheiligtum von *Sippar* gefunden wurde, behauptet der neubabylonische König Nabu-na'id (555—583 v. Chr.):

> Für den Sonnengott, den Richter Himmels und der Erde, baute ich den Tempel der Sonne, sein Haus in Sippar, welches Nebukadnedsae, ein früherer König, gebaut hatte, und dessen alte Gründungsurkunde er gesucht, aber nicht gefunden hatte, wieder auf. Während der 45 Jahre waren jenes Hauses Mauern eingefallen; darob erschrak ich, fiel nieder, ergab mich dem Schrecken, und es wurde verstört mein Antlitz.
>
> Während ich das Bild des Gottes aus dem Innern des Tempels entfernte und in einen anderen Tempel brachte, riß ich jenes Haus ein, seine alte Gründungsurkunde suchte ich, und um 18 Ellen machte ich das Erdreich tiefer, und die Gründungsurkunde des Naram-sin, des Sohnes des Sargon, welchen 3200 Jahre lang kein früherer König gefunden hatte, ließ mich der Sonnengott, der große Herr des Tempels der Sonne, schauen . . .*
>
> Legte ich über der Gründungsurkunde Naram-sins, des Sohnes des Sargon, in weder heraus- noch hereingehende Spitzen seine Bausteine.

König Nabu-na'id stellt klipp und klar fest, daß der von ihm so fleißig gesuchten und dann 18 Ellen tief im Boden gefundenen Gründungsurkunde zu entnehmen war, daß der königliche Vorfahr Naram-sin 3200 Jahre *vor seiner Zeit* (also etwa 3800 v. Chr.) den Sonnentempel erstmals erbaut hatte.

Merkwürdig: *derselbe Naram-sin* — wie dessen Vater *Sargon* — taucht in den Königslisten zu ganz anderen Zeiten abermals auf.

Noch ein Beispiel: den Königslisten A und B zufolge regierte *Hammurabi* etwa 700 Jahre vor dem Herrscher Burnaburias I. — Sumerologen halten das für ausgeschlossen:

> »Auch die Angabe, daß Hammurabi 700 Jahre vor Burnaburias gelebt habe, ist ganz unmöglich.«[46]

Weshalb unmöglich? So und nicht anders steht es in den penibel geführten Königslisten!

Auf Keilschrifttontäfelchen, an vielen Orten gefunden, sind die Namen diverser Könige verewigt. Diese sagen unwiderruflich aus,

* Punkte stehen für Auslassungen im Originaltext, weil unleserlich

daß diese Herrscher sehr effektiv regiert haben: die nachgelassenen Namensinschriften hatten urkundliche, also öffentliche Bedeutung.

Den Königslisten hingegen ist zu entnehmen, von wann bis wann welche Herrscher existierten, am Drücker waren.

Nun beginnt das lustige Vexierspiel!

Sumerologen bemühen sich redlich, die exakte zeitliche Abfolge der Dynastien mit ihren Königen zu ermitteln. Aufgrund irgendeiner irgendwo gefundenen Inschrift meint man, die Regierungszeit *eines* Königs fixieren zu können. Man bucht *ein* Datum und leitet von daher — nach rückwärts und nach vorwärts — eine chronologische Sequenz ab:

X — Y — Z

König X wurde von König Y abgelöst. König Y wurde von König Z in einem Krieg getötet. Bedeutet, daß König X *vor* König Z gelebt haben muß.

Und dann spielt die so weit zurückliegende Historie den bemühten Forschern einen Streich! Die Könige X, Y und Z mischen plötzlich auf anderen Tontäfelchen in einer anderen Reihe der Thronfolgen und in einem völlig anderen Zusammenhang wieder mit.

Was tut man, um die so mühsam aufgerichteten Stammbäume nicht umkippen, nicht verfaulen zu lassen?

Man tut, was Archäologen in solchen Fällen gern zu tun pflegen: man schiebt die Fehler den alten Chronisten in die Sandalen! Diese Herren konnten nicht rechnen, sagt man. Sie haben die Könige mit den Daten nebeneinander statt hintereinander geschrieben, sagt man. Sie waren wohl überhaupt ziemlich dummerhaft, macht man glauben.

Schleierhaft bleibt nach solchen hilflosen Ausflüchten dennoch die Tatsache, daß die wehrlosen Chronisten eine um die andere Herrscherzeit in den originalen Königslisten exakt notiert haben! Unverständlich bleibt, weshalb auch im Alten Testament derart unzuverlässige Historienschreiber tätig waren — was die zehn Urväter vor der Sintflut angeht.

An der gleichen Quelle genippt?

Auf Anhieb scheint mir die Vermutung nicht so abwegig, es könnten *dieselben* Chronisten tätig gewesen sein. Biblischer Bericht und geschichtliche Forschung stimmen in der Annahme überein, daß der junge Mose, späterer Befreier Israels und Gründer der Jahwereligion, am Hofe eines Pharao aufwuchs und erzogen wurde; sicherlich hatte er Zutritt zu den gepflegten Bibliotheken des 2. Jahrtausends v. Chr.

Nahm Mose Einblick in die sumerischen Königslisten? Speicherte er die Angaben in seinem berühmt guten Gedächtnis und gab sie in mündlicher Überlieferung weiter? Doch warum übernahm er dann nicht für die zehn alttestamentlichen »Urväter« *dieselben* Zahlenangaben, die die sumerischen Schreiber neben die Namen ihrer zehn »Urkönige« gesetzt hatten?

Mag man mit dem Gedanken spekulieren, es könnte für die sumerischen und biblischen Ahnherren die gleiche Quelle angezapft worden sein, bleibt nach gründlichem Überlegen doch nur eine Gemeinsamkeit übrig: die astronomisch-fantastischen Altersangaben für Urkönige und Urväter. Das ist für eine Erklärung des Phänomens nicht ausreichend.

Drei verwegene Erklärungen

Drei spekulative Erklärungen möchte ich ins Gespräch bringen:

1. Die Urkönige wurden von Zeit zu Zeit von Außerirdischen zu Fahrten in andere Sonnensysteme eingeladen. Eindrückliche Beschreibungen solcher Reisen sind im Hauptwerk ZOHAR der jüdischen Überlieferung (Kabbala) ebenso erhalten geblieben wie im gleichnamigen Buch des Urvaters HENOCH, das die abessinische Frühkirche in ihren Kanon aufnahm.

Schon der Technikhistoriker Professor Richard Hennig bezeichnete Teile der sumerischen ETANA-Legende »als älteste Flugsage der Welt«: zwischen 3000—2500 v. Chr. in Keilschrift festgehalten, wurde diese Luftreise außerdem auf Siegelzylindern bildlich dargestellt. Im sumerischen Gilgamesch-Epos wird die traumhafte Reise des Titelhelden zum Wohnsitz der Götter beschrieben.

Luftreisen in ferne Welten stellen keine exklusiven, den Orientalen vorbehaltene Märchenerzählungen dar. Es gibt sie in gleicher Präzision im indischen Nationalepos Mahabharata wie in dem zwischen dem 4. und 3. Jahrhundert v. Chr. entstandenen Ramajana; es gibt sie in nordischen Mythen ebenso wie in indianischen Überlieferungen. Es gibt kein nationales Urheberrecht für Himmelsreisen mit »Göttern«.

Kaum zu begreifen, doch eine harte Tatsache

Seit Albert Einstein (1879—1955) seine »spezielle Relativitätstheorie« entwickelte, sind monströse Zahlenreihen für Werden und

Vergehen von »Leben« erklärbar geworden. Einsteins Theorie erwies sich nach physikalischen Experimenten als naturgesetzliches Faktum.

Dieses ewige Naturgesetz der Zeitverschiebung sagt nicht mehr und nicht weniger aus, als daß für Astronauten eines interstellaren Raumschiffs, das an der Grenze der Lichtgeschwindigkeit fliegt, die Zeit *langsamer* vergeht als für die an der Startrampe zurückgebliebenen Beobachter.

Seit Einstein ist »Zeit« keine fixe Größe mehr, sie läßt sich durch Energie = Geschwindigkeit manipulieren.

Wie sehen sich die unbegreiflichen sumerischen Daten der Königslisten mit diesem Wissen an?

Die erhalten gebliebenen sumerischen Inschriften erzählen nicht etwa von vagen außenpolitischen Vorgängen, die sich im Netz von Jahreszahlen verheddert haben könnten. Trocken und nüchtern berichten sie von so steinharten Ereignissen wie Palastbauten oder von Tempeln, die sie für die offenbar in ihrer Mitte weilenden »Götter« errichteten. Diese Praxis verwundert überhaupt nicht, denn die sumerischen Könige betrachteten sich nur als Stellvertreter der »echten« Götter. Diese »Götter« setzten persönlich die Könige ein, und sie unterzogen sich nach der weltweiten Sintflut noch einmal der gleichen Prozedur: als die Fluten sich verlaufen hatten, als unser Blauer Planet schier unbewohnbar geworden war, »stieg das Königtum abermals vom Himmelreich hernieder«. — So steht es in der Königsliste.

Dies als Realität genommen, ist es nicht mehr so absurd, anzunehmen, daß die Gott-Könige entweder leibhaftige Außerirdische gewesen sind oder von Extraterrestriern mindestens ab und zu auf Flüge in andere Systeme mitgenommen wurden.

Die Zusammenschau der »unmöglichen« Ziffern der königlichen Regentschaften und der Versicherung, das Königtum sei vom Himmel niedergekommen, erlaubt doch wohl die Vermutung, daß es hier nicht nur mit irdischen Dingen zugegangen ist.

Mit den Effekten der naturgesetzlichen Zeitverschiebung vertraut, sind die addierten 456 000 Regierungsjahre der zehn Urkönige nicht mehr so umwerfend. Eine Lappalie. Da lachen ja die eurasischen Zaunkönige!

Auch eine Methode!

2. Die Außerirdischen (Götter) zeugten in vergnüglicher Paarung mit Erdenkindern Söhne und Töchter. Das behauptet der Prophet

Henoch. So steht es in der über 2000 Jahre alten Lamech-Rolle, die 1947 in der Siedlung Chirbet Qumran beim Toten Meer gefunden wurde. — Der sumerische Gott Enlil, der in Nippur regierte, verführte und schwängerte die entzückende Ninlil. — Selbst die Genesis weiß von Vermählungen zwischen »Gottessöhnen« und »Irdischen«.

Auf der Psychiatercouch hätten die Produkte dieser ungewöhnlichen Zeugungsakte gewiß Erstaunliches aus ihrem gespaltenen Innenleben zum besten geben können. Zwitter, die sie waren, eiferten sie ihren »göttlichen« Erzeugern nach, neidisch vermutlich, denn die »Götter« waren, allen Überlieferungen gemäß, unsterblich — ihnen aber, den Zwittern, stand wieder der Tod der Irdischen ins Haus.

Die auf unserer Erde gezeugten »göttlichen« Nachkommen sind sterblich geworden, weil sie nach dem endgültigen Aufbruch der Außerirdischen keine Chance mehr haben, an interstellaren Raumflügen mit hohen Geschwindigkeiten teilzunehmen. Sie können sich dem natürlichen Alterungsprozeß nicht mehr entziehen.

Das Kraut der Unsterblichkeit

Durchaus verständlich, daß Gottessöhne sich gegen dieses vulgäre Sterben sträuben — begreiflich, daß sie so lange wie irgend möglich herrschen und sich von den Menschen verwöhnen lassen wollen. Die Regierenden haben schon damals die Macht genossen.

Die sumerische Literatur vor Augen, quellen aus dem Dickicht der unbeantworteten Rätsel diese Fragen:

Was war das sumerische Paradies Dilmun, jener göttliche Garten, »in dem es weder Krankheit noch Tod« gab?

Was war das »Kraut der Unsterblichkeit«, das Utnapischtim, ein Vorfahr des Helden Gilgamesch, kannte und der selbst — auf einer Insel »jenseits des Meeres der Toten« wohnend — unsterblich war? Was war denn diese »Pflanze der ewigen Jugend«?

Utnapischtim, Überlebender der Sintflut, kannte sie und vertraute Gilgamesch ihr Geheimnis an: es sei, sagte er ihm, die Unsterblichkeit in einer Pflanze aus dem Süßwassermeer enthalten. Gilgamesch kriegt das Kraut und will es seinen nächsten Angehörigen zu essen geben. Heimkehrend, steigt er in einen Brunnen, um sich zu reinigen. Da kommt eine Schlange und stiehlt im das kostbare Gut. Gilgamesch weint.

Kannten Gottessöhne und/oder Urkönige Medikamente, die den Zellenabbau drastisch zu drosseln vermochten? Präparate, die die Lebensfunktionen länger erhielten?

Das Kraut der Unsterblichkeit ist bis heute nicht gefunden worden. Die geriatrische Forschung sucht es immer noch. Für uns.

3. Ließen sich die Gottessöhne und/oder Urkönige mumifizieren, in gewebeerhaltende Beizen legen, von Priestern bewachen und von diesen nach Jahrhunderten wiedererwecken?

Beherrschten sie die Methoden der Kühlung bei tiefen Temperaturen, die entgegen allen uns bekannten Versuchen in dieser Richtung doch eine Kristallisation der Zellwände und Zellkerne ausschloß? Ist hier die oft wiederkehrende Behauptung zu ergründen, wonach die »Götter« stets im Tempel »anwesend« waren?

Den Priestern der oberen Kaste war bekannt, daß die Götter leibhaftig unter ihnen weilten, daß sie die eigentlichen Besitzer der Städte waren und lediglich die laufende Verwaltung den von ihnen eingesetzten Königen überließen[47]. Die Priester fürchteten sowohl die Rückkehr der außerirdischen Götter wie das Erwachen der schlafenden Göttersöhne.

Die ursprünglichen Tempel waren als *wirkliche* Begegnungsstätte mit *echten,* leibhaftigen Göttern gedacht. Erst viel später, als die Götter nicht mehr zurückkehrten und auch die schlafenden Göttersöhne sich nicht mehr zu Wort meldeten, versuchten es die Priester mit Tricks vielfacher Art, sich Volk und König gefügig zu halten. Es wurden Statuen als Stellvertreter der Himmlischen in den Tempeln aufgestellt.

Vielleicht führt ein Weg über die drei Spekulationen zur Lösung des Rätsels um die Königsliste WB 444. Zu genau sind die in der Datenbank gespeicherten Angaben.

MITTEILUNG

Am 5. September 1978 schrieb mir Herr Dr. rer. nat. Knut Oppenländer aus Ludwigshafen am Reihn. Er machte mich auf eine Kuriosität aufmerksam, die ihm in einem Buch seiner Kinder — Tatsachen/Die verblüffendsten Rekorde der Welt — aufgefallen war. Wenn ein »Weltrekord«, dachte ich mir bei der verblüffenden Textzusendung, dann muß er vermerkt sein im GUINNESS BOOK OF WORLD RECORDS. Ich griff in meine Bibliothek, nahm die Ausgabe von 1978 und fand dort auf Seite 207:

Der längste Name der Welt

Der Text war identisch mit dem mir zugesandten Zitat aus dem deutschen Buch! Dies also ist der längste Name:

ADOLPH BLAINE CHARLES DAVID EARL FREDERICK GERALD HUBERT IRVIN JOHN KENNETH LLOYD MARTIN NERO OLIVER PAUL QUINCY RANDOLPH SHERMAN THOMAS UNCAS VICTOR WILLIAM XERXES YANCY ZEUS WOLFE-SCHLEGELSTEINHAUSENBERGERDORFF-VORALTERNWARENGEWISSENHAFTS-SCHAFERSWESSENSCHAFEWARENWOHL-GEPFLEGTEUNDSORGFALTIGKEITBESCHUT-ZENVONANGREIFENDURCHIHRRAUBGIERIG-FEINDEWELCHEVORALTERNZWOLFTAUSEND-JAHRESVORANDIEERSCHEINENDENVANDER-ERSTEERDEMENSCHDERRAUMSCHIFF-GEBRAUCHLICHTALSSEINURSPRUNGVON-KRAFTGESTARTSEINLANGEFAHRTHINZWI-SCHENSTERNARTIGRAUMAUFDERSUCHE-NACHDIESTERNWELCHEGEHABTBEWOHNBAR-PLANETENKREISEDREHENSICHUNDWOHIN-DERNEURASSEVONVERSTANDIGMENSCHLICH-LEITKONNTEFORTPFLANZENUNDSICHER-FREUENANLEBENSLANGLICHFREUDEUND-RUHEMITNICHTEINFURCHTVORANGREIFEN-VONEINANDERINTELLIGENTGESCHÖPFSVON-HINZWISCHENSTERNARTIGRAUM, Senior, der am 29. 2. 1904 in der Nähe von Hamburg geboren wurde.

Ein Aprilscherz? Mitnichten. So stand es im Paß des Herrn, der am 29. Februar 1904 nahe Hamburg geboren wurde und später nach Amerika auswanderte. Der volle Name war, man kann's verstehen, sehr unpraktisch für Visitenkarten und Briefbögen. Bis vor einiger Zeit benutzte der Herr nur seinen zweiten und achten Vornamen und die ersten 35 Buchstaben seines Nachnamens, doch heute — in Philadelphia/USA lebend — hat er diesen Nachnamen ausgesucht: »Wolfe + 585, Senior«. Damit läßt sich's leben.

Die Herausgeber von GUINNESS BOOK OF WORLD RECORDS wie die des deutschen Buches haben das Wortungetüm — mühsam wie ich! — abgetippt, ohne zu ahnen, daß das Ganze eine Mitteilung in mittelalterlicher deutscher Sprache ist. Und so lautet der Text in modernem Deutsch:

»Vor alten Zeiten lebten gewissenhafte Schäfer, die ihre Schafe sorgfältig pflegten. Dann erschienen vor dem ersten Erdenmenschen raubgierige Feinde, dies war vor 12000 Jahren. Die Raumschiffe gebrauchten Licht als ihr Ursprung von Kraft. Auf der Suche nach bewohnbaren Planeten hatten sie eine lange Fahrt im Sternenraum hinter sich gebracht. Die neue Rasse pflanzte sich mit der verständigen Menschheit fort. Sie erfreuten sich ihres Lebens und ohne Furcht vor Angreifern von anderen intelligenten Geschöpfen aus dem Weltaum.«

Da muß ein mittelalterlicher Vorfahr von Mr. Wolfe + 585, Senior, Kenntnisse über die frühmenschliche Vergangenheit gehabt haben, die er durch Übernahme in den endlosen Familiennamen kommenden Geschlechtern weiterreichen wollte. Damit man eines Tages über den Buchstabenbandwurm stolpere.

Trotz der Einkürzung auf einen cable-code-Namen hat Mr. Wolfe sich mit dem »+ 585« doch des Wunsches seines Ahnherrn ein wenig erinnert: er hat genau 585 Buchstaben gestrichen.

Quellen: 1) Guinness Book of WORLD RECORDS 1978.
2) Tatsachen/Die verblüffendsten Rekorde der Welt, Seiten 157 ff., München-Wien 1976.

Tamatea, the man with the big knee who slid, climbed and swallowed
mountains, known as Land-eater, played on his flute to his loved
one." The official version has 57 letters (1 to 36 and 65 to 85).

Shortest. The shortest place names in the world are the French
village of Y (population 143), so named since 1241, in the Somme,
the Norwegian village of Å (pronounced "Aw"), the Swedish place Å
in Vikholandet, U in the Caroline Islands of the Pacific, and the
Japanese town of Sosei which is alternatively called Aioi or O-o or
even O. There was once a 6 in West Virginia. Today in the U.S.,
there are seven two-lettered place names, including Ed and Uz, both
in Kentucky.

Personal Names

Earliest. The earliest personal name which has survived is
possibly N'armer, the father of men (Menes), the first Egyptian
pharaoh, which dates from before 3100 B.C.

Longest. The longest name used by anyone is Adolph Blaine
Charles David Earl Frederick Gerald Hubert Irvin John Kenneth
Lloyd Martin Nero Oliver Paul Quincy Randolph Sherman Thomas
Uncas Victor William Xerxes Yancy Zeus Wolfeschlegelstein-
hausenbergerdorffvoralternwarengewissenhaftschaferswessenschafe-
warenwohlgepflegeundsorgfaltigkeitbeschutzenvonangreifendurch-
ihrraubgierigfeindewelchevoralternzwolftausendjahresvorandieersch-
einenvandererersteerdemenschderraumschiffgebrauchlichtalsseinursp-
rungvonkraftgestartseinlangefahrthinzwischensternartigraumaufder-
suchenachdiesternwelchegehabtbewohnbarplanetenkreisedrehensic-
hundwohinderneurassevonverstandigmenschlichkeitkonntefortpflan-
zenundsicherfreuenanlebenslanglichfreudeundruhemitnichteinfurch-
tvorangreifenvonandererintelligentgeschopfsvonhinzwischensternart-
igraum, Senior, who was born at Bergedorf, near Hamburg, Ger-
many, on February 29, 1904. On printed forms, he uses only his
eighth and second Christian names and the first 35 letters of his
surname. He lives in Philadelphia, and has recently shortened
his surname to Wolfe+585, Senior.

The longest Christian or given name on record is Napuamahal-
aonaonekawrehiwehionakuahiweanenawawakehoonkakehoaalek-
eeaonanainananiakeao'-Hawaiikawao (94 letters), in the case of
Miss Dawn Lee of Honolulu, so named in February, 1967. The name
means "the abundant, beautiful blossoms of the mountains and
valleys begin to fill the air with their fragrance throughout the length
and breadth of Hawaii."

Shortest. The single-letter surname O, of which 13 examples
appear in the Brussels telephone directory, besides being the
commonest single-letter name, is the one obviously causing the most
distress to those concerned with the prevention of cruelty to com-
puters. There are two one-letter Burmese names: E (calm), pro-
nounced "aye," and U (egg), pronounced "oo." U used before the
name means "uncle."

Most Christian Names. The French composer Louis Jullien
(1812–1860) had 36 Christian names, because all 36 members of a
Philharmonic Society insisted on being godfathers.

Names • 207

7
Prophet der Vergangenheit

Weltecho einer Theorie · Operation auf drei Ebenen · Wie sich die Götter-Astronauten-Theorie in die prähistorische Vergangenheit einfügt · Internationale Steinmetzschule? · »Schimpansen-Rehabilitationsprogramm« · Götter versprachen Wiederkehr · Die zehn Gebote · Was erwarten Außeridrische von uns?

Vor nunmehr zehn Jahren eroberte mein Erstling »Erinnerungen an die Zukunft« die Bestsellerlisten fast aller Länder. Nach anfänglicher Verblüffung und obligatem Hohn kam es synchron zum weltweiten Sturm von Begeisterung und Entrüstung.

Was ist seit 1968 alles über »Götter aus dem Weltall« geschrieben worden!

Allein in der freien Welt kamen in diesen zehn Jahren 321 (!) Bücher auf den Markt, die sich in positiver Weise mit »meinem« Thema auseinandersetzten. Es gibt darunter Werke, die sich generell mit der Theorie befassen, andere, die sich auf ein bestimmtes Land konzentrieren, weitere nehmen sich spezieller Teilaspekte an wie etwa: Josef Blumrich mit »Da tat sich der Himmel auf« (Die Raumschiffe des Propheten Ezechiel und ihre Bestätigung durch modernste Technik) — Robert G. Temple mit »Das Sirius-Rätsel« (Die Mythologie der Dogon-Neger) oder Luis Navia mit »Das Abenteuer Universum« (Philosophische Analysen).

Seit 1968 trug mir der Postbote rund 50 000 Leserzuschriften ins Haus. Zur Person und zur Sache sind in meinem Archiv über 43 000 Zeitungsausschnitte registriert. Da das Ausschnittbüro mich lediglich mit Veröffentlichungen aus dem angelsächsischen und deutschen Sprachraum beliefert, dürfte die Gesamtzahl der Presseveröffentlichungen eher über als unter 100 000 Artikeln liegen. Daß darunter die durchaus positiven Berichte überwiegen, vermag offenbar den Eindruck negativer Resonanz nicht zu verwischen, den einige bösartige Sensationsartikel zustande brachten, die meistens mit Zitaten aus meinem Munde gespickt waren, die ich nie äußerte. Sei's drum!

ANCIENT ASTRONAUT SOCIETY

1972 gründete der angesehene Rechtsanwalt Dr. Gene M. Phillips, Chikago, die ANCIENT ASTRONAUT SOCIETY*. Er hatte im amerikanischen Fernsehen eine gekürzte Fassung meines Filmes »Erinnerungen an die Zukunft« gesehen. Der Gedanke eines vorzeitlichen Götterbesuches auf unserem Planeten faszinierte den Juristen so, daß er sich spontan entschloß, mit einigen Freunden eine *gemeinnützige* Gesellschaft zu gründen, die den Gedankenaustausch über Theorie und Forschung pflegen sollte. Gene Phillips schrieb mir damals und bat um meine Unterstützung.

1979 zählt die AAS 4000 Mitglieder in 42 Ländern. Davon sind ein reichliches Drittel Akademiker, und fast alle Autoren »meines« Fachgebietes gehören ihr an. — Seit 1974 veranstaltet die Gesellschaft in jedem Jahr in jeweils einem anderen Land einen Weltkongreß, auf dem in Vorträgen und Diskussionen (an denen auch unsere Kritiker teilnehmen) neue Forschungsergebnisse ausgetauscht und der Öffentlichkeit bekanntgemacht werden. Weltkongresse fanden und finden statt: 1974/Chikago, 1975/Zürich, 1976/Crikvenica (Jugoslawien), 1977/Rio de Janeiro, 1978/Chikago, 1979/München, 1980/Neuseeland.

Im Beweisnotstand

Unsere Theorie wäre nicht so gut, wie sie ist, wenn sie nicht auch vehemente Kritiker auf den Plan gerufen hätte. Seit 1968 wurden 25 Werke *gegen* die Ancient-Astronaut-Idee veröffentlicht. 19 davon gerieren sich in Titel oder Vorwort als »wissenschaftliche« Arbeiten — tatsächlich wurden nur neun von diesen 19 Büchern von Naturwissenschaftlern geschrieben. Aber: trotz ausdrücklichen Anspruchs von »Wissenschaftlichkeit« ist mir bis heute kein wirklich »wissenschaftliches« Buch unter die Augen gekommen. Reiner Etikettenschwindel, der wohl einen gewissen »Konsumzwang« auf die Presse ausüben sollte. Perfekt, das gebe ich zu, ist das System der Kritiker: sie schreiben mehr oder weniger dasselbe und das noch voneinander ab — »wissenschaftlich« zitierend, versteht sich. So platzen dann, in Beweisnot geraten, immer dieselben vertrauten Blindgänger als »Gegenbeweise« aus den hehren Drucksachen.

Diese sogenannten Gegenbeweise darf ich als Blindgänger bezeichnen, weil sie nämlich in der Tat nichts beweisen. Die »Methode«:

* Adresse für Europa: Ancient Astronaut Society, CH = 4532 Feldbrunnen.

wenn in einem archäologischen Werk — sei es von Heyerdahl, Ceram, Brion oder Lhote — Funden an irgendeinem Grabungsort auf der Welt eine andere Deutung gegeben wird, als ich sie mir »anmaße« — schon bin ich widerlegt! Interpretieren Religionswissenschaftler oder Ethymologen Mythologien und Überlieferungen anders als ich — schon bin ich widerlegt! Lege ich alte Texte — im Gegensatz zur obwaltenden Lehrmeinung — aus dem Blickwinkel modernen Wissens — anders aus, schon irre ich mich! Seltsam. Was andere als Hypothesen äußern ist tabu, ist letzte Weisheit und Wahrheit, gilt sozusagen als patentiert-objektives Wissen. Vertrete ich hypothetisch eine gegenteilige, ergänzende oder weiterführende Meinung, bin ich im Unrecht. So einfach ist das.

Wie sähe es heute um uns aus, wenn unsere Vorväter auch mit dieser Methode alles neue, fortschrittliche Denken blockiert hätten? Da zu jeder Zeit unserer Geschichte irgendwelche Kapazitäten ihren Standpunkt als letztes und definitives Wissen gern in Marmor gemeißelt hätten, war jedes Aufbegehren stets eine Art von Frevel und Majestätsbeleidigung. Wie gern hätte man, wie gern würde man Opponenten, die nicht bereit waren, die nicht bereit sind, Unverdauliches auch noch zu schlucken, an den Pranger gestellt, am liebsten auf dem Scheiterhaufen gegrillt. Hätten diese Frondeure all die Ansichten und Lehren als unumstößliche Wahrheiten akzeptiert, wäre die Menschheit buchstäblich auf keinem Gebiet zu Fortschritten gekommen. Bei bestimmten Figuren ist halt der Irrtum stets inklusiv. Aber Fortschritt gibt es zu jeder Zeit nur, wenn neue, bis dato ungedachte Ansichten vorgetragen werden, ja, sie *müssen* vorgetragen werden, weil nur durch sie die Entwicklung in Gang gehalten wird. Diesem Zwang, Neues zu postulieren, verdanken wir Fortschritt, Entwicklung und den jeweils modernsten Erkenntnisstand. Am Beginn steht die Utopie. Wernher von Braun (1912—1977), der es wissen mußte, sagte:

> »Nichts sieht hinterher so einfach aus wie eine verwirklichte Utopie!«

›Fairplay‹ des Mr. Graham Massey

Obwohl gebranntes Kind, bin ich 1977 doch wieder auf Zusagen reingefallen, die nicht gehalten wurden. Der Regisseur Graham Massey kam zu mir und bezirzte mich mit hellsten Tönen, an einer »objektiven Dokumentation« meines Themas mitzuwirken. Da er namens der sonst so fairen BBC London zu mir kam, in deren

Sendung NOVADOCUMENTARY »meine« Dokumentation ausgestrahlt werden sollte, sagte ich meine Mitwirkung zu. Heraus kam eine arglistig manipulierte Produktion, aus der zugesicherten Unparteilichkeit wurde eine böse und einseitige Diffamierung. In geschlossener Phalanx marschierten meine Widersacher von Sagan bis Heyerdahl auf. Nichts dagegen zu sagen — aber man hätte mich mit ihnen konfrontieren müssen! Das wäre englisches Fairplay gewesen. Die negativen Statements standen unwidersprochen im Raum bzw. auf dem Bildschirm. Fairplay wäre es freilich auch gewesen, wenn — Mann gegen Mann — auch *Fürsprecher* meiner Theorie zu Wort gekommen wären. Fehlanzeige. Das Wort wurde einseitig meinen Kritikern erteilt.

Besonders mies handelte der alerte Graham Massey bei der Darstellung, der »Dokumentation«, der bei Ica in Peru gefundenen, gravierten Steine, über die mein 1978 verstorbener Kollege Robert Charroux ein ganzes Buch schrieb. In meinem Buch »Beweise« berichtete ich über meinen Besuch in Ica und teilte deutlich, schwarz auf weiß, mit, daß es neben echten Gravuren auch zu hunderten Fälschungen gäbe, die die Indios fabrizieren und an Touristen verkaufen. Einen der Fälscher, den Indio Basileo, hatte ich aufgesucht, ihm bei seiner Fälscherarbeit zugesehen ... und für meinen Film »Botschaft der Götter« filmen lassen. Das alles erzählte ich dem merkwürdigen Herrn Massey. Was machte er in seiner »Dokumentation« daraus? *Sein* Team hatte den Fälscher entdeckt ... und Däniken entlarvt! Fairplay?

Diese Sache wäre nicht erwähnenswert, wenn Herrn Masseys »Dokumentation« nicht in so vielen Ländern gelaufen wäre und wenn nicht aller Orten meine lieben Kritiker ungeprüft die total verdrehten Tatsachen übernommen hätten, um sie nunmehr in »wissenschaftlicher« Manier gegen mich ins Feld zu führen: Däniken ist einem Fälscher aufgesessen, in der BBC-Dokumentation wurde er »entlarvt«. Daß daran nichts, daß daran kein Wort wahr ist ... wie soll man's gegen die Macht des Bildschirms bekanntmachen? Fairplay war es jedenfalls nicht.

Den Vogel schoß jedoch der bekannte amerikanische Astronom Carl Sagan ab! Dieser Professor gebietet über eine eigene Organisation, eine Firma, die weltweit dafür sorgt, daß große Magazine immer und immer wieder weihrauchtriefende Interviews zu seinem Lob bringen.

Ein ›Wissenschaftsverkäufer‹ namens Sagan
Spottete NEWSWEEK:

»Sagan ist weniger Wissenschaftler als vielmehr Wissenschaftsverkäufer ... Unter der Regie von Carl-Sagan-Productions arbeitet er an einer eigenen Fernsehserie. Zwischen den Aufnahmen reicht ihn seine Mannschaft im Lande herum mit dem überfüllten Programm eines Superstars und verteilt eine 41seitige biographische Broschüre, vollgestopft mit seinem Ruhm und Ansehen.«[48]

Dieser bescheidene Himmelsforscher bezeichnete mein erstes Buch in Interviews »das unlogischste Buch des Jahrhunderts«. Geschmeichelt ob solcher Attacken eines Superstars fühle ich mich verpflichtet, seine Einwände gegen die Ancient-Astronaut-Hypothese genauso pauschal — wie er es zu tun beliebt — als die »widersprüchlichsten Ausreden des Jahrtausends« abzutun. Eitel, wie er ist, ist der gute *Astronom* Sagan ein bedenklicher *Kritiker.* Seine Argumente *scheinen* Hand und Fuß zu haben, wirken manchmal bestechend und bleiben doch hohl, sind nicht zu Ende gedacht, taumeln nur an der Peripherie herum. Mit seiner eigenen Nabelschau voll ausgelastet, hat er wohl keine Zeit, anderes so gründlich zur Kenntnis zu nehmen, wie es für eine sachliche Auseinandersetzung nötig wäre. Sorry.

Der Fairneß halber erwähne ich, daß seit Ende 1977 eine Gesellschaft tätig ist, die mit aparten Mitteln sozusagen kontrapunktisch wirkt. Sie heißt: »Committee for the scientific investigation of claims of the paranormal«. In diesem Komitee fanden sich 43 Wissenschaftler, Journalisten und Erzieher zusammen, die dem »neuen Unsinn« in den USA den Garaus machen wollen[49]. Anführer dieser Organisation ist der Philosophieprofessor Paul Kurtz von der Staatsuniversität Buffalo. Muß ich erwähnen, daß unter den Mitgliedern Carl Sagan zu finden ist? Wie dessen PR-Society ist auch das Komitee aktiv, indem es die Presse gezielt mit Munition gegen die Ancient-Astronaut-Idee beliefert. Fernsehstationen, die im Zuge objektiver Information auch »Andersgläubige« zu Wort kommen lassen — wie die NBC, eines der drei großen Networks —, werden attackiert. Redaktionen populärer Magazine fühlen sich durch die mit akademischen Weihen versehenen Artikel geschmeichelt ... und drucken sie ab.

Herrlich! All dies geschieht seit 1968. Verursacht durch einen einzigen Bestseller. Wie zündend und kraftvoll muß eine Theorie sein, daß sie vor und hinter den Kulissen eine wahre »Schlacht« zu entfesseln vermag. Mir gefällt das. Spricht es nicht für unsere Gesellschaft, daß sie durch einen inspirierten Gedanken derart in Schwingung geraten kann? Zeugt es nicht dafür, daß sie hinter Auto, Kühlschrank und anderem Komfort immer noch Sinne frei hat für Fragen, die materiell nichts bringen? Daß sie sich für die menschliche Abkunft interessiert und ihr »Traum« von der Zukunft nicht mit dem Zuwachs des Bruttosozialprodukts ausgefüllt ist?

Obwohl es immer reizvoll ist, will ich hier die Argumente meiner Freunde vom anderen Ufer nicht auseinanderdividieren. Das habe ich in »Kreuzverhör« getan. Einen einzigen Punkt muß ich aus der heiß geführten Diskussion herauspflücken, weil er unsachlich und perfide ist. Insbesondere an Schulen (das weiß ich aus den vielen Briefen, die Schüler mir schreiben) und in Publikationen, die sich an die junge Generation wenden, wird sublim oder offen behauptet, die Götter-Astronauten-Theorie sei schädlich, ja, sie stelle eine Gefahr für die Menschheit dar. Wie das?

Operation auf drei Ebenen

Man operiert auf drei Ebenen:

1. Im anerkannten Weltbild gäbe es für außerirdische Besucher in prähistorischer Zeit keine Notwendigkeit. Alle rätselhaften Phänomene der Vergangenheit ließen sich auf natürliche und logische, vor allem viel einfachere Art erklären als durch den Besuch und die tätige Hilfe von Außerirdischen.
2. Die Vertreter der Götter-Astronauten-Theorie würden unsere frühen Vorfahren als dumm und beschränkt qualifizieren, indem sie behaupteten, jene wären nicht fähig gewesen, selbständig zu denken, ohne außerirdische Hilfe Monumentalbauten zu errichten.
3. Gefährlich sei die Theorie für die Menschheit, weil der Mensch dazu gebracht würde, an außerirdische Götter zu glauben, auf deren Hilfe zu hoffen, und drum die Hände in den Schoß lege und die Lösung seiner Probleme von Extraterrestriern erwarte.

Diese Unterstellungen verlangen eine klare Entgegnung. Tatsächlich sind sie »essentials«, springende Punkte der weltweiten Diskussion. Sie wirken wie Drogen, die das Gehirn lahmlegen, das Denken abblocken.

Fugenlose Bausteine

Wie sieht die Götter-Astronauten-Theorie in Wirklichkeit aus?

zu 1): Mir ist keine Theorie bekannt, die sich ähnlich nahtlos und auch logisch in unsere prähistorische Vergangenheit einfügt und damit ungelöste Phänomene der Frühzeit zu erklären vermag:

- Die Entstehung des Lebens auf der Erde.
- Die Entstehung der Intelligenz auf der Erde.
- Die Unterschiede zwischen den Affenarten und dem intelligenten Menschen (Die fehlenden Bindeglieder).
- Die Übereinstimmung von Eiweiß-Strukturen zwischen Schimpanse und Mensch (Der fehlende Evolutionsmotor).
- Den Urbeginn der Religionen.
- Den Urkern der globalen Mythologien.
- Die Gottesbeschreibungen im Alten Testament mit »Feuer, Beben, Lärm, Rauch« — wie in vielen anderen alten Texten.
- Die Entstehung von Rassen und Riesen.
- Die Namensliste der »gefallenen Himmelssöhne« im Buch des Propheten Henoch.
- Die Frage nach Gott und dem Teufel, den uralten Symbolen von gut und böse.
- Die Schilderungen von göttlichen Strafgerichten in prähistorischen Zeiten.
- Die weltweite Sintflut.
- Die legendären Urkönige und Urväter.
- Das Entschwinden religiöser und mythologischer Gestalten »in den Himmel«.
- Die Entstehung und/oder Motivierung bisher unerklärbarer Bauten in vorgeschichtlicher Zeit (Erbaut aus Respekt vor den »Göttern«, manchmal mit Werkzeugen errichtet, die die »Götter« stellten oder gebaut und konstruiert mit priesterlichem Wissen aus »göttlicher« Vergangenheit).
- Die Anlage von Schutzräumen vor den »Göttern« (Unirdische Städte, bewohnte Höhlenlabyrinthe, Dolmen).
- Die in alten Texten immer wieder vorkommenden Zeitverschiebungseffekte (Geschildert im japanischen Nihongi, im Buch Baruch das temporäre Verschwinden Abimelechs usw.)
- Die *ersten* Mumifizierungen (Die Menschen erhofften eine körperliche Wiedergeburt bei Rückkehr der Götter).
- Die oft geschilderte Angst vor der Wiederkunft der Götter (Weil der Mensch sich gegen »göttliche« Verbote vergangen hatte, fürchtete er die Strafe der Außerirdischen).

- Die Entstehung der in Mythologien beschriebenen Nahrungsmittel wie Weizen oder Mais.
- Die frühesten Opfergaben zur Versöhnung der Götter (Die Außerirdischen ließen sich ihre »Entwicklungshilfe« oft in Naturalien bezahlen).
- Die Entstehung alter religiöser Symbole und Kulte (Sonnenkult, Sternenkult, fliegende Barken am Himmel, Räder am Firmament, technische Geräte wie zum Beispiel die Bundeslade oder Salomos Flugwagen).
- Die Entstehung von Überlieferungen (Wie etwa den Kampf des Erzengels Luzifer mit dem »Feuerschwert« gegen Erzengel Gabriel).
- Die Entstehung zahlloser religiös motivierter Felszeichnungen rund um den Erdball.
- Die Entstehung von Kult- und Götterfigürchen im frühen Altertum (Wie Darstellungen von behelmten Göttern, in raumanzugähnlichen Gewändern bekleidete Gestalten, Götter mit Flügeln und technischen Accessoires usw.).
- Die Entstehung riesiger Scharrbilder (die so angelegt wurden, daß sie von fliegenden »Göttern« gesehen werden konnten).
- Die Entstehung der heute noch zu Ehren der Außerirdischen praktizierten Kulte (Wie etwa bei den Kayapo-Indianern in Brasilien oder den Hopi-Indianern in Arizona, USA).

Das ist freilich keine vollständige Liste. Ich will nur wenige »springende Punkte« ins Gedächtnis zurückrufen. Bei nur einigem guten Willen und mäßiger Objektivität werden meine Kritiker zugeben müssen, daß diese Glieder exakt dort »greifen«, wo bislang Lücken in der Darstellung der frühen menschlichen Geschichte klaffen.

Aufhellung nachtdunkler Epochen

Bei nur leidlicher Bereitschaft zur Sachlichkeit wird die lapidare Feststellung nicht mehr zu halten sein, »Außerirdische« wären zur Aufhellung der nachtdunklen Epochen unserer Vergangenheit nicht nötig, die Theorie von ihrer einstmaligen Anwesenheit auf unserem Planeten vermöge nichts zu erklären. — Das Haupt der Wissenschaft wäre partiell glatzköpfig, wenn man es nicht mit Toupets (die nichts taugen) bedecken würde.

Die einfacheren Antworten

Wo sind denn die »einfacheren« Antworten auf ungelöste Rätsel der Vergangenheit? Ist die Götter-Astronauten-Theorie am Ende deshalb verwerflich, weil ihr die *wirklich* einfacheren Antworten zur Verfügung stehen? Ist es denn »einfacher«, anzunehmen, die Entwicklung des Menschen bis zum *homo sapiens* sei einem millionenfachen Zufall der genetischen Evolution zu verdanken als zu akzeptieren, daß Außerirdische die intelligenten Wesen »nach ihrem Ebenbild« schufen — wie es die Überlieferungen besagen? Ist es nicht schlichter Unfug, statt einfacher Antwort, zu behaupten, die Entstehung von Mythologien und Religionen der Frühzeit (mit ihren vielfach in den Texten überlieferten technischen Angaben) seien durch eine hakenschlagende Psychologisierung plausibel zu machen? Akzeptiert man (bittschön mal versuchsweise!) die ehemalige Anwesenheit Außerirdischer, müssen unsere Vorfahren nicht auf der Psychiatercouch festgebunden werden, um ihren Übermittlungen vage, sehr vage Erklärungen zu implizieren. Tatsächlich ist es einfacher, die prähistorische Existenz von Riesen wider besseres Wissen abzuleugnen, als sich mit diesem Phänomen zu beschäftigen. Die Spuren der Riesen sind in alten Texten ebenso unübersehbar wie die fotografierbaren Stempel, die sie bei ihrem Erdenwandel in den Boden drückten. Als einfache Antwort auf eine Rätselfrage kann man diese Methode nicht bezeichnen.

Betriebsblindheit entsteht allerorten und nicht nur in den Gehegen der Wissenschaft, wenn man sich vor störendem Neuen abschottet. Um sich im Gehäuse des ererbten Wissens unbehelligt eigener Nabelschau hingeben zu können, greift man eher zu absurdesten Erklärungen, als dem Neuen auch nur eine geringe Bereitschaft des Hinhörens zu gewähren.

Vor 2500 Jahren sagten Götter unserem Vorfahren, dem Propheten Ezechiel: »Ihr Menschen habt Augen, um zu sehen, und seht doch nichts!« Heute würden sie wohl hinzufügen: »Ihr habt einen Verstand, und ihr benutzt ihn nicht!«

Zu 2): Nirgends habe ich geschrieben, unsere Vorfahren wären dumm und nicht fähig gewesen, prähistorische Bauten zu errichten. Nirgendwo habe ich gesagt, die Außerirdischen hätten Megalith-Tempel, Pyramiden gebaut oder die Scharrbilder auf der Ebene von Nazca angelegt. Das sind böswillige Unterstellungen meiner unsachlichen Gegner. Sie brennen Nebelkerzen ab.

Internationale Steinmetzschule?
Allerdings vertrete ich die Meinung, daß *Ursache und Beweggründe* für einige rätselhafte Bauten auf außerirdische Wesen zurückzuführen sind oder daß Arbeitstechniken angewandt wurden, in denen unsere frühen Vorfahren von »Göttern« unterwiesen wurden. Es gibt gute Gründe für meine Annahme! Wie sonst will man die rund um den Globus sichtbare gleiche Meisterarbeit erklären? Nach gängiger Lehrmeinung haben sich die einzelnen Früh-Kulturen völlig unabhängig voneinander entwickelt — auf der Osterinsel und in der Bretagne, bei den Präinka oder den damaligen Bewohnern der britischen Insel (Stonehenge). Oder sonstwo. So aber kann das nicht gewesen sein.

Wenn ich auf der Osterinsel Steinbearbeitungen sehe, die exakt den Steinverarbeitungen oberhalb von Sacsayhuaman (Peru) gleichen, und wenn ich der gleichen »Fabrikation« in Malta, Catal Hüyük (Türkei), in Baalbek (Libanon) wiederbegegne, dann drängt sich doch die Frage auf: Wo gab es denn eine internationale Steinmetzschule, die ihre nach gleichem System ausgebildeten Meister an alle Ecken der Welt schickte, um sie allerorts mit der gleichen Technik arbeiten zu lassen?! Es gab ja keine irgendwie geartete »Kommunikation« per Flugzeug, Schiff oder mit einem Architekturmagazin »Megalithbau — heute«.

Unsere frühen Vorfahren adaptierten den Fortschritt
Meine *einfache* Annahme:

Wenn unsere Vorfahren mir nichts, dir nichts weltweit gigantische Monolithen zu Tempeln oder Pyramiden auftürmten, ohne voneinander zu wissen, *muß* es ein gemeinsames Motiv für diese haarigen Sklavenarbeiten gegeben haben. Oder nicht?

Wenn uns der Prophet Henoch über mehrere Seiten seines Buches weg astronomische Leckerbissen serviert (von deren Sinngehalt er zu seiner Zeit keine Ahnung gehabt haben kann!) und obendrein behauptet, die »Wächter des Himmels« hätten ihm das alles diktiert, dann muß es gestattet sein, zu fragen: Wer sind denn diese »Wächter des Himmels« eigentlich gewesen?

Mit dem »Hinterfragen« (das ist doch sehr modern!) solcher Überlieferungen, wie denn einstens alles gewesen sein kann, etikettiere ich unsere Vorfahren doch nicht als dumme Wesen! Im Gegenteil halte ich sie für sehr intelligent und clever: sie adaptierten den Fortschritt! (Was man von einigen Kritikern unserer Theorie nicht sagen kann.)

Bei Spekulationen um den Intelligenzquotienten unserer Vorfahren taucht neuerdings die Behauptung auf, Versuche hätten ergeben, daß Affen, unter ihnen besonders die Schimpansen, schöpferische Intelligenz besäßen. In Versuchsreihen wurden Affen dazu gebracht, bestimmte Tasten zu drücken, um an Nahrungsmittel heranzukommen, um Licht anzuknipsen oder einen Schalter zu bedienen, der »Kommunikation« mit Artgenossen im Nachbarkäfig eröffnet.

Affenschule

Am 11. Oktober 1978 berichtete die FRANKFURTER ALLGEMEINE ZEITUNG:

»Eine Stadt für 10 000 Affen entsteht gegenwärtig in der Nähe von Adler am Schwarzen Meer. Die Affen gehören zum wissenschaftlichen Forschungsinstitut für experimentelle Pathologie und Therapie. Wie die Moskauer Wochenzeitung ›Nedelja‹ berichtete, sieht der Bauplan von Architekt Wadim Adamowitsch auf einem Gelände von mehr als 84 Hektar ein Laboratoriumsgebäude und etliche Häuschen vor, in denen die Tiere wohnen sollen. Jede Hütte hat eine Wasserleitung. Bambusbetten und Tageslicht. Die Wände sollen mit Epoxyd-Farben gestrichen werden. Zu jedem Häuschen gehört ein Freigehege. Nach Angaben der ›Nedelja‹ hat es ein so großes Affengehege bisher nicht gegeben. Eine Art Zaun aus schräg gestellten verzinkten Eisenbogen soll die Affenstadt von der übrigen Welt trennen.«[50]

Steht uns also in einigen Jahren ein Forschungsbericht ins Haus, dem wir staunend entnehmen werden, daß unsere herzigen Vorfahren eine gewisse beschränkte Intelligenz erworben haben. Daß sie sich im ehelichen Bambusbett wie Menschen aufführen, daß sie Bananen nicht mehr aus der Hand fressen, sondern sittsam mit Messer und Gabel zerlegen und zum Mund führen, daß sie in hygienisch einwandfreier Weise das WC zu benützen pflegen und daß sie per Telefon von Käfig zu Käfig fröhlich kommunizieren.

Was für mühevolle Dressuren nötig sind, um Affen salonfähig zu machen, berichtete die SCHWEIZER ILLUSTRIERTE.[51]

Am 4. Juli 1971 kam im Zoo von San Franzisko das Gorillamädchen Koko zur Welt. Eine junge Dame, Petty Patterson, nahm Koko zu sich und brachte ihr, man höre und staune, in sieben Jahren ganztägigen Zusammenlebens 350 Wörter bei, mit denen Koko nun Wünsche artikulieren kann. Lehrerin Petty erlernte zuerst selbst die

Taubstummensprache, um sich mit Koko verständlich machen zu können. Nun, nach sieben Jahren, wendet Koko die Zeichen an. Kürzlich bekam Koko im Gorillaherrn Michael einen Partner. Bleibt abzuwarten, ob die Kinder Mütterchens Intelligenz erben werden ... oder ob Fräulein Patterson wieder mit ihnen die Affenklippschule besuchen muß. Sie hat ja nur einen Affen dressiert, aber den Stamm nicht verändert!

Sehr weit kann es mit der Schimpanseninteiligenz nicht her sein. In einem senegalesischen Tierreservat gibt es eine »Affenschule« [52] mit einem »Schimpansen-Rehabilitationsprogramm«. Stella Brewers nimmt sich seit 1968 solcher Schimpansen an, die ihre Eltern verloren haben oder die im Zoo oder Zirkus unter menschlichen Einfluß gerieten und dabei verlernten, was sie zum Leben in der Freiheit des Urwaldes können müssen, um zu leben und zu überleben. Zurück zur Natur — durch Unterricht von Menschen!

Also: Affen erwerben eine kleine Portion Intelligenz — durch menschliches Bemühen und Unterweisen. Der Mensch lehrt sie, bestimmte Tasten zu drücken — Worte zu sprechen, Zeichen zu verstehen — im eigenen Milieu leben zu können.

Nichts von all dem fiel den Affen von alleine ein. *Wir Menschen* sind ihre Lehrmeister. Wenn diese angelernten Schimpansen und Gorillas binnen einiger Generationen eine gewisse Selbständigkeit erreichen würden, dermaleinst auch halbwegs »vernünftig« sprechen könnten und so etwas wie eine Zivilisation entwickelten, dann hätten *wir Menschen* in ihrer Existenz die Rolle von »Göttern« gespielt! *Wir* vermittelten ihnen Kenntnisse, *wir* gaben ihnen Grundlagen, auf denen sie sich entwickelten. Aus dem Blickwinkel »vernünftiger« Affen verfügten *wir* über Klugheit und Macht. Deshalb beweisen meiner Ansicht nach die Experimente genau das Gegenteil dessen, was ihre Initiatoren im Auge haben. Es wird *nicht* bewiesen, daß Affen von *jeher* selbständig *waren* — es wird vielmehr bewiesen, daß sie es mit fremder Hilfe werden können!

Ich überlasse es dem mitdenkenden Leser, aus diesem Exkurs auf die Anfänge menschlicher Intelligenz Schlüsse zu ziehen. Wer denn waren *unsere* Lehrmeister?

Zu 3.: Ist die Götter-Astronauten-Theorie gefährlich? Kann sie Menschen dazu »verführen«, untätig den Gang der Dinge abzuwarten, darauf zu hoffen, Außerirdische würden ihre Probleme lösen?

Das ist die bornierteste unter allen bornierten Unterstellungen! Alle, die mit dieser Lüge hausieren, müßten die Vertreter etablierter Religionen angreifen, die »Hilfe von oben« verheißen. Lautet ein Trost nicht: »Der Herr wird geben?« Was lernen die Kinder im Unterricht der großen Glaubensgemeinschaften und Sekten? »Klopfet an, und es wird euch aufgetan.« — »Der Mensch denkt und Gott lenkt.« — »Wer gibt, dem wird gegeben.« — »Selig sind die Armen im Geiste, denn ihrer ist das Himmelreich.«

Die Gefahr — das Schicksal zu negieren, die eigene Kraft geringzuschätzen, Entscheidungen einem undefinierten Wesen zu überlassen — steht nicht im Umkreis der Götter-Astronauten-Hypothese. Ganz abgesehen davon, daß sie keine Heilslehre ist. Und auch keine sein will. Und dennoch behaupte ich: Die Außerirdischen kommen wieder!

Christen erwarten die Wiederkunft des Herrn. Im Evangelium heißt es: »Er wird kommen mit großer Macht und Herrlichkeit, thronen in den Wolken und richten.« Diese Wiederkunftshoffnung gab es schon vor 2000 Jahren, als Jesus unter den Juden wandelte, die längst ihren Messias erwarteten. Sie haben in Jesus nicht ihren Erlöser erkannt.

Götter versprachen Wiederkehr

Im Alten Testament gibt es Gestalten wie den vorsintflutlichen Propheten Henoch, der mit den »Wächtern des Himmels« auf Nimmerwiedersehen verschwand, oder seinen Kollegen Elias, von dem berichtet wird, er sei in einem »feurigen Wagen« in den Wolken verschwunden. Der traditionellen Lehre nach müßten Henoch und Elias zurückkehren, um hier zu sterben.

Bep-Kororoti, in der Legende der Kayapo-Indianer vom Rio Fresco in Brasilien der »Krieger aus dem All« und von ihnen als Gott verehrt, versprach vor seinem Aufbruch in den Weltraum, in einer fernen Zeit wiederzukommen. — Die Katchina, Götter der Hopi-Indianer in Arizona, meldeten sich in gleicher Weise ab: sie versprachen ihre Wiederkehr.

Irrtümer eines Glaubens

Als die weißen Eroberer (1524/25) das Inkareich heimsuchten, wurden sie bei der Landung freudig begrüßt, weil die Überlieferung verhieß, eines Tages würden die Götter wiederkommen. Gläubig, aber sehr naiv hielten sie die spanischen Horden unter dem goldgierigen Franzisco Pizarro schrecklicherweise für ihre heimgekehrten Götter. — Die Azteken in Zentralamerika saßen dem gleichen Irrtum auf: als Hernando Cortez 1519 Tenochtitlan, die damals größte Stadt Amerikas, belagerte, wurde der Bande die Einnahme wesentlich erleichtert, weil die Azteken annahmen, der Eroberer sei der seit langem erwartete Gott. — Auch dem Weltumsegler James Cook kam 1778 bei der Entdeckung der Hawaii-Inseln zugute, daß die Eingeborenen ihn für ihren Gott Lono mit dem goldenen Haar hielten, der in sein Land heimkehren wollte.

Was waren das für »Götter«, die derart verbindliche Erklärungen abgaben, wie sie serienweise in alten Überlieferungen verbucht sind? Das können weder nebulöse Geister noch erdachte, fantastische Schemen gewesen sein. Das waren sehr körperliche Gestalten, die, vom Himmel gekommen, unter unseren Vorfahren lebten — Gestalten, denen sie der Überlegenheit wegen die Macht der Götter zutrauten. Wenn diese Gestalten wieder himmelwärts aufbrachen, wurde ihnen das Versprechen der Wiederkehr als pure Selbstverständlichkeit abgenommen. Ein »Gott«, ein Wort!

War die Verheißung der Wiederkehr eine leichtfertige Zusage der Außerirdischen? Nein. Sie kannten das physikalische Gesetz der Zeitverschiebung, wonach Astronauten in sehr schnell fliegenden Raumschiffen einem anderen Zeitablauf unterliegen als wir Erdenbürger. Sie wußten genau, daß für sie in ihren Raumschiffen nur wenige Jahre vergehen, während auf der Erde die Jahrtausende dahineilen. Die Außerirdischen konnten das Versprechen der Rückkehr geben. Sie werden es auch einlösen!

Was erwarten die Extraterrestrier bei ihrer Wiederkehr?

Einen Planeten, auf dem sich Völker in rechthaberischer Dummheit streiten? Eine bequeme, untätige Menschheit, die das »göttliche« Erbe der Intelligenz vernachlässigte, vergaß oder mißbrauchte? Erwarten die »Götter« einen Planeten mit fortgeschrittener Technik, mit Atomkraftwerken und Weltraumschiffen oder eine Steinzeitkultur mit Menschen, die beim Licht von Ölfunzeln in kalten Höhlen Pfeile anspitzen? Erwarten sie eine Gesellschaft, deren Mitglieder verlogen und neidisch auf den Besitz des anderen schielen, oder erwarten sie eine ethisch und moralisch gefestigte Gemeinschaft, die sich an die auferlegten Gebote hielt?

An welche Gebote?

Die klarsten Anweisungen für Weg und Ziel menschlicher Bestimmung stehen im Alten Testament:

»Und Gott segnete sie und sprach zu ihnen: Seid fruchtbar und mehret euch und füllet die Erde und machet sie euch untertan, und herrschet über die Fische im Meer und die Vögel des Himmels, über das Vieh und alle Tiere, die auf der Erde sich regen!« (1. Mose 1, 28)

Der Auftrag ist eindeutig. Wir sollen die menschliche Intelligenz nutzen, über die Tiere herrschen und uns »die Erde untertan« machen, die uns ihre Reichtümer — Sauerstoff, Wasser, Mineralien, Erdöl usw. — zur Verfügung hält.

Ob man den Weisung erteilenden alttestamentarischen Gott als allmächtiges, nicht faßbares Geistwesen oder als außerirdische Gestalt begreift, gilt in jedem Fall: der Gott oder die »Götter« waren den Menschen überlegen. Geistwesen oder Außerirdische wußten, zu welchem Ergebnis der Imperativ: »Mehret euch!« führen würde, nämlich zur Übervölkerung und damit zu raumschaffenden Kriegen, zum Mangel an Nahrung, an Bekleidung, kurzum zu Notständen, die nur mit Intelligenz zu überwinden sein würden. Deshalb statteten sie den Menschen mit Intelligenz aus, die Problemlösungen ermöglichte. So ist der verheißungsvolle Satz, die These zu verstehen:

»Dies ist erst der Anfang ihres Tuns. Nunmehr wird ihnen nichts unmöglich sein, was immer sie sich vornehmen.« (1. Mose, 11, 6)

Wir verfügen über intelligente Fähigkeiten, mit unseren Problemen fertigzuwerden, haben also keinen Grund, die Hände in den Schoß zu legen und auf außerirdische Hilfe zu warten!

Elohim = die Götter

In den Bibelzitaten wird von Gott in der Einzahl gesprochen. Ist es ein unstatthafter Trick, wenn ich von »Göttern« rede?

Im hebräischen Originaltext steht für »Gott« der Pluralbegriff »Elohim«. Das Tätigkeitswort vor dem Mehrzahlbegriff ist in der Einzahl. Beispiel: »Und die Götter *schuf* die Menschen nach ihrem Ebenbild.« Weil das Tätigkeitswort in der Einzahl steht, wandelten die Übersetzer den Mehrzahlbegriff »Elohim« auch in die Einzahl um, in »Gott«.

Wie mir versierte Theologen versicherten, wäre es de facto zulässig, den Singular »schuf« dem Plural von »Elohim« anzupassen. Dann lautet die Übersetzung: *»Die* Götter schuf*en* die Menschen nach ihrem Ebenbild.«

Wie konnten die »Götter« den Menschen befehlen, sich zu mehren, sich die Erde untertan zu machen, da sie wissen mußten, daß die Konsequenzen aus der Ausführung des Auftrags zu keinem guten Ende führen konnten?

Die Zehn Gebote

Die »Götter« ließen die junge Menschheit mit klaren Geboten zurück. Wären diese eingehalten worden, gäbe es eine intakte, reibungslose, zukunftssichere Zivilisation, und eine Kultur auf hohem Niveau wäre garantiert. — Im 2. Buch Mose, Kapitel 20, Verse 2—17, wie im 5. Buch, Kapitel 5, Verse 6—21, stehen die Zehn Gebote, die die Götter unseren Vorfahren auferlegten und als Erbe hinterließen. In Bibelübersetzungen steht vor jedem Gebot der Imperativ: »Du sollst nicht!« Tatsächlich wäre jedoch auch die Übersetzung zulässig: »Du wirst nicht!«, denn die hebräischen Begriffe decken beide Versionen.

Betrachtet man einige Gebote aus dem Impetus eines Propheten der Vergangenheit, so bekommen sie eine neue Perspektive für die *zukünftige* Rückkehr der Götter.

Das erste Gebot befiehlt:

»Du sollst dir kein Gottesbild machen, keinerlei Abbild, weder dessen, was oben im Himmel, noch dessen, was unten auf Erden, noch dessen, was in den Wassern unter der Erde ist.«

Die Außerirdischen wußten von sich, daß sie *keine* allmächtigen und zeitlosen Götter waren. Wohl verehrten auch sie das unbegeifliche Etwas, das in allen Religionen mangels eines besseren Begriffs »Gott« genannt wird. Ebenso war ihnen bekannt, daß unsere ahnungslosen Vorfahren sie für »Götter« hielten, doch ihnen war daran gelegen, zwischen sich und dem unfaßbaren Gott eine deutliche Trennung zu markieren. Um zu verhindern, daß spätere Generationen Götzenbilder aus Holz, Stein und Plastik anbeteten, verboten sie strikt, Bildnisse von »Gott« zu machen. Und was geschah? Gleich nach dem Aufbruch der Außerirdischen in die Weiten des Universums setzten sich die Menschen über das Gebot hinweg. In allen Religionen aller Kulturen wurden fix Götterbilder verfertigt und auf unterschiedliche Namen getauft. Mir ist nur eine Religion bekannt, die sich an das Gebot hielt: der Islam duldet keine Götterbilder.

Das vierte Gebot verlangt:

»Ehre Vater und Mutter, auf daß du lange lebest!«

Das ist wohl das einzige unter den Zehn Geboten, das von allen gesitteten Menschen eingehalten wird.

Interessant scheint mir das an das Gebot gekoppelte Versprechen eines langen Lebens, weil sich hier ein ganz moderner Aspekt eröffnet. Warum lebt einer länger, der seine Eltern ehrt? Ist das nicht ein kluger Hinweis auf Erkenntnisse, die erst die moderne Forschung bestätigte? Daß nämlich »Nestwärme« des Elternhauses der Psyche fast lebenslänglich das Gefühl von Ruhe, Geborgenheit und Sicherheit gibt wie — vice versa — eine in der Jugend angeknackste Psyche Menschen unglücklich werden läßt. Seelisch angeschlagene Menschen, so die moderne Forschung, sind sogar anfälliger für Krebserkrankungen. Ergo verheißt die Erfüllung des Gebotes auch eine längere Lebenserwartung. Die Gebote 5—8 sind einfach, klar und brächten in strikter Erfüllung den Himmel auf Erden:

Du sollst nicht töten!
Du sollst nicht ehebrechen!
Du sollst nicht stehlen!
Du sollst nicht falsch Zeugnis geben!

Wirklich das kleine Einmaleins für Friede und Glückseligkeit. Unausdenkbar herrlich, wenn die Menschen stets den klugen Gesetzen der »Götter« gefolgt wären! Eine Welt, in der nicht getötet wird, unter keinem Vorwand und aus keinem Anlaß. Keine Kriege, kein Völkermord. Die Fernsehnachrichten, die jeden Tag nichts anderes zu melden haben, könnten zu fröhlichen Wellen werden. Ja, der Friede wurde *eigentlich* vor Jahrtausenden programmiert.

»Du sollst nicht ehebrechen ...« Mich dünkt, daß dieses Gebot schon zur Zeit, als es erlassen wurde, nicht sehr viel galt. Berauscht von grenzenlosen Freiheiten, wird das Gebot heutzutage freilich gern überhört. Wieviel Streit und Leid wären unnötig, wie viele Tränen blieben ungeweint, wenn auch dieses jahrtausendalte, von einem anderen Stern eingebrachte Gesetz geachtet worden wäre?

Ein himmlisches Halleluja müßten wir anstimmen, wenn der Imperativ: »Du sollst nicht stehlen!« befolgt würde. An den Haustüren keine Schlösser, die Tresore zum Altmetall, die Polizisten in Pension, auf den Taschen weder Riegel noch Knöpfe ... weil nicht gestohlen wird! Die Wirklichkeit machte ein gutes Gebot zur Utopie.

»Nicht falsch Zeugnis reden ...« Wie viele Millionen Menschen wurden — seit Menschen denken — aufgrund falscher Zeugenaussagen verurteilt? Wie viele milliardenmal übervorteilten sich Mitmenschen, redeten Unwahres über den Nachbarn? Ein kluges Gesetz, das Menschen tagtäglich außer Kraft setzen. Weswegen aber das Gesetz nicht schlechter wird ...

Das 9. Gebot scheint mir hochpolitisch und aus großem Erfahrungsschatz formuliert worden zu sein:

> »Du sollst nicht begehren nach dem Hause deines Nächsten, du sollst nicht begehren nach dem Weibe deines Nächsten, nach seinem Sklaven oder seiner Sklavin, nach seinem Rinde oder seinem Esel, nach irgend etwas, was dein Nächster hat.«

Welche Weitsicht der »Götter«! Wie gut kannten sie die Produkte, denen sie Intelligenz verliehen hatten! Der *Neid,* wußten sie, war der Zerstörer allen Zusammenlebens. Sie judizierten den Eigentumsbegriff: was jemand erworben hat, darf der andere nicht begehren.

Durch die Menschheitsgeschichte läuft, immer breiter werdend, die Spur vergiftenden Neides. Wird sie nicht von manchen Parteien, Interessenverbänden, an Universitäten beharrlich, heimlich und offen, verbreitert? Muß nicht umverteilt werden, was irgendwer und irgendwelche durch Fleiß erwarben? Ist, wenn man alle Begleiterscheinungen wegradiert, Neid nicht letzten Endes auch die wirkliche Ursache für die großen Auseinandersetzungen in und zwischen den Völkern? In Kenntnis der Entwicklung wußten die Götter, welche Gesetze sie warum setzten.

Weit davon entfernt, erzkonservativ zu denken, durch Welten von denen getrennt, die alles, was gestern war, gut und besser finden als das, was heute und in Zukunft sein wird, behaupte ich doch, daß unser Planet sowas wie ein Paradies wäre, wenn die Menschen sich an die simplen Gebote der »Götter« gehalten hätten. Jene uralten Gebote umfassen alles, was für ein gedeihliches Zusammenleben der Menschen Voraussetzung ist. Ohne Wenn und Aber. Es gibt auf der ganzen Welt kein noch so ausgetüfteltes Gesetzeswerk, das auch nur von ferne einen so überzeugenden Kodex in so wenigen knappen Geboten und Verboten enthält.

Ich hoffe, daß die Götter nicht schon morgen Inventur machen und erkennen, was aus ihrem grandiosen Plan geworden ist.

Was erwarten die Außerirdischen?

Was erwarten die Außerirdischen denn bei ihrer Wiederkehr? Wie werden sie auf den Zustand unserer Gesellschaft mit ihren dubiosen Errungenschaften reagieren?

Im Bordcomputer ihres Raumschiffs sind die Koordinaten unseres Sonnensystems gespeichert, ist das Ziel Planet Erde programmiert. Es macht keinen Unterschied, ob die ursprüngliche Mannschaft, nur um einige Jahre älter geworden, zurückkehrt oder ob eine neue Generation das Versprechen des Wiederkommens erfüllt. Es ist ähnlich wie mit den Kolonisatoren der Moderne: sie gaben den »Wilden«, so hieß das, Anweisungen und Hilfen. Sie teilten Lob und Dank aus, falls ihren Befehlen Genüge getan wurde, oder sie rückten mit drakonischen Maßnahmen zurecht, was sich nicht in ihrem Sinne entwickelte.

Wer mir entgegenhält, Außerirdische würden niemals im »Kolonialstil« handeln, ja, diese Mutmaßung entstamme »reaktionärem« Denken, den muß ich des Irrtums überführen! Die »Götter« schufen die menschliche Intelligenz »nach ihrem Ebenbild«. Deshalb ist *unsere* Denkweise jener unserer göttlichen Ahnherren sehr ähnlich. Überlieferungen geben eindrucksvolle Berichte, daß die »Götter« in prähistorischer Zeit nicht eben zimperlich mit den Erdbewohnern umgingen. Ohne Federlesen vernichteten sie ganze Städte durch Feuer und Schwefel, die vom Himmel regneten. Verärgert über ihre Brut, zögerten sie nicht, den größten Teil der Menschheit ersaufen zu lassen, wie es im sumerischen Gilgamesch-Epos und in der Bibel in der Parabel von Noahs Sintflut beschrieben ist. Muß man fragen, ob Außerirdische sich in *unserer* Zeit so rigoroses Vorgehen überhaupt leisten könnten.

Energie — das Alpha und Omega

Zeit ist durch Energie manipulierbar. Wer über unerschöpfliche Energiemengen verfügt, kann sich alles leisten, weil die *Zeit* mit ihm ist. Würde die Crew eines außerirdischen Raumschiffs die gegenwärtige menschliche Kultur durch einen Bakterienregen vernichten, könnte sie zuwarten, bis menschliche Intelligenz neuerlich zu einem gewissen Zivilisationsgrad gelangt. Die Extraterrestrier verfügen über gigantische Energiemengen; sie können ihr Raumschiff besteigen und zu einem anderen Sonnensystem fliegen. Während sie nur um wenige Jahre älter werden, können — je nach Geschwindigkeiten — auf unserem Planeten 10 000 Jahre vergehen. Kehren sie zurück, hat sich eine neue Zivilisation entwickelt. Folglich können es sich die Außerirdischen leisten, temporär mal das eine oder das andere Produkt ihrer »Kolonisationstätigkeit« aus dem Plan zu nehmen, auszuschalten. Die Zeit ist mit ihnen.

Was können wir tun, um den Zorn der wiederkehrenden »Götter« abzuwenden? Haben wir eine Chance, mit ihnen gleichzuziehen, so daß wir ihre überlegene Technik nicht mehr fürchten müssen?

Wachset und mehret euch!

Der Urauftrag lautete, wir sollten uns die Erde »untertan machen«. Es wurde befohlen: »Wachset und mehret euch!« — Das Wort »mehren« ist in allen Übersetzungen sinngemäß mit dem Wort »vermehren« identisch. »Wachsen« und »vermehren« haben nicht den gleichen Sinn, beinhalten also zwei verschiedene Aufträge. Wachsen verstehen wir als größer werden, vermehren als vervielfältigen.

Pflanzten uns Außerirdische ihre Intelligenz ein, bezog sich »wachsen« wohl auf das Wachstum von Intelligenz, und alle Intelligenz hat Neugier zum Motor ihres Größerwerdens — im speziellen Sinne: die wissenschaftliche Neugier. Inspiriert von der Intelligenz der uns überlegenen Außerirdischen, bestätigt sich wissenschaftliche Neugier in der Entdeckung von Energieressourcen auf unserem Planeten.

Sieg der Intelligenz

Ich kenne den Männerchor mit den heiseren Stimmen, der herzerbarmend vor der Ausbeutung unseres Planeten warnt. Es dauert mich tief, wie wenig sie von menschlicher Intelligenz halten. Die wird nämlich einfallsreich genug sein, zu jeder Zeit die zur Neige gehenden Rohstoffe durch andere zu ersetzen. Es ist eine Milchmädchenrechnung: Rohstoffe, die selten sind, sind teuer und werden um so teurer, je rarer sie werden, bis sie eines Tages unbezahlbar sind. Spätestens in diesem Moment besinnt sich der intelligente Mensch darauf, wie er die gleiche Wirkung mit einer anderen Materie, mit einem anderen Material erreichen kann. Der Mensch wird immer *den* Weg finden. Alle Motoren der Welt, die mit Erdölprodukten betrieben werden, könnten heute schon auf Wasserstoff umgestellt werden. Aus der Not geboren, die sprichwörtlich erfinderisch macht, sind Recycling-Verfahren im Kommen: aus nahezu jedem Abfall kann etwas anderes, Neues gemacht werden.

Der Schiffsarzt Dr. Robert Mayer (1814—1878) war der Entdecker des »Gesetzes von der Erhaltung der Energie«. Nach dieser Jahrtausendentdeckung ist die Gesamtenergie des Universums konstant, und alle Energieformen sind ineinander umwandelbar. Wernher von Braun schrieb:

»Die Wissenschaft hat festgestellt, daß nichts spurlos verschwinden kann. Die Natur kennt keine Vernichtung, nur Wandlung.«

Ob es der einzige Gott, ob es meine außerirdischen Götter waren, immer hatte der Auftrag an den Menschen denselben Sinn: sich die Erde untertan zu machen ... und zu wachsen, Gott oder den »Göttern» nachzueifern. Es käme also einem Harakiri gleich, den urwegigen Auftrag ins Gegenteil zu verkehren: den Fortschritt der Technik zu verketzern, die Nutzbarmachung von Ressourcen zu verteufeln, die Kraft der Atome ungenutzt zu lassen. Der göttliche Auftrag an uns lautete anders.

Die Menschheit sollte sich moralisch, ethisch *und* technisch auf die Wiederkunft der »Götter« vorbereiten. Die Zehn Gebote, Ausdruck vollendeter Weisheit, sollten wieder inthronisiert werden. Unsere neugierige Intelligenz sollte wieder den Stellenwert erhalten, den die »Götter« ihr einräumten. Mit diesem hochmodernen Programm wäre der Hunger aus der Welt zu verbannen, wären Kriege ein elendes Gespenst von gestern, wäre sinnvolle Arbeit keine Utopie. Außerirdische werden uns nur als Partner akzeptieren, wenn wir ihrem Ebenbild mindestens ähneln. Kann man bei diesem Credo ehrlichen Herzens noch behaupten, es läge im weiten Denkbereich der Götter-Astronauten-Theorie der Wunsch, die Ermunterung, die absurde Aufforderung, untätig auf die Hilfe der »Götter« zu warten? Wenn die Theorie in ihrem konstruktiven, positiven Aspekt begriffen würde, könnte die Menschheit getrost und mit großer Zuversicht einer friedlichen, fortschrittsgesegneten Zukunft entgegengehen. Sie müßte sich vor der Wiederkehr der »Götter« nicht mehr fürchten. Allerdings: der Zustand, in dem sie ihren Planeten vorzuzeigen hat, jagt Angst ein. Wir müssen ihn ändern.

Aber, um den Olympier J. W. Goethe zu zitieren:

»Wir sind gewohnt, daß die Menschen verhöhnen, was sie nicht verstehen.«

MITTEILUNG

Im Jahresendheft — Nr. 52/1978 — brachte DER SPIEGEL einen 14seitigen Bericht.

Astronomie: Ein neues Drehbuch des Kosmos.

Aufmerksame Leser meiner Bücher begegneten in der gründlichen und kompakten Darstellung manchen »guten alten Bekannten«.

Im Heft 1/1979 stand im SPIEGEL eine Mitteilung, die ich ihres außerordentlich bemerkenswerten Inhalts wegen im Wortlaut als Schlußpunkt setzen möchte. Sie macht mir Hoffnung, daß meine in jedem Buch, in jedem Vortrag wiederholte Forderung, alle relevanten Wissenschaften sollten sich der Suche nach extraterrestrischen Intelligenzen annehmen, endlich ein Echo fand:

Kosmische Suche

»Einen schrecklicheren Alptraum kann ich mir nicht vorstellen als Kommunikation mit einer sogenannten überlegenen ... Zivilisation im Weltraum.« Dieses Zitat des Harvard-Biologen und Nobelpreisträgers George Wald findet sich im ersten Heft einer neuen Zeitschrift, die sich gleichwohl der Suche nach fremden Intelligenzen verschrieben hat: ›Cosmic Search‹ wird (zum Jahrespreis von 16 Dollar außerhalb der USA) zweimonatlich von Januar an erscheinen und darf ernst genommen werden. Die Redaktion sitzt immerhin am Radioobservatorium der Ohio State University; und zu den Herausgebern gehören so seriöse Forscher wie der britische Astronom Martin Rees von der Cambridge University, Nikolai Kardaschew vom Raumforschungsinstitut der sowjetischen Akademie der Wissenschaften, und John Billingham, Direktor des amerikanischen Programms ›Search for Extra-Terrestrial Intelligence‹ (Seti). Nichts also, was Ufo-Freaks auf Trip bringen könnte, sondern Stoff für Erdlinge, die sonst Fantasie in der Wissenschaft vermissen.

ANHANG

Bibliographie

1 Pierers Konversations-Lexikon, Bd. III, Berlin 1889
2 Gressmann, Hugo: Die Lade Jahves und das Allerheiligste des Salomonischen Tempels, Leipzig 1920
3 Schmitt, Reiner: Zelt und Lade als Thema alttestamentlicher Wissenschaft, Gütersloh 1972
4 Dibelius, Martin: Die Lade Jahves — Eine religionsgeschichtliche Untersuchung, Göttingen 1906
5 Vatke, R.: Die biblische Theologie — wissenschaftlich dargestellt, Berlin 1835
6 Torczyner, Harry: Die Bundeslade und die Anfänge der Religion Israels, o. O., 1930
7 Neues Theologisches Journal, Nürnberg 1898
8 Sassoon, G., + Dale, R.: The Manna-Maschine, London 1978
9 Realencyklopädie für protestantische Theologie, Bd. 8, Leipzig 1900
10 Lande-Nash, Irene: 3000 Jahre Jerusalem, Tübingen 1964
11 Kautzsch, E.: Die Apokryphen und Pseudepigraphen des Alten Testaments (Reste der Worte Baruchs), Tübingen 1900
12 Theologische Studien und Kritiken, Heft 1, Gotha 1877
13 Die Bibel oder die Ganze Heilige Schrift des Alten und des Neuen Testaments nach der deutschen Übersetzung Dr. Martin Luthers, Privilegierte Württembergische Bibelanstalt, Stuttgart, nach dem 1912 vom Deutschen Evangelischen Kirchenausschuß genehmigten Text. Seite 172 der Apokryphen
14 THE MISNAH, translated from the Hebrew by Herbert Danby, Oxford University, o. A.
15 Blumrich, Josef: Da tat sich der Himmel auf (Die Raumschiffe des Propheten Ezechiel und ihre Bestätigung durch modernste Technik), Düsseldorf 1973
16 Encyclopaedia Judaica: Das Judentum in Geschichte und Gegenwart, Berlin, o. J.
17 Bulletin of The John Rylands Library, Vol. 25/1, Manchester 1962

18 Abhandlungen der Philosophisch-Philologischen Klasse der Königlich Bayerischen Akademie der Wissenschaften, 23. Bd., 1. Abt. Kebra Negest, Die Herrlichkeit der Könige
19 Schmid, Jakob: Vom Gebirgsland Semien zum Roten Meer, Neue Zürcher Zeitung, 24. 10. 1970
20 Sudhoff, K.: Paracelsus, Sämtl. Werke, Bd. 4—6, 1923, o. O.
21 Rorvik, D. M.: Nach seinem Ebenbild, Frankfurt 1978
22 Pauwels, Louis: Manifest eines Optimisten, Bern 1972
23 Durch Gen-Rutsch zum nackten Affen, DER SPIEGEL, 18/1975, Hamburg
24 Oppenheimer, J. F.: Lexikon des Judentums, Gütersloh 1967
25 Speicher, Günter: Mensch und Tier aus der Retorte, Welt am Sonntag, 23. 7. 1978, Hamburg
26 Schultze, H.: Die ersten geclonten Mäuse leben schon, Frankfurter Rundschau, 26. 8. 1978
27 Was die Welt bewegte, schwappt im Reagenzglas, DER SPIEGEL, 36/1978, Hamburg
28 Lexikon der Prä-Astronautik, Düsseldorf 1979
29 Tichy, Herbert: Tau-Tau, Bei Göttern und Nomaden der Sulu-See, Wien 1973
30 Lexikon der Archäologie, Reinbek 1975
31 Herm, Stefan: Die Phönizier, Düsseldorf 1973
32 Ancient Skies, 5/1978
33 Wiesinger, J./Hasse, P.: Handbuch für Blitzschutz und Erdung, München 1977
34 Tobisch, Oswald O.: Kult Symbol Schrift, Baden-Baden 1963
35 Feinberg, Gerald: Possibility of faster-than-Light-Particles, Physical Review 1967
35 Kirch, Dietmar: Tachyonen — Teilchen schneller als das Licht, UMSCHAU in Wissenschaft und Technik, Frankfurt 23/1977
37 Manias, Dr. Theophanis M.: The invisible harmony of the ancient Greek world and the apocryphal geometry of the Greeks — The geometric geodetic triangulation of the ancient Hellenic space, Edition of National Institution, Athens 1969
38 Rogowski, Prof. Dr. Fritz: Tennen und Steinkreise in Griechenland, Mitteilungen der Technischen Universität Carolo-Wilhelmina zu Braunschweig. Herausgegeben von Prof. Dr. Edgar R. Rosen in Verbindung mit dem Braunschweigischen Hochschulbund, Jahrg. VIII/2/1973
39 Grether, Edwald: Theorieheft Planematerie, 2. Teil, o. J.

40 Bodnaruk, Nikolai: Das geheimnisvolle Netz auf dem Globus, aus: Komsomolskaja Prawda, SPUTNIK 9/1974
41 Brion, Marcel: Die frühen Kulturen der Welt, Köln 1964
42 Temple, Robert G.: Das Sirius-Rätsel, Frankfurt 1977
43 Woolley, Sir Charles L.: Ur in Chaldäa, Wiesbaden 1956
44 Parrot, Abré: Sumer, München 1960
45 Ceram, C. W.: Götter, Gräber und Gelehrte, Hamburg 1951
46 Schmidtke, Friedrich: Der Aufbau der Babylonischen Chronologie, Münster 1952
47 Bondi, Hermann: Die Wiege stand im Orient, München 1971
48 Seeking other worlds, NEWSWEEK, 15. 8. 1977
49 Attacking the new nonsense, TIME MAGAZIN, 12. 12. 1977
50 Eine Stadt für 10000 Affen, Frankfurter Allgemeine Zeitung, 11. 10. 1978
51 Und was sagt der Affe dazu? Schweizer Illustrierte, 45/1978
52 Brewers, Stella: Die Affenschule, Wien 1978

Allgemeine Literatur

Arrhenius, S.: Das Werden der Welten, Leipzig 1907
Benzinger, J.: Hebräische Archäologie, Leipzig 1894
Gibby, Geoffrey: Dilmun, Hamburg 1973
Blüchel, K.: Projekt Übermensch, Bern 1971
Bonai, H.: Die Wiege stand im Orient, München 1971
Bracewell, R. N.: Life in Galaxy, New York, o. J.
Brion, Marcel: Die frühen Kulturen der Welt, Köln 1964
Calder, Nigel: Das Phänomen der kleinen grauen Zellen, Düsseldorf 1972
Dillmann, A.: Handbuch der alttestamentlichen Theologie, Leipzig 1895
Giot, P. R.: Menhirs et Dolmens, Châteaulin, o. J.
Kramer, S. N.: Mesopotamien, Hamburg 1974
Lapp, R. E.: Kill and Overkill, The Strategy of Annihilation, New York 1961
Ouspensky, P. D.: A new Model of the Universe, London 1961
Raible, D. F.: Rational Life in Outer Space? »America«, New York 1960
Smith, A.: Das Abenteuer Mensch, Wien 1978
Taylor, J.: The Shape of Minds to Come, London 1971

Bildnachweis

Mit Ausnahme der Abbildungen MANNA-MACHINE (Dale-Sassoon, London 1978), »Fußballnetz um den Globus« (SPUTNIK, 9/1974) und »Königsliste WB 444« (Schmidtke: Aufbau der babylonischen Chronologie, Münster 1952) stammen alle Abbildungen von Erich von Däniken, bei dem auch dafür das uneingeschränkte Copyright liegt.

Register

M

HEYNE BÜCHER

HEYNE SACHBUCH

Neues Bewußtsein –
Neue Realitäten –
Neues Leben

19/173

19/49

19/83

19/1

19/95

19/70

19/19

19/63

Wilhelm Heyne Verlag München

HEYNE SACHBUCH

HEYNE BÜCHER

Magie und Mythos – Geheimnisvolle Verbindungen zwischen Vergangenheit, Gegenwart und Zukunft

19/51

19/56

19/38

19/72

19/81

19/132

19/54

19/139

Wilhelm Heyne Verlag München

HEYNE BÜCHER SACHBUCH

Den Geheimnissen unserer Erde auf der Spur

TERRA-X

»Terra-X« – die abenteuerliche Reise in die Vergangenheit geheimnisvoller Weltkulturen. Ein einzigartiger Erfolg als Fernsehserie und als Buch.

Gottfried Kirchner/
Peter Baumann
Terra-X
Rätsel alter Weltkulturen
19/53

Gottfried Kirchner
Terra-X Eldorado
Suche nach dem
Goldschatz
Originalausgabe
19/55

Gottfried Kirchner
Terra-X
Rätsel alter Weltkulturen
Neue Folge
19/54

Wilhelm Heyne Verlag München